BOOK IN BOOK

THAILAND
COMPLETE
MAP

【タイ語＆グルメカタログ付き】

取り外せて
持ち運びに便利！

JN037476

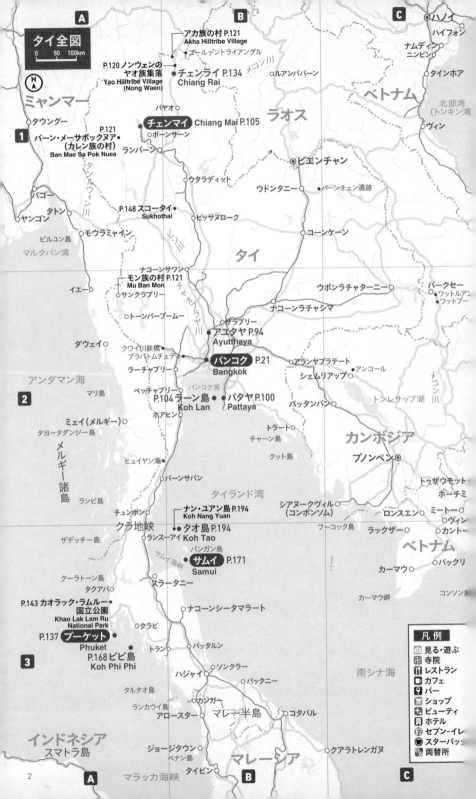

タイ全図

0 50 100km

N

ミャンマー

アカ族の村 P.121
Akha Hilltribe Village

ゴールデントライアングル

P.120 ノンウェンの
ヤオ族集落
Yao Hilltribe Village
(Nong Waen)

チェンライ P.134
Chiang Rai

ルアンパバーン

メコン川

ハノイ
ハイフォン
ナムディン
ニンビン

北部湾
(トンキン湾)

ベトナム

パヤオ

チェンマイ Chiang Mai P.105

ヴィン

タウングー

P.121
バーン・メーサポックヌア
（カレン族の村）
Ban Mae Sa Pok Nuea

ボーサーン

ランパーン

ビエンチャン

ラオス

ウドンタニー

バーンチェン遺跡

1

タンルウィン川

パゴー

ヤンゴン

タトン

モウラミャイン

P.148 スコータイ
Sukhothai

ウタラディット

ピッサヌローク

コーンケーン

ビルユン島

マルタバン湾

イエー

モン族の村 P.121
Mu Ban Mon

サンクラブリー

トーンパープーム

ナコーンサワン

ピン川

チャオプラヤ川

タイ

ウボンラチャターニー

パークセー

ワットプーワットルアン

ダウェイ

アンダマン海

マリ島

ミェイ（メルギー）

タヨータダンジー島

メルギー諸島

ランビ島

クワイ川鉄橋
プラパトムチェディ
ラーチャブリー

ベッチャブリー

ホアヒン

ヒュイヤン滝

バーンサパン

クラブリー

アユタヤ P.94
Ayutthaya

バンコク P.21
Bangkok

アランヤプラテート

シェムリアップ

バンコク湾

P.104 ラーン島
Koh Lan

パタヤ P.100
Pattaya

バッタンバン

トラート

チャーン島

クット島

タイランド湾

アンコール

トンレサップ湖

メコン川

カンボジア

プノンペン

トゥザウモット

ホーチミ

ミート

ヴィン

2

チュンポン

ザデッチー島

クーラトーン島

タクアパ

P.143 カオラック・ラムルー
国立公園
Khao Lak Lam Ru
National Park

P.137 プーケット
Phuket

P.168 ピピ島
Koh Phi Phi

ナン・ユアン島 P.194
Koh Nang Yuan

タオ島 P.194
Koh Tao

ランスーアイ

パンガン島

サムイ海峡

サムイ P.171
Samui

スラータニー

ナコーンシータマラート

クラビ

トラン

パッタルン

シアヌークヴィル
（コンポンソム）

ロンスエン

フーコック島

ラックザー

カーマウ

カーマウ岬

コンソン

南シナ海

ベトナム

バックリ

カント

3

タルタオ島

ランカウイ島

ハジャイ

カンガー

アロースター

ソンクラー

パッタニー

コタバル

マレー半島

クアラトレンガヌ

インドネシア
スマトラ島

ジョージタウン

ペナン島

タイピン

マレーシア

クーラルンプール

マラッカ海峡

凡例

見る・遊ぶ
寺院
レストラン
カフェ
バー
ショップ
ビューティ
ホテル
セブン-イレ
スターバッ
両替所

2

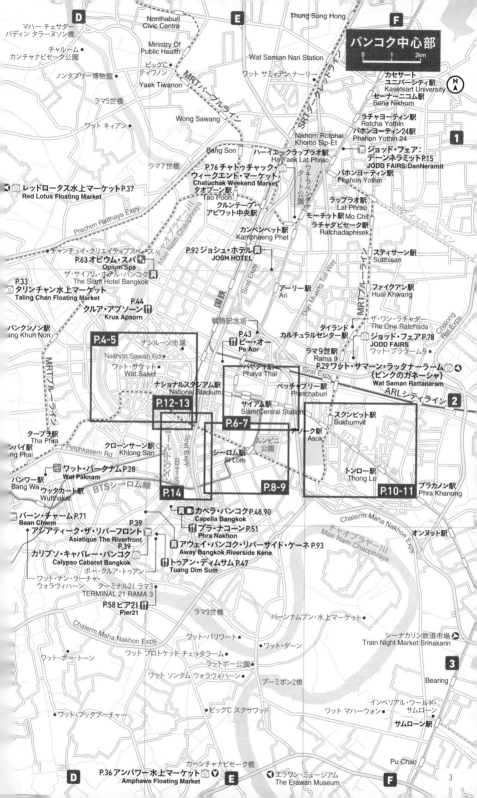

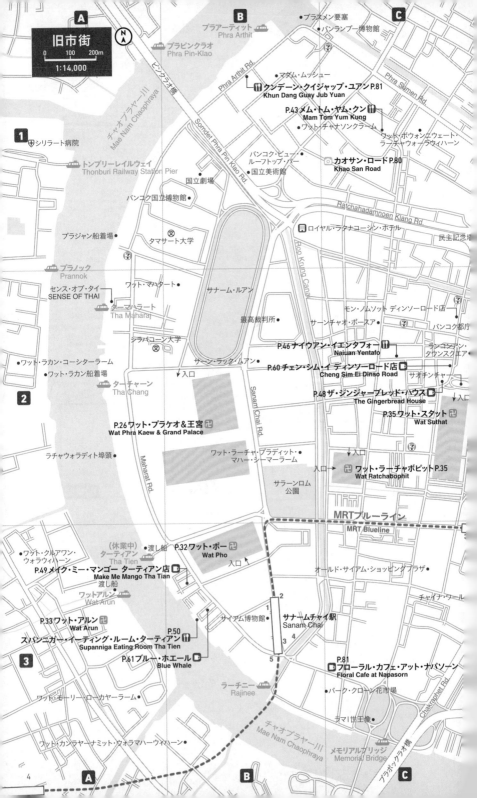

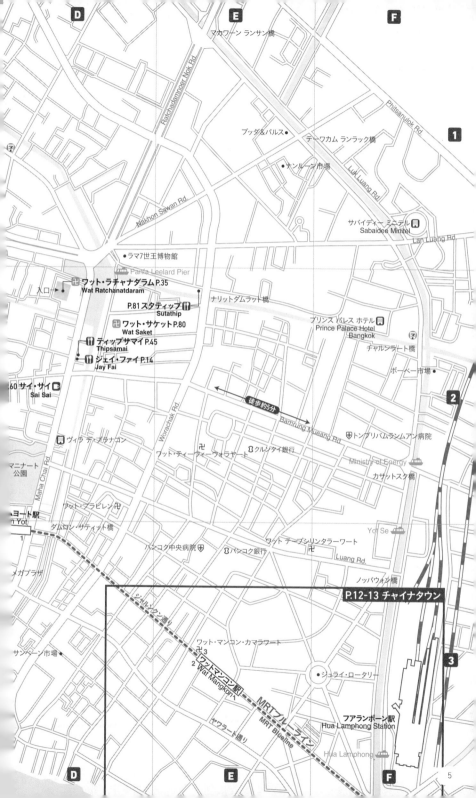

D E F

1

マカワーン ランサン橋

ブッダ&パルス●
テーワカム ランラック橋

ナンルーン市場

Phitsanulok Rd.
Luk Luang Rd.
Lan Luang Rd.
Makhon Sawan Rd.
Ratchadamnoen Nok Rd.

サバイディー ミニテル
Sabaidee Minitel

ラマ7世王博物館
Panfa Leelard Pier

ワット・ラチャナダラム P.35
Wat Ratchanatdaram

入口▶

ナリットダムラット橋

P.81 スタティップ
Sutathip

プリンス パレス ホテル
Prince Palace Hotel
Bangkok

チャルンラート橋

ワット・サケット P.80
Wat Saket

ポーペー市場●

ティップ サマイ P.45
Thipsamai

ジェイ・ファイ P.14
Jay Fai

60 サイ・サイ
Sai Sai

Worachak Rd.

徒歩約5分

Bamrung Mueang Rd.

ヴィラ デ プラナコン

トンブリバムランムアン病院

クルンタイ銀行

ワット・ティーウィーウォラヤート

Maha Chai Rd.

Ministry of Energy

カサットスク橋

マニナート
公園

ヨート駅
n Yot

ダムロン・サティット橋

ワット・プラピレン

Yot Se

バンコク中央病院

ワット テープシリンタラーワート

Luang Rd.

メガプラザ

バンコク銀行

ノッパウォン橋

サンペーン市場●

P.12-13 チャイナタウン

チャルンクルン通り

ワット・マンコン・カマラワート
3

ワットマンコン駅
Wat Mangkon

2

ジュライ・ロータリー

MRTブルーライン
MRT Blueline

フアランポーン駅
Hua Lamphong Station

ヤワラート通り

Hua Lamphong

5

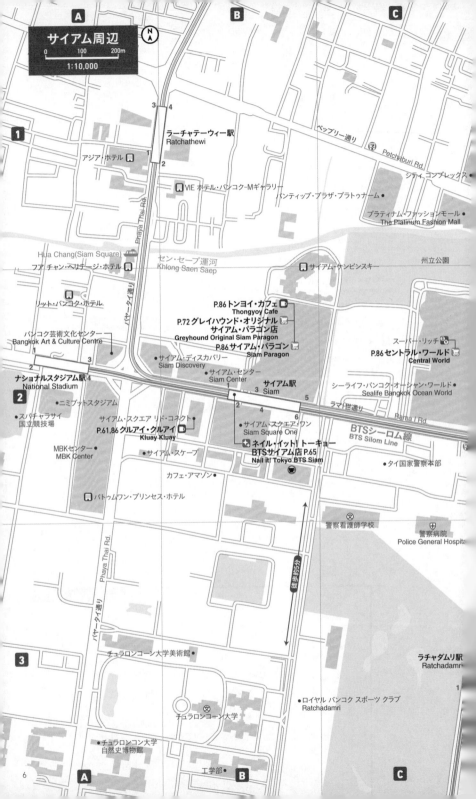

サイアム周辺

0　　100　　200m

1:10,000

N

ラーチャテーウィー駅
Ratchathewi

アジア・ホテル

VIE ホテル・バンコク-Mギャラリー

ペッブリー通り
Petchaburi Rd.

シティ・コンプレックス●

バンティップ・プラザ・プラトゥナーム●

プラティナム・ファッションモール
The Platinum Fashion Mall

Hua Chang(Siam Square)
フア チャン・ヘリテージ・ホテル

セン・セーブ運河
Khlong Saen Saep

州立公園

サイアム・ケンピンスキー

リット・バンコク・ホテル

P.86 トンヨイ・カフェ
Thongyoy Cafe

P.72 グレイハウンド・オリジナル
サイアム・パラゴン店
Greyhound Original Siam Paragon

スーパー・リッチ●

バンコク芸術文化センター
Bangkok Art & Culture Centre

サイアム・ディスカバリー
Siam Discovery

サイアム・センター
Siam Center

P.86 サイアム・パラゴン
Siam Paragon

P.86 セントラル・ワールド
Central World

ナショナルスタジアム駅 4
National Stadium

ニミットスタジアム

スパチャラサイ
国立競技場

MBKセンター●
MBK Center

サイアム・スクエア リド・コネクト
Siam Square Lid Connect

P.61,86 クルアイ・クルアイ
Kluay Kluay

サイアム・スケープ

サイアム駅
Siam

ラマ1世通り
Rama I Rd.

シーライフ・バンコク・オーシャン・ワールド●
Sealife Bangkok Ocean World

BTSシーロム線
BTS Silom Line

サイアム・スクエア・ワン
Siam Square One

タイ国家警察本部

ネイル・イット! トーキョー
BTSサイアム店 P.65
Nail it! Tokyo BTS Siam

カフェ・アマゾン●

パトゥムワン・プリンセス・ホテル

警察看護師学校

警察病院
Police General Hospital

徒歩約5分

チュラロンコーン大学美術館●

ラチャダムリ駅
Ratchadamri

チュラロンコン大学

●ロイヤル バンコク スポーツ クラブ
Ratchadamri

●チュラロンコン大学
自然史博物館

工学部●

6

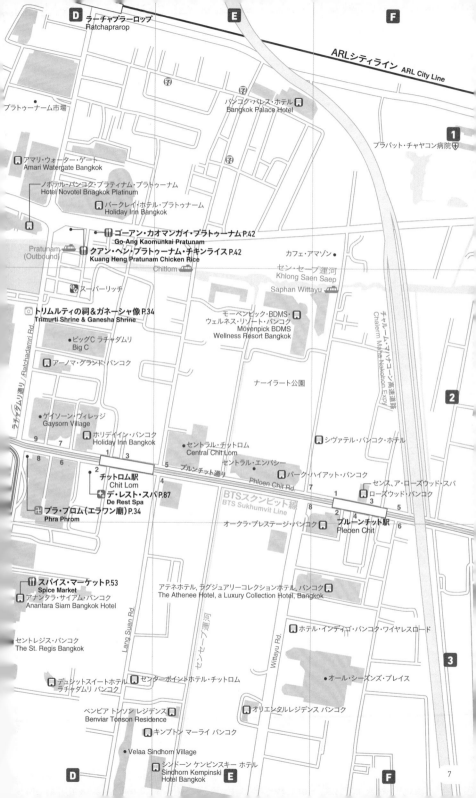

D ラーチャプラーロップ
Ratchaprarop

E

F

ARLシティライン ARL City Line

プラトゥーナーム市場

バンコク・パレス・ホテル
Bangkok Palace Hotel

プラパット・チャヤコン病院
1

アマリ・ウォーター・ゲート
Amari Watergate Bangkok

ノボテル・バンコク・プラティナム・プラトゥーナム
Hotel Novotel Bnagkok Platinum

バークレイ・ホテル・プラトゥーナム
Holiday Inn Bangkok

ゴーアン・カオマンガイ・プラトゥーナム P.42
Go-Ang Kaomunkai Pratunam

クアン・ヘン・プラトゥーナム・チキンライス P.42
Kuang Heng Pratunam Chicken Rice

カフェ・アマゾン
Pratunam
(Outbound)

Chitlom

セン・セープ運河
Khlong Saen Saep

Saphan Wittayu

スーパーリッチ

トリムルティの祠＆ガネーシャ像 P.34
Trimurti Shrine & Ganesha Shrine

モーベンピック・BDMS・
ウェルネス・リゾート・バンコク
Mövenpick BDMS
Wellness Resort Bangkok

ビッグC ラチャダムリ
Big C

アーノマ・グランド・バンコク

ナーイラート公園

ゲイソーン・ヴィレッジ
Gaysorn Village

ホリデイイン・バンコク
Holiday Inn Bangkok

シヴァテル・バンコク・ホテル

2

セントラル・チットロム
Central Chit Lom

セントラル・エンバシー

パーク・ハイアット・バンコク

9   7

1   3

8   6

5

プルンチット通り
Phloen Chit Rd.

7

チットロム駅
Chit Lom

2

デ・レスト・スパ P.87
De Rest Spa

センス、ア・ローズウッド・スパ

ローズウッド・バンコク

BTSスクンビット線
BTS Sukhumvit Line

1

8   2

プラ・プロム（エラワン廟）P.34
Phra Phrom

オークラ・プレステージ・バンコク

プルーンチット駅
Ploen Chit

5

6

スパイス・マーケット P.53
Spice Market

アナンタラ・サイアム・バンコク
Anantara Siam Bangkok Hotel

アテネホテル, ラグジュアリーコレクションホテル バンコク
The Athenee Hotel, a Luxury Collection Hotel, Bangkok

セントレジス・バンコク
The St. Regis Bangkok

ホテル・インディゴ・バンコク・ワイヤレスロード

オール・シーズンズ・プレイス

3

デュシットスイートホテル
ラチャダムリ バンコク

センターポイントホテル・チットロム

オリエンタルレジデンス バンコク

ベンビア トンソン レジデンス
Benviar Tonson Residence

キンプトン マーライ バンコク

Velaa Sindhorn Village

シンドーン ケンピンスキー ホテル
Sindhorn Kempinski
Hotel Bangkok

D

E

F

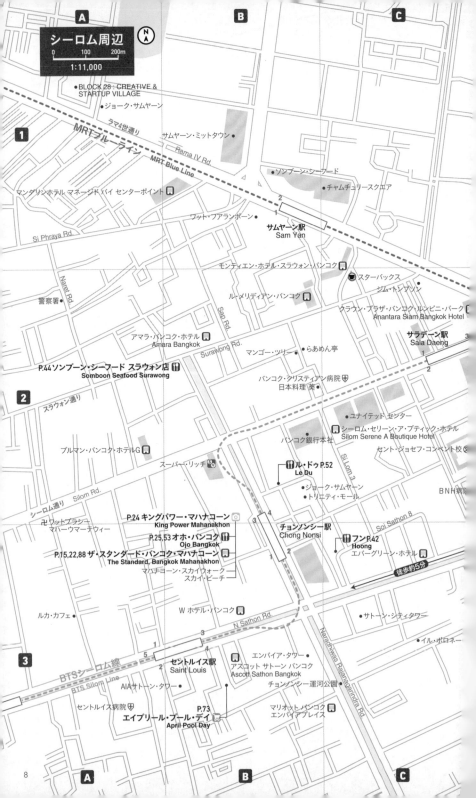

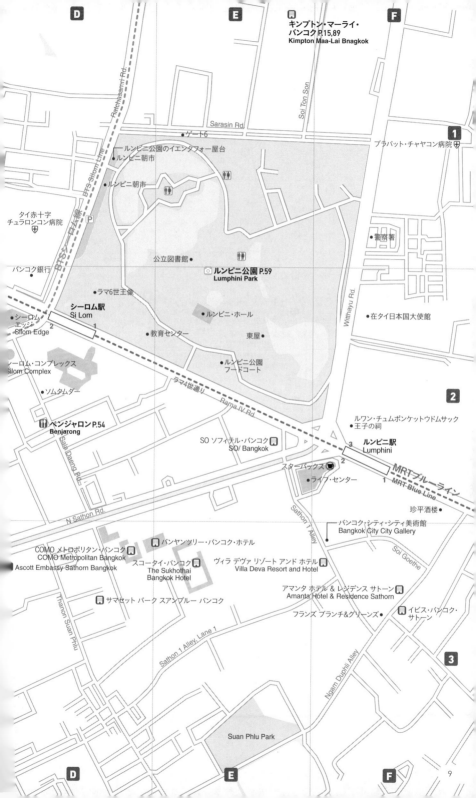

D **E** **F**

キンプトン・マーライ・
バンコク P.15,89
Kimpton Maa-Lai Bnagkok

Ratchadamri Rd.

Soi Ton Son

Sarasin Rd.

1

●ゲート6

ルンピニ公園のイエンタフォー屋台
●ルンピニ朝市

プラパット・チャヤコン病院 ✛

タイ赤十字
チュラロンコン病院 ✛

●ルンピニ朝市

●警察署

BTSシーロム線
BTS-Silom Line

Ⓟ

●バンコク銀行

公立図書館●

📷 **ルンピニ公園 P.59**
Lumphini Park

在タイ日本国大使館

●ラマ6世主像

シーロム駅
Si Lom

●ルンピニ・ホール

Witthayu Rd.

●シーロム
エッジ
Silom Edge

●教育センター

●ルンピニ・ホール

東屋●

シーロム・コンプレックス
Silom Complex

●ルンピニ公園
フードコート

●ソムタムダー

ラマ4世通り
Rama IV Rd.

2

🍴 **ベンジャロン P.54**
Benjarong

ルワン・チュムポンケットウドムサック
●王子の祠

Saladaeng Rd.

SO ソフィテル・バンコク 🏨
SO/ Bangkok

3 ルンピニ駅
Lumphini

●スターバックス 📷

2

MRTブルーライン
1 MRT Blue Line

●ライフ・センター

珍平酒楼●

N Sathon Rd.

Sathon 1 Alley

バンコク・シティ・シティ美術館
Bangkok City City Gallery

Soi Goethe

バンヤンツリー・バンコク・ホテル 🏨

COMO メトロポリタン・バンコク 🏨
COMO Metropolitan Bangkok

スコータイ・バンコク 🏨
The Sukhothai
Bangkok Hotel

ヴィラ デヴァ リゾート アンド ホテル 🏨
Villa Deva Resort and Hotel

Ascott Embassy Sathorn Bangkok

Thanon Suan Phlu

アマンタ ホテル & レジデンス サトーン 🏨
Amanta Hotel & Residence Sathorn

🏨 サマセット パーク スアンプルー バンコク

フランズ ブランチ&グリーンズ●

🏨 イビス・バンコク・
サトーン

Sathon 1 Alley, Lane 1

Ngam Duphli Alley

3

Suan Phlu Park

D **E** **F**

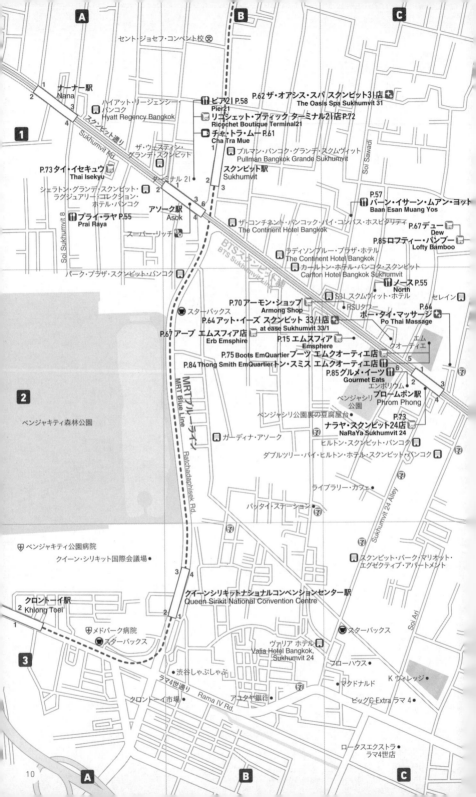

セント・ジョセフ・コンベント校

A

B

C

1

ナーナー駅
Nana

スクンビット通り
Sukhumvit Rd.

ハイアット・リージェンシー・バンコク
Hyatt Regency Bangkok

ピア21 P.58
Pier21

リコシェット・ブティック・ターミナル21店 P.72
Ricochet Boutique Terminal21

チャ・トラ・ムー P.61
Cha Tra Mue

ザ・ウェスティン・グランデ・スクンビット

P.62 ザ・オアシス・スパ スクンビット31店
The Oasis Spa Sukhumvit 31

プルマン・バンコク・グランデ・スクンヴィット
Pullman Bangkok Grande Sukhumvit

スクンビット駅
Sukhumvit

P.73 タイ・イセキュウ
Thai Isekyu

シェラトン・グランデ・スクンビット・ラグジュアリー・コレクション・ホテル・バンコク

アソーク駅
Asok

プライ・ラヤ P.55
Prai Raya

スーパー・リッチ

Soi Sukhumvit 8

パーク・プラザ・スクンビット・バンコク

ザ・コンチネント・バンコク・バイ・コンパス・ホスピタリティ
The Continent Hotel Bangkok

ラディソンブルー・プラザ・ホテル
The Continent Hotel Bangkok

カールトン・ホテル・バンコク・スクンビット
Carlton Hotel Bangkok Sukhumvit

P.57 バーン・イサーン・ムアン・ヨット
Baan Esan Muang Yos

P.67 デュー
Dew

P.85 ロフティー・バンブー
Lofty Bamboo

ノース P.55
North

セレイン

2

ベンジャキティ森林公園

BTSスクンビット線
BTS Sukhumvit Line

MRTブルーライン
MRT Blue Line

Ratchadaphisek Rd.

スターバックス

P.70 アーモン・ショップ
Armong Shop

P.64 アット・イーズ スクンビット 33/1店
at ease Sukhumvit 33/1

P.67 アーブ エムスフィア店
Erb Emsphire

P.75 Boots EmQuartier ブーツ エムクオーティエ店
P.84 Thong Smith EmQuartier トン・スミス エムクオーティエ店

S31 スクムヴィット店
RSUタワー

ポー・タイ・マッサージ
Po Thai Massage

P.64

P.15 エムスフィア
Emsphere

エム クオーティエ

P.85 グルメ・イーツ
Gourmet Eats

エンポリウム

プロームポン駅
Phrom Phong

P.73
ナラヤ・スクンビット24店
NaRaYa Sukhumvit 24

ガーディナ・アソーク

ベンジャシリ公園裏の豆腐屋台

ヒルトン・スクンビット・バンコク

ダブルツリー・バイ・ヒルトン・ホテル・スクンビット・バンコク

Sukhumvit 24 Alley

ライブラリー・カフェ

パッタイ・ステーション

スクンビット・パーク・マリオット・エグゼクティブ・アパートメント

3

ベンジャキティ公園病院

クイーン・シリキット国際会議場

クロントーイ駅
Khlong Toei

メドパーク病院

スターバックス

クイーンシリキットナショナルコンベンションセンター駅
Queen Sirikit National Convention Centre

Soi Ari

スターバックス

ヴァリア ホテル
Vatia Hotel Bangkok,
Sukhumvit 24

フローハウス

K ヴィレッジ

渋谷しゃぶしゃぶ

ラマ4世通り
Rama IV Rd.

クロントーイ市場

アユタヤ銀行

マクドナルド

ビッグC Extra ラマ 4

ロータスエクストラ
ラマ4世店

A

B

C

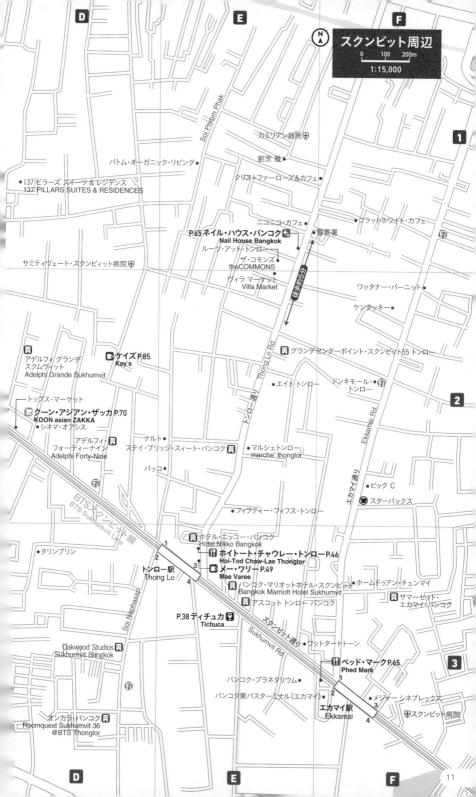

D E F

N

スクンビット周辺

0　100　200m
1:15,000

1

カミリアン病院 ⊕
割烹 雅
クリストファーローズ&カフェ
ニコニコ・カフェ
バトム・オーガニック・リビング •
• 137 ピラーズ スイーツ & レジデンス
137 PILLARS SUITES & RESIDENCES
• フラットホワイト・カフェ

P.65 ネイル・ハウス・バンコク
Nail House Bangkok
• 警察署
ルーツ・アット・トンロー •
ザ・コモンズ
theCOMMONS
サミティヴェート・スクムビット病院 ⊕
ヴィラ マーケット
Villa Market
ワッタナー・バーニット •
ケンタッキー •

アデルフィ グランデ
スクムヴィット
Adelphi Grande Sukhumvit
ケイズ P.85
Kay's
グランデセンターポイント・スクンビット55 トンロー

トップス・マーケット
クーン・アジアン・ザッカ P.70
KOON asian ZAKKA
• シネマ・オアシス
エイト・トンロー •
ドンキモール・
トンロー

2

アデルフィ
フォーティーナイン
Adelphi Forty-Nine
ナルト •
ステイ・ブリッジ・スィート・バンコク
• マルシェトンロー
marche' thonglor

バッコ •

• ビック C
• フィフティー・フィフス・トンロー
• スターバックス

BTS スクンビット線
BTS Sukhumvit Line

ホテル・ニッコー・バンコク
Hotel Nikko Bangkok
ホイトート・チャウレー・トンロー P.46
Hoi-Tod Chaw-Lae Thonglor
メー・ワリー P.49
Mae Varee
バンコク・マリオットホテル・スクンビット
Bangkok Marriott Hotel Sukhumvit
アスコット トンロー バンコク
• タリンプリン
トンロー駅
Thong Lo

• ホームドゥアン・チェンマイ
サマーセット・
エカマイ・バンコク

P.38 ティチュカ
Tichuca

3

Oakwood Studios
Sukhumvit Bangkok
スクンビット通り
ワットタートーン •

ペッド・マーク P.45
Phed Mark

バンコク・プラネタリウム •
バンコク東バスターミナル(エカマイ)
• メジャー シネプレックス

オンカウ・バンコク
Roomquest Sukhumvit 36
@BTS Thonglor
エカマイ駅
Ekkamai
⊕ スクンビット病院

D E F

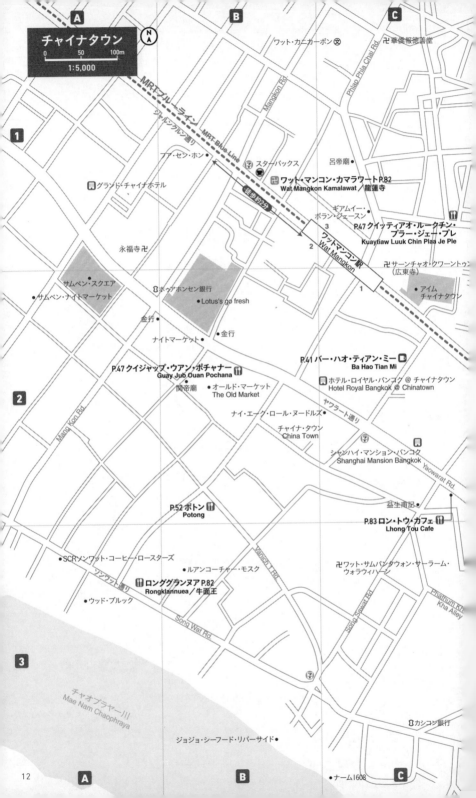

チャイナタウン

N

0　50　100m
1:5,000

MRTブルー・ライン
チャルンクルン通り
MRT Blue Line
Mangkon Rd.

ワット・カニカーポン ⊗
華僑報徳善堂 卍
Phlap Phla Chai Rd.

1

ファ・セン・ホン
スターバックス
呂帝廟 ●
グランド・チャイナホテル

ワット・マンコン・カマラワート P.82
Wat Mangkon Kamalawat／龍蓮寺

ギアムイー・
ボラン・ジェースン
P.47 クイッティアオ・ルークチン・
プラー・ジェ・プレ
Kuaytiaw Luuk Chin Plaa Je Ple

永福寺 卍

ワットマンコン駅
Wat Mangkon

サーンチャオ・クワーントゥン
（広東寺）卍

サムペン・スクエア
サムペン・ナイトマーケット

ホァホンセン銀行
Lotus's go fresh

アイム
チャイナタウン ●

金行
ナイトマーケット
金行

P.47 クイジャップ・ウアン・ポチャナー
Guay Jub Ouan Pochana

P.41 バー・ハオ・ティアン・ミー
Ba Hao Tian Mi

2

関帝廟
オールド・マーケット
The Old Market

ホテル・ロイヤル・バンコク @ チャイナタウン
Hotel Royal Bangkok @ Chinatown

ナイ・エーク・ロール・ヌードルズ ●

ヤワラート通り
Yaowarat Rd.

チャイナ・タウン
China Town

シャンハイ・マンション・バンコク
Shanghai Mansion Bangkok

P.52 ポトン
Potong

益生電記 ●

P.83 ロン・トウ・カフェ
Lhong Tou Cafe

SCRメンワット・コーヒー・ロースターズ ●

ルアンコーチャー・モスク ●

ワット・サムパンタウォン・サーラーム・
ウォラウィハーン 卍

ロンググランヌア P.82
Rongklannuea／牛面王

ウッド・ブルック ●

Song Wat Rd.

3

チャオプラヤー川
Mae Nam Chaophraya

カシコン銀行

ジョジョ・シーフード・リバーサイド ●

ナーム1608 ●

Mang Kon Rd.
Yaowa Rd.
Song Sawat Rd.
Phatnum Khao Kha Alley

A　　　　B　　　　C

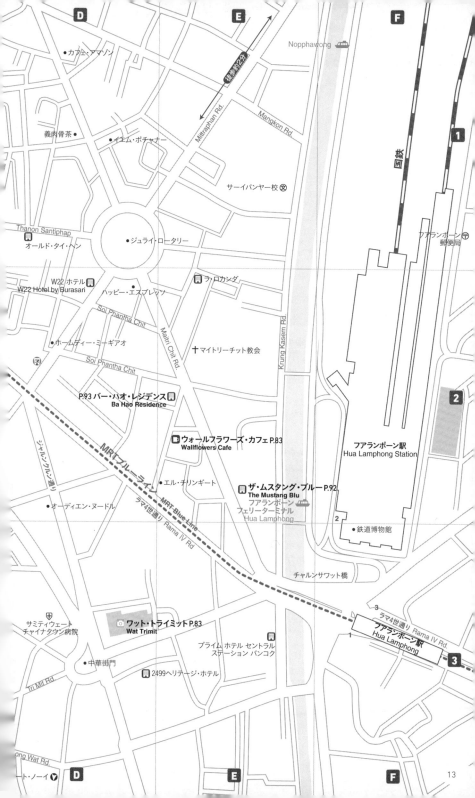

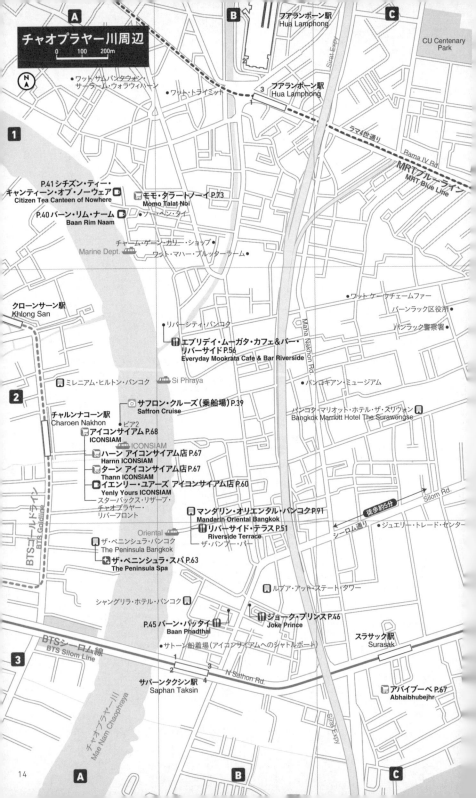

チャオプラヤー川周辺

0　100　200m

N

ファランポーン駅
Hua Lamphong

CU Centenary Park

・ワット・サムパンタウォン・
サーラーム・ウォラウィハーン
・ワット・トライミット

ファランポーン駅
Hua Lamphong

3

ラマ4世通り

MRTブルーライン
MRT Blue Line

1

P.41 シチズン・ティー・
キャンティーン・オブ・ノーウェア
Citizen Tea Canteen of Nowhere

モモ・タラートノーイ P.73
Momo Talat Noi

P.40 バーン・リム・ナーム
Baan Rim Naam

・ソーヘン・タイ

・チャーム・ゴーン・カリー・ショップ
Marine Dept. ・ワット・マハー・ブルッターラーム

・ワット・ケークチェームファー

バーンラック区役所・

バンラック警察署・

クローンサーン駅
Khlong San

・リバーシティ・バンコク

エブリデイ・ムーガタ・カフェ＆バー・
リバーサイド P.56
Everyday Mookrata Cafe & Bar Riverside

Maha Nakhon Rd.

・バンコキアン・ミュージアム

ミレニアム・ヒルトン・バンコク

Si Phraya

2

サフロン・クルーズ（乗船場）P.39
Saffron Cruise

チャルンナコーン駅
Charoen Nakhon

・ピア2

バンコク・マリオット・ホテル・ザ・スリウォン
Bangkok Marriott Hotel The Surawongse

アイコンサイアム P.68
ICONSIAM

ICONSIAM

ハーン アイコンサイアム店 P.67
Harnn ICONSIAM

ターン アイコンサイアム店 P.67
Thann ICONSIAM

イエンリー・ユアーズ アイコンサイアム店 P.60
Yenly Yours ICONSIAM

スターバックス・リザーブ・
チャオプラヤー・
リバーフロント

マンダリン・オリエンタル・バンコク P.91
Mandarin Oriental Bangkok

Silom Rd.

徒歩約5分

シーロム通り ・ジュエリー・トレード・センター

BTSゴールドライン
BTS Goldline

Oriental

リバーサイド・テラス P.51
Riverside Terrace

・ザ・バンブー・バー

ザ・ペニンシュラ・バンコク
The Peninsula Bangkok

ザ・ペニンシュラ・スパ P.63
The Peninsula Spa

シャングリラ・ホテル・バンコク

ルブア・アット・ステート・タワー

P.45 バーン・パッタイ
Baan Phadthai

ジョーク・プリンス P.46
Joke Prince

スラサック駅
Surasak

BTSシーロム線
BTS Silom Line

・サトーン船着場（アイコンサイアムへのシャトルボート）

1

2　3

4

サパーンタクシン駅
Saphan Taksin

N Sathon Rd.

アバイブーベ P.67
Abhaibhubejhr

チャオプラヤー川
Mae Nam Chaophraya

バンコク中心部主要路線図

凡例

- 国鉄
- BTSスクンビット線
- BTSシーロム線
- BTSゴールドライン
- MRTブルーライン
- MRTイエローライン
- MRTパープルライン
- エアポートレイルリンク シティライン
- SRTダークレッドライン
- チャオプラヤーツーリストボート・エクスプレスボート（一部）

※ターティアン船着場は2024年1月現在休業中ですが、ワットアルンへの渡し船は運航しています。

チャオプラヤー川
Mae Nam Chaophraya

クローン3 Khlong 3
ワットプラシーマハタート Wat Phra Sri Mahathat
11thインファントリーレジメント 11th Infantry Regiment
バンブア Bang Bua
ロイヤルフォレストデパートメント Royal Forest Department
カセサートユニバーシティ Kasetsart University
セーナーニコム Sena Nikhom
ラチャヨーティン Ratcha Yothin
パホンヨーティン24 Phahon Yothin 24
クリミナルコート Criminal Court
イェークラムサーリー Yaek Lam Sali

ランシット Rangsit
ドンムアン Don Mueang
チャトチャック Chatuchak
クローンバンパイ Khlong Ban Phai
ハーイエークラップラオ Ha Yaek Lat Phrao
チャトチャックパーク Chatuchak Park
パホンヨーティン Phahon Yothin
ラップラオ Lat Phrao
バンポー Bang Pho
モーチット Mo Chit
ラチャダピセーク Ratchadaphisek
タオプーン Tao Poon
バンスー Bang Sue
カンペーンペット Kamphaeng Phet
サバーンクワーイ Saphan Kwai
スティサーン Sutthisan
バンプラット Bang Phlat
プラアーティット Phra Athit
アーリー Ari
ファイクアン Huai Khwang
シリントーン Sirindhorn
ターマハラート Tha Maharaj
サナームパオ Sanam Pao
ラチャプラーロップ Ratchaprarop
タイランドカルチュラルセンター Thailand Cultural Centre
バンイーカン Bang Yi Khan
ターチャーン Tha Chang
ビクトリーモニュメント Victory Monument
ラマ9 Rama 9
バンクンノン Bang Khun Non
ターティアン Tha Tien（休業中）
パヤタイ Phaya Thai
マッカサン Makkasan
ベッチャブリー Phetchaburi
トンブリ Thonbri
ワットアルン Wat Arun
ラーチャテーウィー Rajchathewi
プルーンチット Ploen Chit
ナーナー Nana
ラームカムヘーン Ramkhamhaeng
ファイチャイ Fai Chai
チャラン13 Charan 13
Siam(Central Station) サイアム
ナショナルスタジアム National Stadium
チットロム Chit Lom
アソーク Asok
スクンビット Sukhumvit
フアマーク Hua Mak
ターブラ Tha Phra
サナームチャイ Sanam Chai
サムヨート Sam Yot
ラチャダムリ Ratchadamri
サラデーン Sala Daeng
プロームポン Phrom Phong
バンワー Bang Wa
バンパイ Bang Phai
アイサラパップ Itsaraphap
ラーチニー Rajinee
ワットマンコン Wat Mangkon
フアランポーン Hua Lamphong
サムヤーン Sam Yan
シーロム Si Lom
ルンピニー Lumphini
クローントゥーイ Khlong Toei
クイーンシリキットナショナルコンベンションセンター Queen Sirikit National Convention Centre
バンタップチャーン Ban Thap Chang
クローンサーン Khlong San
ラーチャウォン Ratchawong
チョンノンシー Chong Nonsi
ラークラバン Lat Krabang
ウッタカート Wutthakat
チャルンナコーン Charoen Nakhon
アイコンサイアム Iconsiam
セントルイス Saint Louis
スラサック Surasak
トンロー Thong Lo
プッタモントン4 Phuttamonthon 4
タラートプルー Talat Phlu
ポーニミット Phonimit
ウォンウィアンヤイ Wongwian Yai
クルントンブリー Krung Thon Buri
サパーンタクシン Saphan Taksin
サートーン Sathorn
エカマイ Ekkamai
アジアティーク Asiatique
サワーンカニワート Sawang Khaniwat
プラカノン Phra Khanong
スワンナプーム国際空港 Suvarnabhumi Airport

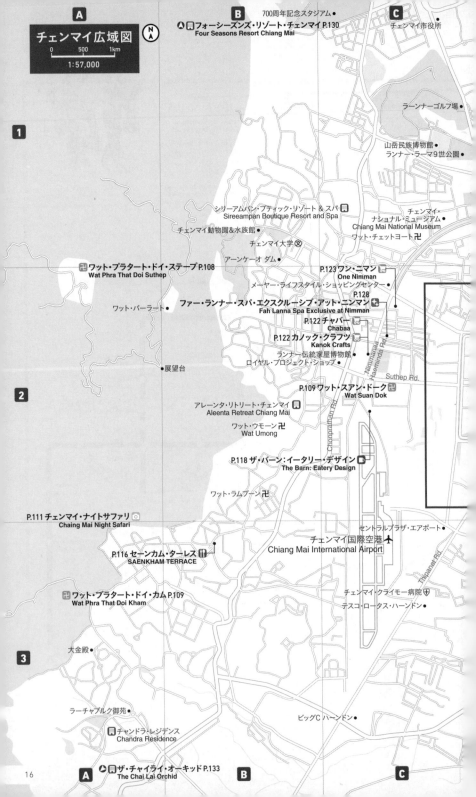

A

チェンマイ広域図

0　　500　　1km

1:57,000

Ⓝ N

B
700周年記念スタジアム●
⛰🏨 フォーシーズンズ・リゾート・チェンマイ P.130
Four Seasons Resort Chiang Mai

C
●チェンマイ市役所

●ラーンナーゴルフ場●

1

山岳民族博物館●
ランナー・ラーマ9世公園●

シリーアムパン・ブティック・リゾート＆スパ🏨
Sireeampan Boutique Resort and Spa

チェンマイ動物園＆水族館●

チェンマイ大学⊗

アーンケーオ ダム●

●チェンマイ・
ナショナル・ミュージアム
Chiang Mai National Museum
ワット・チェットヨート卍

🏛 ワット・プラタート・ドイ・ステープ P.108
Wat Phra That Doi Suthep

ワット・パーラート●

展望台●

P.123 ワン・ニマン🏨
One Nimman
メーヤー・ライフスタイル・ショッピングセンター●
P.128💆
ファー・ランナー・スパ・エクスクルーシブ・アット・ニマン
Fah Lanna Spa Exclusive at Nimman
P.122 チャバー
Chabaa
P.122 カノック・クラフツ
Kanok Crafts
ランナー伝統家屋博物館●
ロイヤル・プロジェクト・ショップ●

Suthep Rd.

2

P.109 ワット・スアン・ドーク卍
Wat Suan Dok

アレーンタ・リトリート・チェンマイ🏨
Aleenta Retreat Chiang Mai

ワット・ウモーン卍
Wat Umong

P.118 ザ・バーン：イータリー・デザイン🍴
The Barn: Eatery Design

ワット・ラムプーン卍

P.111 チェンマイ・ナイトサファリ📷
Chaing Mai Night Safari

セントラルプラザ・エアポート●

チェンマイ国際空港✈
Chiang Mai International Airport

P.116 セーンカム・ターレス🍴
SAENKHAM TERRACE

🏛 ワット・プラタート・ドイ・カム P.109
Wat Phra That Doi Kham

チェンマイ・クライモー病院✚
テスコ・ロータス・ハーンドン●

3

大金殿●

ラーチャプルク御苑●

ビッグC ハーンドン●

🏨 チャンドラ・レジデンス
Chandra Residence

A
⛰🏨 ザ・チャイライ・オーキッド P.133
The Chai Lai Orchid

B

C

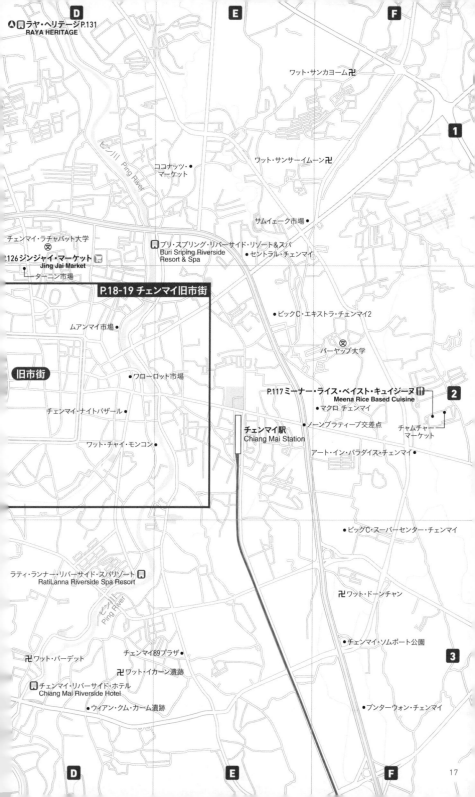

D ▲🏯 ラヤ・ヘリテージ P.131
RAYA HERITAGE

E

F

ワット・サンカヨーム卍

1

ピン川 Ping River

ココナッツ・●
マーケット

ワット・サンサーイムーン卍

サムイェーク市場 ●

チェンマイ・ラチャパット大学 ⊗

🏯 ブリ・スプリング・リバーサイド・リゾート＆スパ
Buri Sriping Riverside
Resort & Spa

● セントラル・チェンマイ

P.126 ジンジャイ・マーケット 🏯
Jing Jai Market
ターニン市場

● ビックC・エキストラ・チェンマイ2

P.18-19 チェンマイ旧市街

ムアンマイ市場 ●

⊗
パーヤップ大学

旧市街

● ワローロット市場

P.117 ミーナー・ライス・ベイスト・キュイジーヌ 🍴
Meena Rice Based Cuisine

2

チェンマイ・ナイトバザール ●

● マクロ チェンマイ

チェンマイ駅
Chiang Mai Station

● ノーンプラティープ交差点

チャムチャー
マーケット

ワット・チャイ・モンコン ●

アート・イン・パラダイス・チェンマイ ●

● ビッグC・スーパーセンター・チェンマイ

ラティ・ランナー・リバーサイド・スパリゾート 🏯
RatiLanna Riverside Spa Resort

ピン川 Ping River

● チェンマイ・ソムポート公園

3

卍ワット・ドーンチャン

チェンマイ89プラザ ●

卍ワット・パーデット

卍ワット・イカーン遺跡

🏯チェンマイ・リバーサイド・ホテル
Chiang Mai Riverside Hotel

● ウィアン・クム・カーム遺跡

● ブンターウォン・チェンマイ

D

E

F

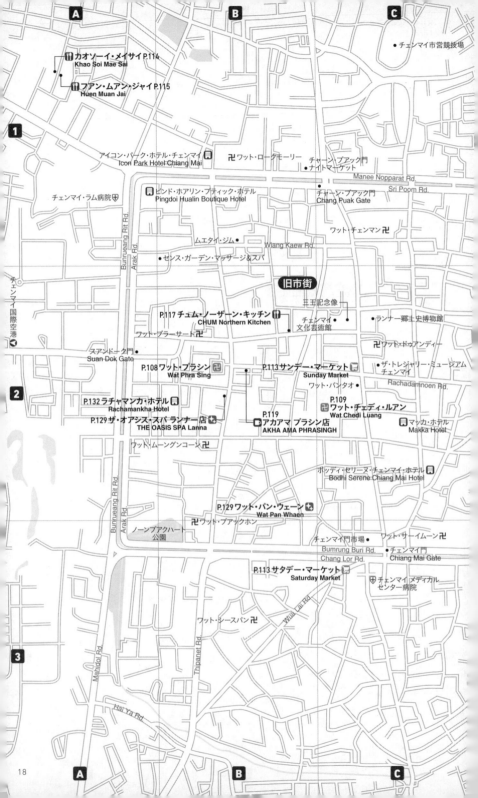

A **B** **C**

• チェンマイ市営競技場

🍴 カオソーイ・メイサイ P.114
Khao Soi Mae Sai

🍴 フアン・ムアン・ジャイ P.115
Huen Muan Jai

1

アイコン・パーク・ホテル・チェンマイ🏨
Icon Park Hotel Chiang Mai

卍 ワット・ロークモーリー

チャーン・プアック門
・ナイトマーケット

Manee Nopparat Rd.
Sri Poom Rd.

チェンマイ・ラム病院⊞

🏨 ピンド・ホアリン・ブティック・ホテル
Pingdoi Hualin Boutique Hotel

チャーン・プアック門
Chang Puak Gate

卍 ワット・チェンマン

ムエタイ・ジム・

Wiang Kaew Rd.

• センス・ガーデン・マッサージ&スパ

旧市街

三王記念像

P.117 チュム・ノーザーン・キッチン
🍴 CHUM Northern Kitchen

チェンマイ
文化芸術館

・ランナー郷土史博物館

卍 ワット・ドゥアンディー

ワット・プラーサート卍

スアンドーク門 •
Suan Dok Gate

P.108 ワット・プラシン🏛
Wat Phra Sing

P.113 サンデー・マーケット
Sunday Market

・ザ・トレジャリー・ミュージアム
チェンマイ

ワット・パンタオ •

Rachadamnoen Rd.

2

P.132 ラチャマンカ・ホテル🏨
Rachamankha Hotel

P.129 ザ・オアシス・スパ ランナー店🧖
THE OASIS SPA Lanna

P.119 🍴
アカアマ プラシン店
AKHA AMA PHRASINGH

P.109
🍴 ワット・チェディ・ルアン
Wat Chedi Luang

マッカ・ホテル🏨
Makka Hotel

ワット・ムーングンコーン卍

ポッティ・セリーヌ・チェンマイ・ホテル🏨
Bodhi Serene Chiang Mai Hotel

P.129 ワット・パン・ウェーン🧖
Wat Pan Whaen

ワット・ブアックホン卍

ノーンブアクハート
公園

チェンマイ門市場 •

ワット・サーイムーン卍

Bumrung Buri Rd.
Chang Lor Rd.

・チェンマイ門
Chiang Mai Gate

P.113 サタデー・マーケット🏛
Saturday Market

チェンマイ メディカル⊞
センター病院

ワット・シースパン卍

Wua Lai Rd.

3

Hai Ya Rd.

A **B** **C**

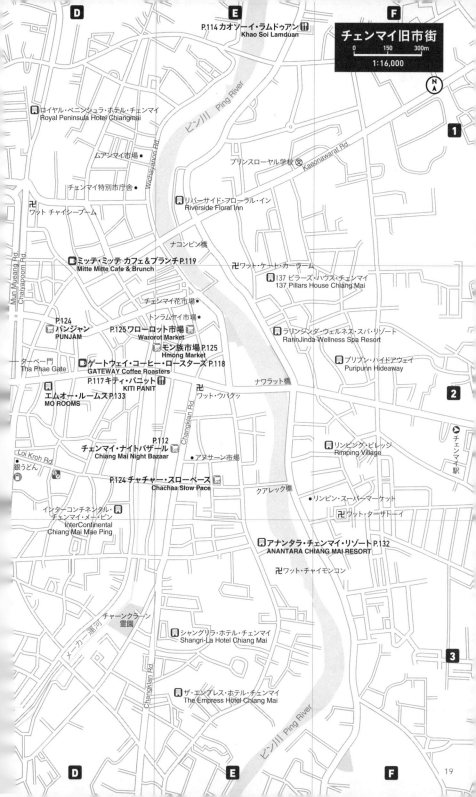

D

E

F

P.114 カオツォーイ・ラムドゥアン
Khao Soi Lamduan

チェンマイ旧市街

0   150   300m

1:16,000

N

ロイヤル・ペニンシュラ・ホテル・チェンマイ
Royal Peninsula Hotel Chiangmai

ムアンマイ市場

プリンスローヤル学校

チェンマイ特別市庁舎

ワット チャイシープーム

リバーサイド・フローラル・イン
Riverside Floral Inn

ナコンピン橋

ミッテ・ミッテ カフェ＆ブランチ P.119
Mitte Mitte Cafe & Brunch

ワット・ケート・カーラーム

137 ピラーズ・ハウス・チェンマイ
137 Pillars House Chiang Mai

チェンマイ花市場

トンラムヤイ市場

P.124
パンジャン
PUNJAM

P.125 ワローロット市場
Warorot Market

ラリンジンダ・ウェルネス・スパ・リゾート
RarinJinda Wellness Spa Resort

モン族市場 P.125
Hmong Market

プリプン・ハイドアウェイ
Puripunn Hideaway

ターペー門
Tha Phae Gate

ゲートウェイ・コーヒー・ロースターズ P.118
GATEWAY Coffee Roasters

P.117 キティ・パニット
KITI PANIT

ナワラット橋

エムオー・ルームス P.133
MO ROOMS

ワット・ウパクッ

P.112
チェンマイ・ナイトバザール
Chiang Mai Night Bazaar

アヌサーン市場

リンピン・ビレッジ
Rimping Village

銀うどん

P.124 チャチャー・スローペース
Chachaa Slow Pace

クアレック橋

リンピン・スーパーマーケット

ワット・ターサトーイ

インターコンチネンタル・
チェンマイ・メー・ピン
InterContinental
Chiang Mai Mae Ping

アナンタラ・チェンマイ・リゾート P.132
ANANTARA CHIANG MAI RESORT

ワット・チャイモンコン

チャーンクラーン
霊園

シャングリラ・ホテル・チェンマイ
Shangri-La Hotel Chiang Mai

ザ・エンプレス・ホテル・チェンマイ
The Empress Hotel Chiang Mai

ピン川 Ping River

チェンマイ駅

1

2

3

C プーケット全体図

1:200,000
0 1.5 3km

N

1

2

3

A サラシン橋

カオラック・ラムルー国立公園 P.143
Khao Lak-Lam Ru National Park

タイ本土

B

C

ヤオヤイ島
Koh Yao Noi

ヤオヤイ農
Koh Yao Yai

ナーカーノーイ島

サンティヤヤーコー ヤオ ヤイ リゾート & スパ■

JW マリオット・プーケット・リゾート & スパ■
JW Marriott Phuket Resort & Spa

マイカオ・ビーチ●
Mai Khao Beach

メリア・プーケット・マイカオ
Meliá Phuket Mai Khao

スパライ・リゾート & スパ・プーケット■
Supalai Scenic Bay Resort and Spa

ザ・ナカ・アイランド・ア・ラグジュアリー・コレクション■
リゾート & スパ・プーケット

コモ・ポイント・ヤム■
COMO Point Yamu

マイカオ・ドリーム・ヴィラ・リゾート & スパ・プーケット■
Mai Khao Dream Villa Resort & Spa Phuket

ブルー・キャニオン・カントリー・クラブ●

プーケット国際空港✈
Phuket International Airport

シリナット国立公園●
Sirinat National Park

ムーエサイン・ビーチ●

プーケット・マリオット・リゾート &
スパ・ナイヤン・ビーチ■
Phuket Marriott Resort and Spa,
Nai Yang Beach

プルマン・プーケット・アルカディア・ナイトン・ビーチ■
Pullman Phuket Arcadia Naithon Beach

ナイトン・ビーチ●

ナイ・トン・ビーチ●
Nai Thon Beach

P.14,153 プルサ
PRU

P.153 シーフード・アット・トリサラ
Seafood at Trisara

トリサラ■
Trisara

タンヤプーラ・スポーツ & ヘルス・リゾート■
Thanyapura

バーンペー滝

ワット・プラ・トーン卍
Wat Phra Tong

トンサイ滝

P.164 トリサラ
Trisara

ラグーナ・ゴルフ
Laguna Golf

マー・ドゥ・アア・カフェ P.154
Ma Doo Bua Cafe

ザ・キリ・ヴィラ・リゾート
The Kiri Pool Villas Resort Phuket

P.163
バンヤンツリー・スパ
Banyan Tree Spa
オアシス・スパ●

P.141 バンタオ・ビーチ
Bang Thao Beach

ボルトデ・プーケット●

タラン博物館●

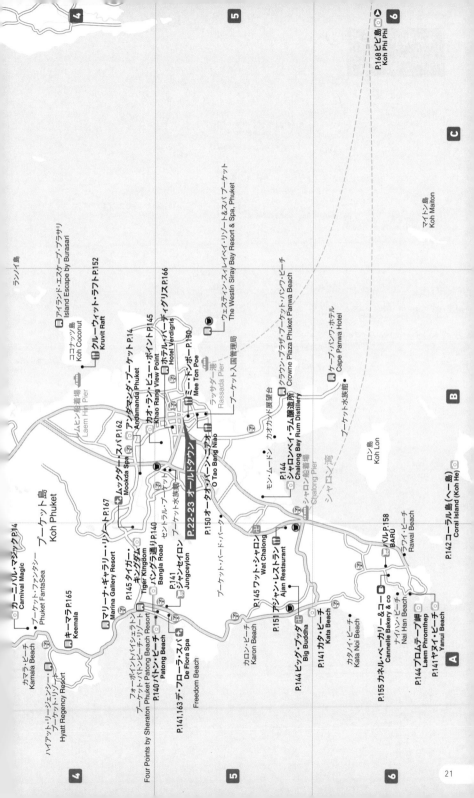

ランタ島

P.168 ピピ島
Koh Phi Phi

マイトン島
Koh Maiton

ココナッツ島
Koh Coconut

アイランド・エスケープ・バイ・ブラサリ
Island Escape by Burasari

クルーヴィット・ラフト P.152
Kruvit Raft

ヴェスティン・スィレイ・ベイ・リゾート＆スパ・プーケット
The Westin Siray Bay Resort & Spa, Phuket

アンダマンダ・プーケット
Andamanda Phuket

カオ・ラン・ビュー・ポイント P.145
Khao Rang View Point

ホテル・ヴェルディグリス P.166
Hotel Verdigris

ミー・トン・ポー P.150
Mee Ton Poe

ラッサダー港
Rassada Pier

プーケット入国管理局

クラウン・プラザ・プーケット・パンワ・ビーチ
Crowne Plaza Phuket Panwa Beach

ケープ・パンワ・ホテル
Cape Panwa Hotel

プーケット水族館

レームヒン船着場
Laem Hin Pier

ムックダー・スパ P.162
Mookda Spa

バングラ通り P.140
Bangla Road

ジャンセイロン
Jungceylon

P.141
タイガー・キングダム
Tiger Kingdom

セントラル・フロレスタ

プーケット水族館

カオカド展望台

チャロンベイ・ラム醸造所
Chalong Bay Rum Distillery

モン・ムード

P.144

チャロン船着場
Chalong Pier

チャロン湾

ロン島
Koh Lon

P.22-23 オールドタウン

オー・タオ・バン・ニャオ
O Tao Bang Niao

プーケット・バード・パーク

マリーナ・ギャラリー・リゾート P.167
Marina Gallery Resort

P.141,163 デ・フローラ・スパ
De Flora Spa

カマラ・ビーチ
Kamala Beach

ハイアット・リージェンシー・プーケット・リゾート
Hyatt Regency Resort

プーケット島
Koh Phuket

キーマラ P.165
Keemala

カーニバル・マジック P.14
Carnival Magic

プーケット・ファンタシー
Phuket FantaSea

フォーポイント・バイ・シェラトン・プーケット・パトンビーチ・リゾート
Four Points by Sheraton Phuket Patong Beach Resort

パトン・ビーチ
Patong Beach

フリーダム・ビーチ
Freedom Beach

カロン・ビーチ
Karon Beach

P.145 ワット・チャロン
Wat Chalong

P.151 アジャン・レストラン
Ajan Restaurant

P.144 ビッグ・ブッダ
Big Buddha

P.141 カタ・ビーチ
Kata Beach

カタ・ノイ・ビーチ
Kata Noi Beach

P.155 カネル・ベーカリー＆コー
Cannelle Bakery & co

ナイハン・ビーチ
Nai Han Beach

P.144 プロムテープ岬
Laem Phromthep

P.141 ヤヌイ・ビーチ
Yanui Beach

バル P.158
BARU

ラワイ・ビーチ
Rawai Beach

P.142 コーラル島（ヘー島）
Coral Island (Koh He)

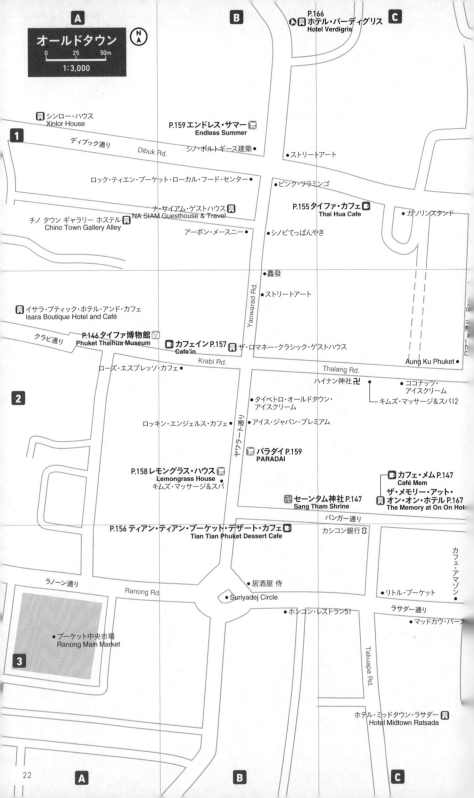

A オールドタウン

N

0 25 50m
1:3,000

A **B** **C**

P.166
♪🏨 ホテル・バーディグリス
Hotel Verdigris

1
🏨 シンロー・ハウス
Xinlor House

P.159 エンドレス・サマー 🏧
Endless Summer

ディブック通り
Dibuk Rd.

シノ・ポルトギース建築

● ストリートアート

ロック・ティエン・ブーケット・ローカル・フード・センター ●

● ピンク・フラミンゴ

ナ・サイアム・ゲストハウス 🏨
NA SIAM Guesthouse & Travel

P.155 タイファ・カフェ 🏧
Thai Hua Cafe

● ガソリンスタンド

🏨 チノ タウン ギャラリー ホステル
Chino Town Gallery Alley

アーボン・メースニー ●

● シノビてっぱんやき

● 鑫發

● ストリートアート

🏨 イサラ・ブティック・ホテル・アンド・カフェ
Isara Boutique Hotel and Café

Yaowarad Rd.

クラビ通り

2

P.146 タイファ博物館 📷
Phuket Thaihua Museum

🏧 カフェイン P.157
Cafe'in

ザ・ロマネー・クラシック・ゲストハウス

Aung Ku Phuket ●

Krabi Rd.

Thalang Rd.

ローズ・エスプレッソ・カフェ ●

ハイナン神社 卍

● ココナッツ・
アイスクリーム

● タイベトロ・オールドタウン・
アイスクリーム

← キムズ・マッサージ&スパ12

ロッキン・エンジェルス・カフェ ●

● アイス・ジャパン・プレミアム

🏧 パラダイ P.159
PARADAI

🏧 カフェ・メム P.147
Café Mem

P.158 レモングラス・ハウス 🏧
Lemongrass House
キムズ・マッサージ&スパ

ザ・メモリー・アット・
🏨 オン・オン・ホテル P.167
The Memory at On On Hot

卍 セーンタム神社 P.147
Sang Tham Shrine

P.156 ティアン・ティアン・ブーケット・デザート・カフェ 🏧
Tian Tian Phuket Dessert Cafe

バンガー通り

カシコン銀行 🏧

カフェ・アマゾン

ラノーン通り

🍶 居酒屋 侍

● リトル・ブーケット

Ranong Rd.

● Suriyadej Circle

ラサダー通り

● ホンコン・レストラン51

● マッドカウ・バー

● ブーケット中央市場
Ranong Main Market

3

Takuapa Rd.

ホテル・ミッドタウン・ラサダー
Hotel Midtown Ratsada

A **B** **C**

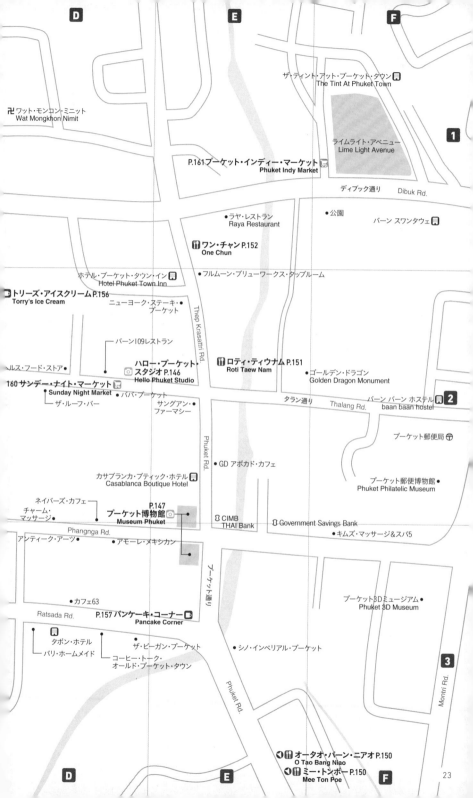

D **E** **F**

ザ・ティント・アット・プーケット・タウン
The Tint At Phuket Town

ワット・モンコン・ミニット
Wat Mongkhon Nimit

ライムライト・アベニュー
Lime Light Avenue

1

P.161 プーケット・インディー・マーケット
Phuket Indy Market

ディブック通り　Dibuk Rd.

ラヤ・レストラン
Raya Restaurant

公園

バーン スワンタウェ

ワン・チャン P.152
One Chun

ホテル・プーケット・タウン・イン
Hotel Phuket Town Inn

フルムーン・ブリューワークス・タップルーム

トリーズ・アイスクリーム P.156
Torry's Ice Cream

ニューヨーク・ステーキ・
プーケット

バーン109レストラン

ロティ・ティウナム P.151
Roti Taew Nam

ハロー・プーケット・
スタジオ P.146
Hello Phuket Studio

ゴールデン・ドラゴン
Golden Dragon Monument

ルス・フード・ストア

160 サンデー・ナイト・マーケット
Sunday Night Market

ザ・ルーフ・バー

ババ・プーケット

サングアン・
ファーマシー

タラン通り　Thalang Rd.

バーン バーン ホステル
baan baan hostel

2

プーケット郵便局

カサブランカ・ブティック・ホテル
Casablanca Boutique Hotel

GD アボカド・カフェ

プーケット郵便博物館
Phuket Philatelic Museum

ネイバーズ・カフェ

チャーム・
マッサージ

P.147
プーケット博物館
Museum Phuket

CIMB
THAI Bank

Government Savings Bank

Phangnga Rd.

キムズ・マッサージ＆スパ5

アンティーク・アーツ

アモーレ・メキシカン

カフェ63

Ratsada Rd.

P.157 パンケーキ・コーナー
Pancake Corner

プーケット3Dミュージアム
Phuket 3D Museum

タポン・ホテル

バリ・ホームメイド

ザ・ビーガン・プーケット

コーヒー・トーク・
オールド・プーケット・タウン

シノ・インペリアル・プーケット

3

オータオ・バーン・ニアオ P.150
O Tao Bang Niao

ミー・トンポー P.150
Mee Ton Poe

D **E** **F**

23

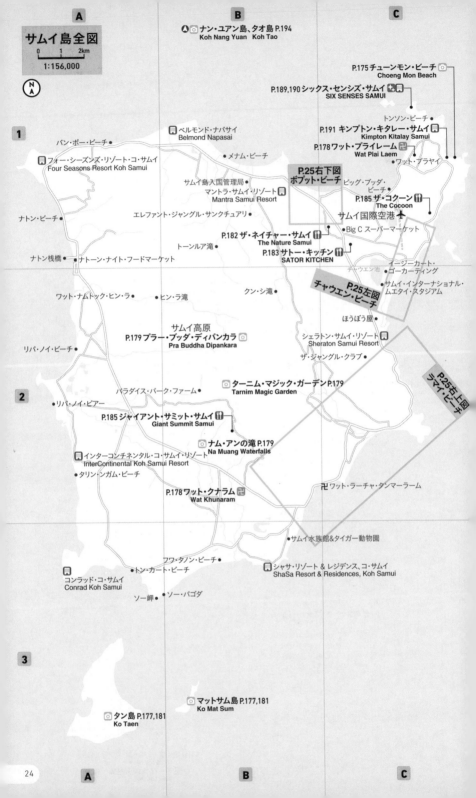

サムイ島全図

0　1　2km
1:156,000

N

Ⓐ ⓝ ナン・ユアン島、タオ島 P.194
Koh Nang Yuan　Koh Tao

P.175 チューンモン・ビーチ
Choeng Mon Beach

P.189,190 シックス・センシズ・サムイ
SIX SENSES SAMUI

トンソン・ビーチ

P.191 キンプトン・キタレー・サムイ
Kimpton Kitalay Samui

P.178 ワット・プライレーム
Wat Plai Laem

ワット・プラヤイ

ベルモンド・ナパサイ
Belmond Napasai

バン・ボー・ビーチ

メナム・ビーチ

フォー・シーズンズ・リゾート・コ・サムイ
Four Seasons Resort Koh Samui

サムイ島入国管理局

マントラ・サムイ・リゾート
Mantra Samui Resort

ボプット・ビーチ

ビッグ・ブッダ・ビーチ

P.25右下図

ナトン・ビーチ

エレファント・ジャングル・サンクチュアリ

P.185 ザ・コクーン
The Cocoon

サムイ国際空港

P.182 ザ・ネイチャー・サムイ
The Nature Samui

Big C スーパーマーケット

ナトン桟橋　ナトーン・ナイト・フードマーケット

トーンルア滝

P.183 サトー・キッチン
SATOR KITCHEN

イージーカート・ゴーカーティング

チャウエン池

サムイ・インターナショナル・ムエタイ・スタジアム

ワット・ナムトック・ヒン・ラ

ヒン・ラ滝

クン・シ滝

チャウエン・ビーチ

P.25左図

ほうぼう屋

サムイ高原

P.179 プラー・ブッダ・ディパンカラ
Pra Buddha Dipankara

シェラトン・サムイ・リゾート
Sheraton Samui Resort

リパ・ノイ・ビーチ

ザ・ジャングル・クラブ

ターニム・マジック・ガーデン P.179
Tarnim Magic Garden

P.25右上図

パラダイス・パーク・ファーム

ラマイ・ビーチ

リパ・ノイ・ピアー

P.185 ジャイアント・サミット・サムイ
Giant Summit Samui

ナム・アンの滝 P.179
Na Muang Waterfalls

インターコンチネンタル・コ・サムイ・リゾート
InterContinental Koh Samui Resort

タリン・ンガム・ビーチ

P.178 ワット・クナラム
Wat Khunaram

ワット・ラーチャ・タンマーラーム

サムイ水族館&タイガー動物園

フワ・タノン・ビーチ

トン・カート・ビーチ

コンラッド・コ・サムイ
Conrad Koh Samui

シャサ・リゾート & レジデンス、コ・サムイ
ShaSa Resort & Residences, Koh Samui

ソー岬　ソー・パゴダ

マットサム島 P.177,181
Ko Mat Sum

タン島 P.177,181
Ko Taen

A　B　C

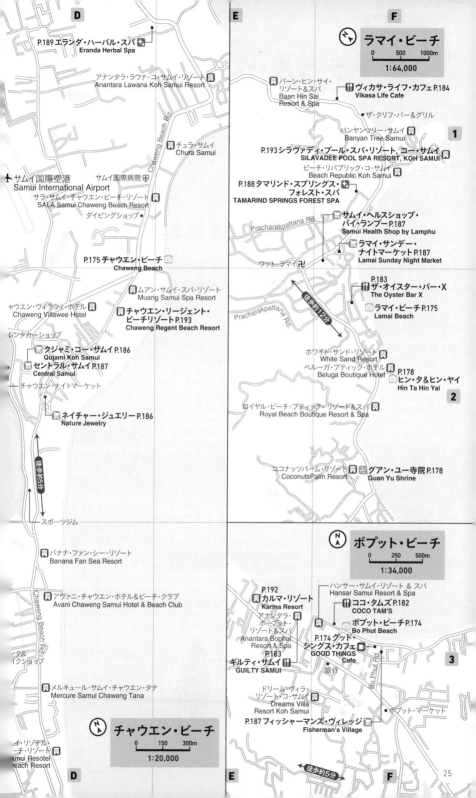

タイ便利帳 ①

旅で使える基本フレーズ

トラベル・タイ語ガイド

滞在中に使える基本的なフレーズをリストアップ。
タイ語は発音が難しいため、
通じなければこのページを指差しして使おう。

まずはココから!

タイ語は男性と女性で
丁寧語の言い方が変わる!

タイでは、初対面や目上の人に対
して丁寧語を使うのがマナー。紹
介するフレーズの文末に以下の言
葉を添えれば、「〜です・ます」と
いう丁寧な表現になる!

男性:カップ 女性:カー

基本編

こんにちは
สวัสดี
サワディー

丁寧語にする場合、
男性なら「サワディーカップ」、
女性なら「サワディーカー」
となる

ありがとう
ขอบคุณ
コープクン

どういたしまして
ไม่เป็นไร
マイ ペンライ

すみません
ขอโทษ
コートート

はい/いいえ
ใช่/ไม่ใช่
チャイ/マイ チャイ

わかりました
เข้าใจแล้ว
カオジャイ レーオ

わかりません
ไม่เข้าใจ
マイ カオジャイ

タイ語が話せません
พูดภาษาไทยไม่ได้
プート パーサー タイ マイ ダーイ

私は日本人です
(男性)ผมเป็นคนญี่ปุ่น
ポム ペン コン イープン

(女性)ฉันเป็นคนญี่ปุ่น
チャン ペン コン イープン

あなたの名前は?
คุณชื่ออะไร
クン チュー アライ

疑問文を丁寧な表現にする
場合も平叙文と同じように、
男性は「カップ」、女性は「カ
ー」を文末に加えればOK!

私の名前は○○です
(男性)ผมชื่อ ○○
ポム チュー ○○

(女性)ฉันชื่อ ○○
チャン チュー ○○

また会いましょう
เจอกันใหม่
ジュー ガン マイ

観光編

両替所はどこですか?
ที่แลกเงินอยู่ที่ไหน
ティーレークングン ユー ティーナイ?

何時からですか?
ตั้งแต่กี่โมง
タン テー ギー モーン

何時までですか?
ถึงกี่โมง
トゥン ギー モーン

写真を撮ってもらえますか?
ช่วยถ่ายรูปหน่อยได้ไหม
タイ ループ ノーイ ダイ マイ

トイレはどこにありますか?
ห้องน้ำอยู่ที่ไหน
ホン ナーム ユー ティーナイ

○○○へ行きたいです
อยากไป
ヤーク パイ○○○

タクシーの運転手
は英語を読めない
人が多いため、地
名や店名はタイ語
で表示するといい

(地図や住所を指して)
ここへの行き方を教えてください
ไปที่นี่ยังไง
パイ ティーニー ヤンガイ

グルメ編

メニューをください
ขอเมนูหน่อย
コー メヌー ノイ

おすすめはありますか?
มีอาหารแนะนำอะไรบ้าง
ミー アハン ネナム アライ バーン

トムヤムクンをください
ขอต้มยำกุ้ง
コートムヤムクン

その他の料理は「トムヤムクン」
を変えればOK。料理名は次の
ページのグルメカタログを参考に

辛くしないでください
เอาไม่เผ็ด
アオ マイ ペット

「これは辛い?」と確
認する場合は「ペッ
ト マイ?」と聞こう

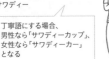

26

大盛りにしてください
เอาพิเศษ
アオ ピセート

テイクアウトします
เอากลับบ้าน
アオ グラップ バーン

> タイではほとんどの店でテイクアウトが可能。気軽に聞いてみて

> 「すごくおいしい」は「アロイ マーク」。「マーク」はサイズや価格にも使える

おいしい
อร่อย
アロイ

お会計をお願いします
เช็คบิลหน่อย
チェック ビン ノーイ

レシートをください
ขอใบเสร็จด้วย
コー バイ セット ドゥアイ

ショッピング編

これは何ですか?
นี่อะไร
ニー アライ

いくらですか?
เท่าไร
タオライ

試着できますか?
ลองใส่ได้ไหม
ローン サイ ダーイ マイ

他のサイズはありますか?
มี ไซส์อื่นไหม
ミー サイ ウーン マイ

これをください
เอาอันนี้
アオ アン ニー

値引きしてもらえますか?
ลดหน่อยได้ไหม
ロッ ノーイ ダイ マイ

トラブル編

助けて!
ช่วยด้วย
チュアイ ドゥアイ

警察を呼んでください
เรียกตำรวจหน่อย
リアック タムルワッ(ト) ノイ

お腹が痛いです
ปวดท้อง
プアット トーン

> 警察は「タムルワッ(ト)」。英語の「ポリス」でも伝わる

体調が悪いです
ไม่สบาย
マイ サバーイ

道に迷ってしまいました
หลงทาง
ロン ターン

パスポートをなくしました
ทำพาสปอร์ตหาย
タム パスポート ハーイ

> 財布は
> กระเป๋าสตางค์
> (グラバウ サターン)

\ 知っていると便利! /
タイ語単語帳

観光やショッピングで頻出する、お役立ちワードをチェック!

観光・交通

空港	สนามบิน (サナーム ビン)
飛行機	เครื่องบิน (クルアン ビン)
国際線	บินระหว่างประเทศ (ビン ラ ワーン プラ テート)
国内線	บินในประเทศ (ビン ナイ プラテート)
駅	สถานีรถไฟ (サ ター ニー ロッ ファイ)
電車	รถไฟฟ้า (ロッ ファイ ファー)
バス停	ป้ายรถเมล์ (パーイ ロッ メー)
バスターミナル	สถานีขนส่ง (サ ター ニー コン ソン)
寺院	วัด (ワット)
市場	ตลาด (タラート)
デパート	ห้าง (ハーン)

トラブル

警察	ตำรวจ (タムルワッ[ト])
病院	โรงพยาบาล (ローン パヤバーン)
救急車	รถพยาบาล (ロッ パヤー バーン)
大使館	สถานทูต (サターントゥート)

買い物

高い	แพง (ペーン)
安い	ถูก (トゥーク)
大きい	ใหญ่ (ヤイ)
小さい	เล็ก (レック)

数字

1	หนึ่ง (ヌン)
2	สอง (ソーン)
3	สาม (サーム)
4	สี่ (シー)
5	ห้า (ハー)
6	หก (ホック)
7	เจ็ด (ジェット)
8	แปด (ペート)
9	เก้า (ガーオ)
10	สิบ (スィップ)
100	หนึ่งร้อย (ヌン ローイ)

ホテルをはじめ旅行者の多いショップやレストランでは英語が通じるが、ローカルな食堂や露店では通じないことが多い。

☛ 注文もこれでOK！

指差しグルメカタログ

世界で最もおいしい料理に選ばれたこともあるタイ料理。
数ある料理の中から、特に人気の高い21品を厳選。
英語の通じないローカル食堂でも、このページを見せればOK！

ご飯 RICE

カオマンガイ
ข้าวมันไก่

タイ版チキンライス。鶏肉をニンニクや生姜などと茹でたスープでご飯を炊く

パット・ガパオ・ガイ
ผัดกะเพราไก

鶏ひき肉のバジル炒めとライス。牛肉や豚肉、シーフードバージョンもある

カオカームー
ข้าวขาหมู

豚肉や豚足を八角などのスパイスで煮込み、煮汁とともにご飯にトッピング

ジョーク
โจ๊ก

米をトロトロに煮たタイ版おかゆ。具材は豚肉のミンチやモツがポピュラー

麺 NOODLE

パッタイ
ผัดไทย

中細の米麺をエビやニラ、卵、もやしなどと炒めたタイ風やきそば

クィッティアオ
ก๋วยเตี๋ยว

タイ風ラーメンの総称。汁ありか汁なしで選べて、スープもさまざまな種類がある

スープ SOUP

カオソーイ
ข้าวซอย

タイ北部の名物料理。ココナッツミルクが香るカレースープの中に中華麺と揚げ麺が

トムヤムクン
ต้มยำกุ้ง

レモングラスなど複数のハーブと甘み、酸味、辛味が一体化。世界3大スープの1つ

トムカーガイ
ต้มข่าไก่

芳醇なハーブの香りと酸味が特徴的な鶏肉とココナッツミルクのスープ

サラダ SALAD

ソムタム
ส้มตำ

タイ東北部の郷土料理。スライスした青パパイヤと調味料を叩き和えたサラダ

ヤムウンセン
ย่ำวุ้นเส้น

春雨と野菜を甘酸っぱいタレで和えたサラダ。具はシーフード＆豚ミンチが主流

ラープ・ムー
ลาบหมู

豚ひき肉をハーブやライム、いった米粉などで和えたタイ東北地方発祥のサラダ

グルメの基礎＆食材　単語一覧

調理方法
焼く	ย่าง (ヤーン)	
炒める	ผัด (パット)	
揚げる	ทอด (トート)	
蒸す	นึ่ง (ヌン)	
茹でる	ลวก (ルアック)	

ご飯＆麺
ご飯	ข้าว (カーオ)
もち米	ข้าวเหนียว (カオニャオ)
中華麺	บะหมี่ (バミー)
中細米麺	เส้นเล็ก (センレック)
極太米麺	เส้นใหญ่ (センヤイ)
極細米麺	เส้นหมี่ (センミー)
春雨	วุ้นเส้น (ウンセン)
インスタント麺	บะหมี่สำเร็จรูป (バミー サムレット ループ)

肉
鶏肉	เนื้อไก่ (ヌア ガイ)
豚肉	เนื้อหมู (ヌア ムー)
牛肉	เนื้อวัว (ヌア ウア)

シーフード
魚	ปลา (プラー)
エビ	กุ้ง (グン)
カニ	ปู (プー)
イカ	ปลาหมึก (プラー ムック)
アサリ	หอยลาย (ホイ ラーイ)
カキ	หอยนางรม (ホイ ナーン ロム)

野菜
キュウリ	แตงกวา (テーン グワー)
ナス	มะเขือ (マクア)
トマト	มะเขือเทศ (マクア テート)
キャベツ	กะหล่ำปลี (ガラム プリー)
空芯菜	ผักบุ้ง (パック ブン)
トウモロコシ	ข้าวโพด (カーオ ポート)
タマネギ	หัวหอม (フア ホーム)

果物
バナナ	กล้วย (クルアイ)
スイカ	แตงโม (テーン モー)
ココナッツ	มะพร้าว (マプラーオ)
パイナップル	สับปะรด (サッパロット)
マンゴー	มะม่วง (マムアン)

パパイヤ
パパイヤ	มะละกอ (マラコー)
マンゴスチン	มังคุด (マンクット)
グアバ	ฝรั่ง (ファラン)

ハーブ＆トッピング
パクチー	ผักชี (パクチー)
レモングラス	ตะไคร้ (タクライ)
コブミカンの葉	ใบมะกรูด (バイ マックルー)
バジル	กระเพรา (ガパオ)
ミント	สะระแหน่ (サラネー)
ライム	มะนาว (マナーオ)
生姜	ขิง (キン)
ニンニク	กระเทียม (グラティアム)
目玉焼き	ไข่ดาว (カイ ダーオ)
ピーナッツ	ถั่วลิสง (トゥア リソン)

調味料
ナンプラー	น้ำปลา (ナム プラー)
オイスターソース	น้ำมันหอย (ナム マン ホイ)
チリソース	ซอสพริก (ソース プリック)
唐辛子	พริก (プリック)
醤油	ซีอิ๊ว (シーユー)
お酢	น้ำส้มสายชู (ナム ソム サーイ チュー)

肉＆魚料理　MEAT & SEAFOOD

ガイヤーン
ไก่ย่าง

骨つき鶏肉を甘辛いタレに漬け込み、炭火でロースト。もち米と相性バツグン

オースワン
ออส่วน

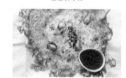

水で溶いたでんぷん生地にカキと卵を混ぜて、たっぷりの油で揚げ焼きに

クン・オップ・ウンセン
กุ้งอบวุ้นเส้น

エビと春雨の蒸し焼き。醤油ベースで甘じょっぱく、日本人好みの味つけ

カレー　CURRY

プラー・ヌン・シーユー
ปลานึ่งซีอิ๊ว

白身魚を丸ごと醤油で煮込み、たっぷりのネギと生姜をトッピング。煮ながら食べる

プー・パッ・ポンカリー
ปูผัดผงกะหรี่

カニをカレー粉と溶き卵で炒めた料理。辛さは控えめで濃厚な味わい

ゲーン・キヤオ・ワーン
แกงเขียวหวาน

青唐辛子とココナッツミルクで作られるグリーンカレー。辛さは店による

スイーツ　SWEETS

ゲーン・マッサマン
แกงมัสมั่น

タイ南部発祥。世界一おいしい料理に選ばれたこともあるジャガイモとナッツのカレー

ゲーンパネーン
แกงพะแนง

汁気がなく、トロッと濃厚なタイ南部発祥のカレー。スパイスが効いている

カオニヤオ・マムアン
ข้าวเหนียวมะม่วง

フレッシュマンゴーをココナッツミルクで甘く炊いたもち米と食べるデザート

🍴 こちらで紹介した地方の名物料理はタイ全土で親しまれ、ほとんどの都市で食べられる。

日本語で予約できるから安心！

人気オプショナルツアーをチェック

現地の旅行会社のオプショナルツアーは、アクティビティや郊外の観光スポットを回るのに最適！
車や入場チケットの手配の必要がなく、ホテルへの送迎もしてもらえるので安心＆便利。

※料金は大人１名の税込みの金額を記載しています
※ツアーの内容は変更になる場合があります

バンコク

Ⓐ タイならではのエンタメを体感
カリプソキャバレー・バンコクのニューハーフショーが豪華！

㊎ 1000B

バンコク随一のニューハーフショーを上演するカリプソ・キャバレーの入場チケットを手配。開演時間は毎日19時40分と21時15分の2回。

所要 約1時間30分

Ⓐ 気軽に楽しめるリバークルーズ♪
[ビール飲み放題] 夕刻から楽しめる激安チャオプラヤーディナークルーズ

㊎ 1050B

サンセットタイムにチャオプラヤー川を遊覧する数少ないクルーズ船。ビールやソフトドリンクが飲み放題のビュッフェディナー付き。

所要 約2時間

Ⓐ 定番どころをイッキに回れる
アユタヤ遺跡＆ピンクのガネーシャへのチャータータクシー

㊎ 4300B

バンコクのホテルからアユタヤへ、アユタヤの好きな見どころを3カ所めぐり、ピンクのガネーシャに寄り道してからホテルへ（ガイドなし）。

所要 約8時間

Ⓐ スリリングなあの市場を見に行く！
バンコク発 メークロン市場へのチャータータクシー

㊎ 3000B

線路の両脇にお店が並ぶメークロン市場へは、バンコク中心部から車で約1時間30分。ホテル～市場、市場～次の目的地へ送迎（ガイドなし）。

所要 約5時間

チェンマイ

Ⓑ 少数民族の村にも行ける！
ドイステープ寺院＋モン族の村＋プーピン宮殿 半日日帰り観光

㊎ 500B～

山頂に立つワット・ドイステープを見学し、モン族の村で少数民族の暮らしに触れる（またはタイ王室の公邸・プーピン宮殿）。ホテルへの送迎付き。

所要 約4時間

Ⓑ のどかな村を自由に散策♪
メーカンポン村と温泉を訪ねる日帰り乗合送迎サービス予約

㊎ 400B

乗り合い送迎サービスの手配（ガイドなし）。チェンマイから車で約1時間のメーカンポン村を散策し、屋外の天然スパなどを体験できる。

所要 約9時間

Ⓑ タイ最大級の夜の動物園
チェンマイ・ナイトサファリ・チケット

所要 約5時間

㊎ 560B

チェンマイ・ナイトサファリの入場券を手配。キリンやゾウ、シマウマなど130種以上の動物に出合える。チェンマイ中心部からの送迎付きは680B。

Ⓑ 畑のとれたて野菜でクッキング
タイ料理教室予約 地元市場見学付き

所要 約5時

㊎ 700B

地元の市場を見学し、市場で地元のフルーツやデザートを味わった後、農園の野菜でタイ料理作り。合計5品の料理を作る。

C 色々回るならコレ！
タイガーパーク＆島内観光
土日のみウィークエンドマーケット

🈹 **1600B**

タイガーパークのほか、ビッグ・ブッダやワット・シャロン、カシューナッツファクトリーなどの観光スポットへ。週末のみ開催のマーケットものぞいてみよう。

所要
約6時間

C ひと足のばして大自然を満喫
カオソック国立公園＆
チャオラン湖ツアー

🈹 **2400B**

プーケットからタイ本土のカオソック国立公園へ。チャオラン湖でのボートクルージングやゾウとの触れ合いを楽しむ。英語ガイド、昼食、送迎付き。

所要
約12時間

D プーケットのアクティビティ人気No.1
プーケットの
ゴルフコース紹介＆予約

所要
約6時間

🈹 **2850B～**

プーケットには6つのゴルフコースがあり、予約を代行してくれる。初心者向けの体験レッスンがある施設も。送迎については要問い合わせ。

D 大自然のなかを駆け抜ける！
カトゥー
ATVアドベンチャー

所要
約1時間
30分

🈹 **1000B**

自然豊かなカトゥーエリアでATV（四輪バギー）やゴーカートに乗れる。9～17時の好きな時間に利用できる。一部エリアはホテルからの送迎も。

E 離島を旅するアドベンチャー
スピードボートで行く
アントン海洋公園ツアー

🈹 **2200B**

サムイ島の西約30kmに位置するアーントーン諸島へボートでアクセス。現地でのカヤッキングかシュノーケリングを選べる。送迎、英語ガイド付き。

所要
約7時間

E 絶景のサンセットセイリング
カタマランで
海を遊び尽くす

🈹 **1万B～**

カタマランヨットでクルージング。半日（4時間）コースは1万B（10人まで）。昼食、釣道具などのレンタル付き（日本人ガイド・送迎は別途）。

所要
約4時間

E 日本語OKの体験ダイビング
タオ島
体験ダイビング

🈹 **6100B～**

日本人インストラクターとともにダイビングの聖地・タオ島へ。初めてのダイビングやシュノーケルでも参加OK。昼食、送迎、器材レンタル付き。

所要
約6時間

E オーシャンビューのゴルフ場へ
サムイ島
ゴルフツアー

🈹 **5800B**

海を見下ろす島内唯一の本格的なゴルフ場、サンティブリ・カントリークラブでラウンド。キャディー、カート付き（送迎・道具のレンタルは別途）。

所要
約5時間

ツアー会社LIST

A TRIPULL トリプル [バンコク]
問合せ info@tripull.asia URL https://tripull.asia/

B KK day ケーケー デイ [チェンマイ]
問合せ service@kkday.comまたはアプリで
URL https://kkday.me/gHC08

C プーケットハッピーツアー [プーケット]
問合せ info@phukethappytour.com URL https://phukethappytour.com/

D J & R TRAVEL ジェイ＆アール トラベル [プーケット]
問合せ mail@jandrphuket.com URL https://jandrphuket.com/

E ほうぼう屋 サムイ島店 [サムイ]
問合せ info@houbou-ya.com URL https://houbou-ya.com/

現地旅行会社では、ツアーだけでなく空港送迎や車の1日チャーターなども手配できる。公式サイトをチェックして。

旅が最高のハレになる

タイ

バンコク・チェンマイ・プーケット

THAILAND

本書をご利用になる前に

【データの見方】

♠ 住所 **☎** 電話番号

⊗ 営業時間(オープンからクローズまでを表記しています。ラストオーダーや入館締切時間は異なります。店の都合により閉店が早くなることもあります)

⊛ 定休日

㊊ 大人1名の入場料、施設利用料(記載の料金のほかに、サービス料や付加価値税がかかる場合があります)

⊗ 交通手段や拠点となる場所からの所要時間

英語OK　日本語OK
英語または日本語可能なスタッフがいる場合に表記。常時とは限らないのでご注意ください

カードOK
クレジットカードが利用できる場合に表記

▶MAP　別冊地図でどこに記されているか表記

【ご注意】

本書に掲載したデータは取材時または2023年12月〜2024年1月現在のものです。内容が変更される場合がありますので、事前にご確認ください。祝日や年末年始の場合は、営業時間や休み等の紹介内容が大きく異なる場合がありますのでご注意ください。本書に掲載された内容による損害等は弊社では補償しかねますので、あらかじめご了承ください。

CONTENTS

タイでしたい **83** のこと

取り外せる
詳細MAPも!

☑ やったことにCheck!

PHUKET

SAMUI

\ スマホやPCで！/
ハレ旅 タイ
電子版が無料！

購入者限定
FREE

無料アプリ honto で今すぐダウンロード
詳しくは→P.208

全体像を把握していざ、タイへ！

夢を叶えるエリアをリサーチ

大都会のバンコク、古都チェンマイ、アイランドリゾートのプーケット＆サムイと、
バラエティ豊かなタイの街。何がしたいかで目的地をチョイスして！

タウン別パロメータ

- ♫ 遊ぶ
- 🛒 買う
- 🍴 食べる
- ✦ 磨く
- 📷 観光する

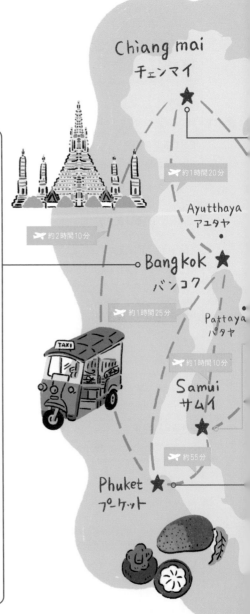

Chiang mai
チェンマイ

✈ 約1時間20分

Ayutthaya
アユタヤ

✈ 約2時間10分

Bangkok ★
バンコク

✈ 約1時間25分

Pattaya
パタヤ

✈ 約1時間10分

Samui
サムイ

✈ 約55分

Phuket ★
プーケット

お寺めぐりが楽しいタイの首都

❶ バンコク

Bangkok　>>>P.21

高層ビルが林立する大都会。
ショッピングセンターに話題
のレストランなど、見どころ
盛りだくさん。バンコクから
郊外への日帰り旅もおすすめ。

❶アイコンサイアムをはじ
め、巨大なショッピングセ
ンターが目白押し ❷チャ
オプラヤー川沿いにある
ワット・アルンは大仏塔が
美しい。バンコクには3000
以上の寺院がある

ショートトリップ！

風情ある世界遺産の街
アユタヤ
Ayutthaya　>>>P.94

ビーチリゾートなら！
パタヤ
Pattaya　>>>P.100

✈ 日本から	6〜7時間
🕐 時差	－2時間
🛂 ビザ	30日以内の観光目的での滞在なら不要
💬 言語	タイ語

🚗 主な交通手段	タクシー、電車など
⚡ 電圧	220V（コンセントはA·B·Cの3タイプ）
👛 レート	10バーツ≒約41円

（2024年1月現在）

避暑地でもあるタイ第2の都市

❷ チェンマイ
Chiang Mai　　>>>P.105

タイ北部独自の文化・伝統が息づく古の街。城壁に囲まれた旧市街には、由緒ある寺院が点在する。少数民族の雑貨探しはマスト。

❶タイ北部で暮らす少数民族の工芸品がお目当て ❷お堀沿いに寺院が佇む古都らしい街並み

タイ湾に浮かぶリゾート島

❸ サムイ
Samui　　>>>P.171

タイ南東部にあり、島全体がココナッツの木に覆われてることからココナッツ・アイランドと呼ばれる。海や山などの自然を満喫できる。

❶チャウエン・ビーチ ❷自然を満喫できるアクティビティツアーに参加！

Thailand

✈ 約1時間50分

ミックスカルチャーが魅力！

❹ プーケット
Phuket　　>>>P.137

アンダマン海に浮かぶタイ最大の島。中国や西洋文化が混じり合うエキゾチックな街並み、美しいビーチが魅力。離島トリップも！

❶カラフルなオールドタウンでは街歩きを楽しもう ❷ヤヌイ・ビーチを見下ろす

🛬 タイの各都市間の移動は飛行機が基本で、国内線は便数が多く便利。

エリアで選ぶパーフェクトプランで
タイを200%楽しむ

=== 4泊6日！ ===

プーケット＆バンコクの周遊モデルコース

海と歴史ある街が魅力のプーケットを満喫したら、
大都市バンコクへ。2都市をハシゴしよう！

1日目

PM 18:30頃
プーケット
国際空港

🚗 車 約45分

20:00 オールド
タウン ①

🚶 徒歩
約5〜10分

20:30
ワン・チャン ②
→P.152

バンコクで乗り継いで
プーケット に到着！

プーケットへの直行便はないので、バンコクまたは他国の都市で乗り継ぐことになる。

SIGHTSEEING

**夜景を見ながら
オールドタウンを散策 ①**

夜、到着したらホテルに荷物を置いて街を散策。プーケットのオールドタウンは街のライトアップも美しい。

プーケット通りの夜景

EAT

南タイ料理ディナー ② \ NICE! /

ディナーはプーケットの郷土料理。レトロな空間が素敵なレストラン、ワン・チャンは遅めの時間なら予約なしで入れるかも。

豚の角煮はプーケットの郷土料理

野菜をたっぷりとれるナム・プリック・カピ

2日目

AM 9:00
ロティ・ティウナム
③ →P.151

🚶 徒歩約2分

10:00
オールドタウン ④
→P.146

🚶 徒歩約5分

10:30
タイファ博物館
→P.146

🚶 徒歩約2分

11:30
レモングラス・ハウス
⑤ →P.158

🚶 徒歩約12分

オールドタウン
で街歩きを満喫

翌日はオールドタウンをぶらぶら歩く。
名物グルメやお買い物も楽しんで。

メインストリートのタラン通り

EAT

**朝ごはんは
名物ロティ ③**

朝から営業する人気の食堂、ロティ・ティウナムは、その名の通りロティが名物。カレーとともに味わうのが地元流。早めの時間が吉。

チキンマッサマンカレーが絶品

ロティは店先で焼き上げている

SIGHTSEEING

**カラフルな建物が並ぶ
ストリートをブラブラ ④**

オールドタウンのタラン通りやパンガー通りは色とりどりの建物が建ち並ぶ。カフェやショップ、ミュージアムなどがある。

アイスクリームをテイクアウト

SHOPPING

**ナチュラルコスメを
お買い上げ ⑤**

南国素材を使ったナチュラルコスメのお店で自分みやげをゲット。パッケージもかわいいのがうれしい。

マッサージオイルやソープ

タイで旅行者に人気のエリアはバンコク、チェンマイ、プーケット、
サムイの4都市。せっかくなら2都市をめぐる周遊プランを。
モデルプランを参考に、旅の計画を立ててみて。

パトン・ビーチで
のんびり過ごす ⑦

オールドタウンから、グラブまたはタクシーで移動する。プーケットで一番人気の賑やかなビーチを訪れ、海水浴を楽しんで。

大きな弧を描く
美しい砂浜

名物グルメ、
ホッケンミー
にトライ ⑥

ランチはプーケットならではのB級グルメ、ホッケンミーに挑戦しよう。醤油ベースのタレでいただく汁なし麺は中華風のクセになる味わい。

トムヤム味の
ホッケンミー
も人気！

ひと足のばして
シーフード
レストランへ ⑨

ロケーションがユニークな海上レストランでシーフードディナー。お店までロングテールボートでアクセスするのも楽しい！

エビやカニなど新鮮なシーフードをシンプルに

スパで癒される ⑧

ビーチで遊んだあとは、ビーチの近くのスパ＆マッサージ店でリラックスしよう。午後は最も混みあうので、予約をしておくのが安心。

ツアーでピピ島へ

♪ショートトリップ♪

プーケットからの日帰り旅で人気なのが、ピピ島へのクルージング。朝ホテルに迎えにきてもらい、夕方プーケットに戻る。旅行会社のサイトで予約しよう。

POINT ツアーは1日がかり
プーケット発のツアーはたいてい、朝から夕方までの1日ツアー。先にツアーの予約をしてから、それ以外の日の予定を考えよう。ハイシーズンは早めの予約が大事。→ P.168

中型船で
クルーズスタート ⑩

港に到着したら船に乗り込む。ルーフトップ席もある中型船で出発。景色を楽しみながら、のんびり約2時間の船旅。

トンサイベイからボートで
シュノーケルスポットへ ⑪

ピピ・ドン島の港、トンサイベイに到着したら、シュノーケル用のボートに乗り換え。熱帯魚がたくさんいるポイントで、サンゴ礁の海の世界へダイブ！

2日目 つづき

PM 12:30
ミー・トンポー ⑥
→P.150

🚗 車 約30分

14:00
パトン・ビーチ ⑦
→P.140

🚗 車 約5分

16:00
デ・フローラ・スパ ⑧
→P.163

🚗 車 約30分

19:00
クルーウィット・
ラフト ⑨ →P.152

3日目

AM 8:00
ホテルを出発

🚗 車 約15分

8:15
ラッサダー港で
チェックイン

🚶 徒歩約1分

8:30
ラッサダー港を
出発 ⑩

🚢 船 約2時間

10:30
ピピ・レイ島、
マヤベイなどを観光

🚢 船 約10分

11:00
コーラル・ベイ ⑪
ツアー詳細は→P.142

南国アイランド
に到着〜!

3日目 つづき

PM 12:00
トンサイベイ 12

🚶 徒歩 約1分

13:00
ウォーキング・
ストリート 13

🚶 徒歩 約5分

14:30
トンサイベイ
を出発

🚢 船 約2時間

17:00
プーケット

ピピ島に上陸!
ホテルでランチ 12

ピピ諸島のメイン島、ピ
ピ・ドン島に上陸したら、
お待ちかねのランチタ
イム。老舗ホテルでタ
イ料理を楽しもう。

お昼ごは
んを食べ
ながらひ
と休み

ウォーキング・ストリート
をおさんぽ 13

ホテル周辺のおみやげ店やカ
フェが集まる一帯をブラブラと
歩く。ビーチでのんびりしても。

島の中心部を
おさんぽ

プーケットに戻る

ピピ島を満喫したら
到着した港に集合し、
帰りの船に乗り込む。
帰りも屋外の席で景
色を楽しんで。

船内には売店もある

POINT 車のチャーターが便利

広大なプーケットをめぐるなら、車をチ
ャーターするのが便利。旅行会社で予約
したり、タクシー運転手に交渉するのが一
般的。目安は1日5000〜8000B。

4日目

AM 9:00
マー・ドゥ・ブア・カフェ
14 →P.154

🚗 車 約50分

11:00
ビッグ・ブッダ 15
→P.144

🚗 車 約30分

PM 12:00
ヤヌイ・ビーチ 16
→P.141

🚗 車 約1時間

15:00
プーケット
国際空港

✈ 飛行機
約1時間25分

16:30
スワンナプーム
国際空港(バンコク)

🚗 車 約30分

19:00
ジョッド・フェア 17
→P.78

プーケットの
絶景スポットめぐり

島のビュースポットをぐるっと回る。スー
ツケースを車に積んでそのまま空港へ。

EAT

蓮池のほとりの
絶景カフェへ 14

🚗

蓮池に面するフォトジ
ェニックなカフェは、
SNSで話題沸騰中。蓮
池のほとりで写真を撮
ったり、かわいいドリン
クを注文したり♪

蓮の花が
のった飲み物
も

SIGHTSEEING

ビッグ・ブッダを
見に行く 15

丘の上にそびえる高さ45
mの大仏さまを写真に収
める! 総大理石の仏像が
青空に映えて◎。丘の上
から海を見下ろす景色も
最高。

写真提供:タイ国政府観光庁

🚗

上から見ても
キレイ!

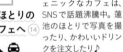

SHOPPING

バンコクに到着したら
ナイトマーケットへ 17

夕方の便でバンコクへ移動。
国内線でも油断せず、空港に
は早めに到着しよう。バンコ
クに到着したらナイトマーケ
ットで夜ごはん。

名物のスペアリブ

SIGHTSEEING

プーケット南部の絶景ビーチ 16

プーケットの南東部はきれいなビーチ
が多い。なかでもヤヌイ・ビーチは小さ
な入り江のようになった隠れ家的なビー
チ。シュノーケリングに最適。

バンコクの寺院＆ショップクルーズ

バンコクといえば仏教寺院めぐり。たくさん回るなら早朝スタートは必須。

金ピカの涅槃仏！

エメラルドの仏像を安置している

SIGHTSEEING

ワット・ポーの涅槃仏を拝む ⑱

バンコク旧市街の有名寺院、ワット・ポーの見どころは大きな涅槃仏。境内にはタイ古式マッサージのお店もある。

SIGHTSEEING

「エメラルド寺院」を見る ⑲

エメラルド寺院と呼ばれるワット・プラケオは、王宮と一緒に見学できる。早めの時間が比較的空いている。

トムヤムクンが絶品

EAT

リバーサイドでタイ料理ランチ ⑳

チャオプラヤー川沿いにあるレストランは、店内やテラス席からワット・アルンを望む。タイ北部の料理はどれもハズレなしのおいしさ。

ファッションアイテムも

伝統の食器をお買い上げ

SHOPPING

アイコンサイアムでお買い物 ㉑

チャオプラヤー川のほとりに佇む巨大ショッピングセンターへ。迷うほど広大な店内でショッピングを満喫しよう。

大仏塔がそびえるワット・アルン

ベンジャロン焼きをゲット！

刺繍ポーチも豊富

SHOPPING

スクンビット通りで最後のお買い物 ㉓

ショッピングセンターやおしゃれなブティックが集まるスクンビット通りで最後のお買い物。目当てはタイの伝統雑貨！

EAT

リバービューカフェでひと休み ㉒

休憩するならチャオプラヤー川の眺望が自慢のリバーサイドカフェへ。伝統スイーツ「カオ・ニャオ・マムアン」を。

靴を脱いでのんびりできる

BEAUTY

歩いてすぐのカジュアルスパ ㉔

同じエリアにあるスパで旅の疲れを癒す。タイマッサージやオイルマッサージでじっくりと癒されたら、さっぱりした気分で空港へ。

全身マッサージが◎

POINT 空港へは余裕を持って行こう

空港へは遅くても出発の2時間前、タックスリファンドがある場合は3時間前に空港へ。渋滞することも考慮して。→P.197

バンコクは交通渋滞が深刻なので、サクサク回るならGrabバイクや電車を活用するのがポイント。

エリア1

深夜便を利用して週末弾丸旅♪

バンコク 3泊5日プラン

寺院めぐりにお買い物、名物グルメと
バンコクの魅力を満喫し尽くす。
日帰りでアユタヤへもプチトリップ！

1日目

16:00頃
バンコクに到着
↓
19:00
タイ料理ディナー
→P.50

日本を午前中に出発すれば、夕方にバンコクに到着する。まずはお待ちかねのタイ料理ディナー。ロケーションも素敵なお店をチョイス。

2日目

10:00
ひと足のばして
ワット・パークナムへ
→P.28

バンコク中心部から車で約1時間30分の有名寺院へ！

12:30
旧市街でランチ
→P.80

バンコク旧市街に戻ったらローカルな食堂でB級グルメに挑戦。タイの麺料理は軽めのランチにぴったり。

↓

14:00
寺院めぐり
→P.32

旧市街には仏教寺院が多数。チャオプラヤー川を渡ったところにあるワット・アルンへは渡し船でアクセス。

↓

16:00
アイコンサイアムで
ショッピング
→P.68

タイのデザイナーズアイテムが集まるショップを目当てにショッピングセンターのアイコンサイアムへ！

↓

18:00
チャオプラヤー川で
リバークルーズ
→P.39

アイコンサイアム前から出発するディナークルーズに参加。ネットであらかじめ予約をしておこう。

3日目

10:00
日帰りでアユタヤへ
→P.94
↓
10:30
世界遺産の寺院を
めぐる →P.96

バンコク郊外の街・アユタヤへは日帰りで行ける。アユタヤ王朝の遺跡めぐりで古都の風情を味わおう。

12:00
ランチはボートヌードル →P.96

お昼ごはんはアユタヤのご当地麺料理、ボートヌードルにトライ。

↓

13:00
午後も旧市街を
散策

世界遺産のアユタヤは見どころ多数。五大寺院を制覇するのもおすすめ。夕方の電車でバンコクに戻る。

4日目

10:00
チャトゥチャック・
ウィークエンド・マーケットへ →P.76

土・日曜のみの巨大マーケットへ。おみやげを大量ゲット！

13:00
チャイナタウンで
ランチ＆散策 →P.82

中国寺院を見学するなど、下町の風情漂う中華街をブラブラ歩く。行列ができるローカル食堂も楽しみ。

↓

16:00
スクンビット周辺で
お買い物＆マッサージ
→P.64,84

ショップが集まるバンコクの繁華街で自分みやげをセレクト。

5日目

1:00頃
深夜便で日本に帰国

チェンマイ 3泊4日

1日目

9:00頃 チェンマイに到着

12:00 名物料理ランチ →P.114
チェンマイの名物グルメ、カオソーイは市内に人気店が多数ある。

13:00 旧市街を散策
城壁に囲まれた旧市街を歩く。旧市街の東側にあるターペー門が見どころ。

18:00 夜はナイトマーケットへ →P.112
夕方から露店でにぎわうナイトマーケットで食べ歩きや買い物を。

2日目

11:30 エレファント・ジャングル・サンクチュアリへ →P.110
郊外に足をのばしてゾウ&自然とふれあう。

18:00 タイ北部の郷土料理にトライ →P.116
郷土料理のレストランなら色々な名物料理を食べ比べできる。

3日目

10:00 ワット・プラタート・ドイ・ステープを参拝 →P.108
山の上にある仏教寺院にお参り。

13:00 ニマンヘミン通り・ワン・ニマンで買い物 →P.122、123
ショッピングが楽しいストリートへ。ショッピングセンターも。

4日目

9:00 伝統雑貨を買いに行く →P.124
タイ北部の少数民族の雑貨が買える人気ショップでまとめ買い。

12:30頃 乗り継ぎ便で日本に帰国

サムイ 3泊4日

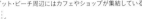

1日目

14:30頃 サムイに到着

16:00 ボプット・ビーチ周辺を散策 →P.174
ボプット・ビーチ周辺にはカフェやショップが集結している。

18:00 ビーチレストランでディナー →P.182
ビーチでディナーができる海沿いレストランはサンセットも◎。

2日目

10:00 サファリツアーに参加する →P.178
大自然を満喫する日帰りツアーに参加。

18:00 人気レストランで夜ごはん →P.183
ツアーの後はレストランでディナー。シーフードがおすすめ。

3日目

10:00 チャウエン・ビーチ周辺を散策&お買い物 →P.175
大型ショッピングセンターなどでにぎわうチャウエン・ビーチ周辺へ。

13:00 絶景のオーシャンビューカフェへ →P.184
サムイには海を見下ろすカフェが多数。

16:00 自然に包まれたスパで癒される →P.188
熱帯植物に囲まれた開放的な空間が魅力。

18:00 ディナーはホテルレストラン →P.183
料理も空間もパーフェクトなリゾートホテルのダイニングで。

4日目

12:15頃 乗り継ぎ便で日本に帰国

ほかにも！ モデルプラン

＼ 街歩きが楽しい首都〜古都へ ／

バンコク & チェンマイ 4泊5日

大都市のバンコクを満喫した後、歴史あるチェンマイに移動。
街歩きやお買い物、グルメがお目当て！

1日目	夕方／バンコクに到着
2日目	終日／バンコクを観光またはアユタヤへ日帰り旅
3日目	午前／バンコクでお買い物 午後／飛行機でチェンマイに移動
4日目	終日／チェンマイを観光
5日目	午後／日本に帰国

＼ アイランドリゾートを満喫 ／

プーケット & サムイ 4泊6日

とにかく海や自然を楽しむなら、タイ屈指のリゾート島が正解。
直行便はないので行きも帰りも乗り継ぎ便になる。

1日目	夜／プーケットに到着
2日目	終日／ピピ島ツアーに参加する
3日目	午前〜午後／プーケットを観光 夜／飛行機でサムイに移動
4日目	終日／サムイを観光
5日目	夜／日本に帰国（到着は翌日朝）

日本からの直行便があるのは2024年1月現在バンコクのみ。都市間は飛行機で移動するのが最も早い手段。

コレがあればパーフェクト！
ハレ旅のお供を準備する

初めて行く海外の国では、何を持っていけばいいのか不安になるもの。
必要なもの、現地で手に入るものをチェックして、出発に備えよう。

5泊6日用のスーツケース

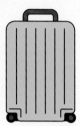

まずは1週間用のスーツケースを用意。おみやげをたくさん買う人はスペースに余裕を持たせることはマスト。スーツケースのネームタグには必ずローマ字で名前を記入しよう。

USEFUL ITEMS

スーツケースに入れる主なアイテムは下記の通り。機内に預ける際、バッテリーはNGだけど、充電器はOK。

100㎖以上の液体物は預け入れ荷物に！

コスメ
液漏れしないようジッパー付きのプラスチック袋に

日焼け止め＆虫除け
南国タイではマストアイテム。機内に液体類は持ち込めない

薬
かぜ薬や痛み止め、酔い止め、栄養補給のサプリなど

充電器＆変換プラグ
スマホやカメラの充電器。変換プラグはなしでも使えることが多いが、念のため

除菌シート＆マスク
除菌シートはお手拭きにも。マスクは必須ではない

FASHION

常夏の国・タイでも、北部のチェンマイは冬場の朝晩が冷えるので、長袖が必要。海がないバンコクやチェンマイでもホテルにプールがあることが多いので、水着があるとより一層楽しめる。足元はサンダルとスニーカーがあればOK。

基本は夏服
現地での服装は基本的に夏服。ただしショッピングセンターやレストラン、バスの中などはエアコンが効いているので羽織るものがあるといい。上着は肌の露出がNGな寺院でも役に立つ。

バンコク

乾 季 … 11〜2月 ／ 気温 26〜28℃
暑 季 … 3〜5月 ／ 気温 29〜30℃
雨 季 … 6〜10月 ／ 気温 28〜29℃

バンコクの気温・降雨日数

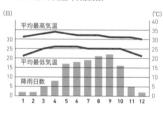

(日)　　　　　　　　　　　　　(℃)
平均最高気温
平均最低気温
降雨日数
1 2 3 4 5 6 7 8 9 10 11 12

室内では上着があると◎

チェンマイ

乾 季 … 11〜2月 ／ 気温 21〜24℃
暑 季 … 3〜5月 ／ 気温 27〜29℃
雨 季 … 5〜10月 ／ 気温 26〜28℃

プーケット

乾 季 … 10〜4月 ／ 気温 27〜28℃
雨 季 … 5〜9月 ／ 気温 27〜28℃

サムイ

乾 季 … 3〜10月 ／ 気温 27〜29℃
雨 季 … 11〜2月 ／ 気温 26〜27℃

エリアにより気候が異なる

※平均気温、降水量のデータはWeatherbaseホームページより

お役立ちアプリ

事前にスマホにダウンロードしておくと便利なアプリがこちら。

配車
▶Grab (グラブ)
行先と現在地を指定して車やバイクを呼ぶ。タクシーより便利。
→P.199

翻訳
▶Google レンズ
アプリを起動しスマホカメラをかざすと文字を即時に翻訳できる。

予約
▶Klook (クルック)
レストランやスパ、ツアーを予約できる。お得なクーポンもある。

MONEY

万が一のために現金は多めに準備。とはいえクレジットカードが浸透しているので、高額なものはカード払いが可能。

財布
必要なものだけを入れる現地用の小さい財布を用意。海などで汚れても構わないものを

現金
持ち歩く現金は最小限に。残りはホテルのセーフティボックスなどに預けておく

クレジットカード
レストランやショップで使える。ATMでキャッシングも可能。紛失したときのためにカード会社の連絡先やカード番号を控えておこう

現地で使うサブバッグ

街歩きの際はななめがけができるショルダーバッグがあると安心。スリにあわないようきちんと口が閉まるものを。買い物中でも置きっぱなしにせず、常に身に着けておくことが大事。

5泊6日の平均予算 約25〜30万円
※2都市周遊の場合

◎事前の出費
航空券 (往復) … 8〜12万円
ホテル (5泊) … 8万円

◎現地での出費
🍴 … 3万円
🛒 … 2万円
📷 … 3万円
✨ … 1万円

MUST ITEM

忘れてはいけない重要アイテムがこちら。ティッシュ、サングラス、雨具、エコバッグは現地でも手に入る。

パスポート
期限の確認が必須

航空券
eチケットでも印刷しておくと安心

Wi-Fiルーター or SIMカード
Wi-Fiは予約し空港で受け取り。海外用SIMも日本で用意して

ティッシュ＆ウェットティッシュ
トイレの紙がない場合がある。ウェットティッシュは屋台で活用

雨具
雨季は折り畳み傘やカッパがあると便利

サングラス
日差しが強いので必須

エコバッグ
買ったものを入れておく用にあると便利

カメラ

ハレ旅

ホテルに たいてい あるモノ・ないモノ

タオル
ホテルに完備されているが、ツアー用にフェイスタオルを1枚持っていくと◎

ドライヤー
格安ホテルの場合は、部屋になくリクエストすれば借りられる場合もある

ルームウエア
カジュアルホテルの場合はない。寒がりは長袖・長ズボンを持参して

スリッパ
使い捨てではないサンダル (室内履き) の場合もあるので気になる人は持参を

歯ブラシセット
エコの観点から置いていないことも。希望すればもらえる

そのほかアメニティ
高級ホテルは充実。カジュアルなら持ってゆくのが安心

Wi-Fi
ホテル内Wi-Fi
ほとんど完備されているが、接続が不安定なこともある

HARETABI NEWSPAPER

大型の観光施設だけでなく、海外ブランドの高級ホテルやショッピングセンターなど、開業ラッシュが続いているタイ。世界的にも注目を集めるハイレベルなグルメシーンも見逃せない！

SIGHTSEEING プーケットに話題の大型施設がオープン！

2022年9月OPEN

写真提供：タイ国政府観光庁

光と音のパレードショーが見どころ！

カーニバル・マジック
Carnival Magic

16ヘクタールもの広大な敷地に、タイの伝統的なお祭りやマーケットを再現したテーマパーク。お買い物や食事もできる。

🏠999 Moo 3 Kamala Kathu ☎076-385-555 ⏰月・水・土曜の17:30〜23:30 🍴火・木・金・日曜 Ⓟ 入園＆ビュッフェディナー 2500B、入園のみ2100B 🚗オールドタウンから車で1時間 カードOK 英語OK
プーケット ▶MAP 別P.21 A-4

世界屈指のビーチリゾート
プーケットの新たなお楽しみ

大型テーマパークで人気のプーケットに、さらなる新名所が登場。タイならではのド派手なナイトライフを満喫したり、一日中楽しめるプールで遊ぼう！

2022年5月OPEN

写真提供：タイ国政府観光庁

タイ最大級のウォーターパーク

プーケット アンダマンダ・プーケット
Andamanda Phuket

タイの神話に基づいた5つのエリアに分かれており、12のウォータースライダーや流れるプール、キッズエリアなど充実している。

🏠333/3 Moo 1, Tambon Kathu ☎076-646-777 ⏰10:00〜19:00 🍴無休 Ⓟ1日1500B 🚗オールドタウンから車で15分 カードOK 英語OK
プーケット ▶MAP 別P.21 B-4

EAT 食都としての注目度が急上昇！タイのミシュラン星付き店

ミシュラン星付きも続々
タイのダイニングシーンに注目

世界も認める食の都へと発展を遂げつつあるバンコク。タイ版「ミシュランガイド2024」では2つ星が7店、1つ星28店が選出された。

タイで最も高級な食堂!?

バンコク ジェイ・ファイ
Jay Fai

ローカル食堂であるにもかかわらず、ミシュランの1つ星を獲得している有名店。早朝から入店の整理券を求める人々であふれる。

🏠327 Mahachai Rd. ☎02-223-9384 ⏰9:00〜19:30 🍴日〜火曜 🚇MRTサムヨート 駅から徒歩10分
英語OK
バンコク ▶MAP 別P.5 D-2

カニオムレツ1400Bなど海鮮を使った料理が特徴

盛り付けも美しい！

プーケットで唯一の星付き

プーケット プル
PRU

ウルトララグジュアリーホテル、トリサラのシグネチャーダイニング。プーケットで初めてFarm to Tableを実践し、イノベーティブな創作料理を提供する。 プーケット >>>P.153

STAY バンコクの最新ホテルに世界中から熱視線！

アジアリゾートの要素を取り入れた上陸系海外ブランドに話題が集まる

ラグジュアリーからカジュアルまで、多彩な選択肢があるバンコクのホテルステイ。近年、海外の人気ブランドのオープンラッシュが続いている。同じブランドでも、欧米よりも安く泊まれるチャンス！

コスパ最強の美建築ホテル

バンコク **アウェイ・バンコク・リバーサイド・ケーネ**
Away Bangkok Riverside Kene

チャオプラヤー川の近くにある、エレガントなリバーサイドホテル。まるでミュージアムのような空間が素敵。 バンコク >>>P.93

2022年7月OPEN

超高層ビルのキングパワー・マハナコーン内にある

バンコク **ザ・スタンダード・バンコク・マハナコーン**
The Standard, Bangkok Mahanakhon

高さ317mの高層ビル内に開業した、ニューヨークスタイルの5つ星デザイナーズホテル。レストランもおしゃれ！ バンコク >>>P.88

エッジの効いたデザインホテル

バンコク **キンプトン・マーライ・バンコク**
Kimpton Maa-Lai Bangkok

世界中にファンを持つアメリカのラグジュアリーライフスタイルホテルがタイにも進出。話題のレストランも多数。 バンコク >>>P.89

SHOPPING 新たなお買い物スポットがバンコクに登場！

人気ナイトマーケットが郊外にも誕生

バンコク **ジョッド・フェア：デーンネラミット**
JODD FAIRS:DanNeramit

バンコク人気No.1のナイトマーケットがパホヨティン通りにオープン。たくさんの露店はもちろん、なんと敷地内にお城や気球が！

🏠1408/30 Phahonyothin Rd. ☎098-938-3759 ⏰16:00～24:00 休無休 ⊗BTSハーイェークラップラオ駅から徒歩6分 バンコク ▶MAP 別P.3 F-1

大型ショッピングセンターとナイトマーケットがニューオープン

バンコクのお買い物の楽しみといえば、安くてかわいい雑貨やアパレルが集まるナイトマーケット。中心部にオープンしたショッピングセンターもチェック。

写真提供：タイ国政府観光庁

2023年12月OPEN

スクンビットの最新スポット

バンコク **エムスフィア**
Emsphere

BTSプロームポン駅近くの新たな大型ショッピングセンター。話題のショップやレストランなど300店以上が集結する。

🏠628 Sukhumvit Rd. ☎02-269-1000 ⏰10:00～24:00 休無休 ⊗BTSプロームポン駅から徒歩5分 バンコク ▶MAP 別P.10 C-2

2023年4月OPEN

タイの事件簿BEST9

言語や文化の異なる海外では、思わぬトラブルに遭遇するもの。タイでありがちな事件をチェックして、対策を立てておけば現地での滞在が快適になるはず！

カルチャー編
CASE 1
タイ語

旅行者が利用する飲食店やショップでは基本的に英語が通じるとはいえ、現地の言葉が分からなくて不便することも？

事件ファイル　タイ語が読めない！

ローカルな食堂や屋台など地元客が多い店では、メニューがタイ語でしか書かれていないことがある。タイの文字は外国人にとってかなり難解。何を表しているのか、どう頼めばいいのか、困った！

使えるタイ語

これください
[アオ アン ニー]
เอาอันนี้

いくらですか？
[タオライ]
เท่าไร

辛くしないで
[アオ マイ ペット]
เอาไม่เผ็ด

おいしい
[アロイ]
อร่อย

解決！

英語がだいたい通じる＆翻訳アプリも活用！

ローカル店でも簡単な英語で接客してくれることが多いので、まずはお店の人に聞いてみて。文字を読みたいときは、スマホカメラでスキャンして翻訳できるGoogleレンズが便利。

事件ファイル

お寺の参拝方法が分からない…

タイを訪れたなら、一度は訪ねたい仏教寺院。地元の人もたくさんお参りに来て、何やら熱心にお祈りしている。境内にはお花や線香など色々なアイテムがあるけど、どうやって使うの？ お賽銭はどうする？ などなど、分からないことだらけ！

カルチャー編
CASE 2
寺院

国民の約9割が仏教徒であるタイでは、いたるところに仏教寺院が点在している。参拝の方法やマナーを予習しておこう。

解決！

参拝は旅行者もOK
タイ人にならってお祈りしよう

詳しい
参拝方法は
→P.30

旅行者でも参拝は可能。お寺により多少は異なるが、お花やお線香を購入（または金額自由のお布施）し供えてから仏さまに手を合わせるのが基本。ほかの参拝者の所作を参考に。

寺院でできること

祈祷してもらう
大きな寺院では僧侶がお経をあげてくれる。お布施を箱に入れ、僧侶の前で頭を下げる。

おみくじを引く
棒が入った筒を振って、飛び出てきた棒の先に書いてある番号のおみくじをいただく。

注意すること

❶ 服装
肩やヒザの出る服装はNG。上着を持参して。

❷ 僧侶に触れない
女性が僧侶に触れるのはご法度。

❸ 仏像に敬意を払う
足を向けない、仏像より高い位置に立たない。

カルチャー編
CASE 3
物価

節約するところとパーッと使うところ、あらかじめ決めておけば旅はスマートに。物価の目安を知っておいて損はない！

事件ファイル

高い？ 安い？
現地の物価は難しい！

タイの物価は日本より安いイメージがあるけど、近年急発展中のタイではどうやら物価が上がっているらしい。露店のおみやげやカフェの飲み物…これってタイのなかではお得？ それとも高い？ 物価を知らないと、得なのか損なのかも分からない！

解決！

ものによっては日本と同じ地域によっても異なる

食堂や屋台の食べ物は1食50〜100Bとリーズナブルだが、旅行者向けのカフェやレストラン、ホテルは日本とあまり変わらない。バンコクは全体的に物価が高いが、タクシーや電車は安い。

> **主な物価**
>
> バンコクのタクシーは初乗り35B、サムイのタクシーは500B（約20分の距離）、カフェのコーヒーは50〜100B程度、露店のタイパンツは100〜150B。

カルチャー編
CASE 4
食べ物

日本でもポピュラーなタイ料理。とはいえ本場はひと味違う？ 特にローカルな屋台料理は未知の食べ物が多いかも。

事件ファイル

屋台の食べ物は
大丈夫？

安くておいしい屋台グルメはタイの楽しみのひとつ。色々食べ比べを楽しみたい！ と張り切った結果、「想像していた倍くらい辛い」「なんだかお腹の調子が悪いかも…？」など思わぬ事態に。どんな料理を避けたほうがいいか、判断する基準はあるの？

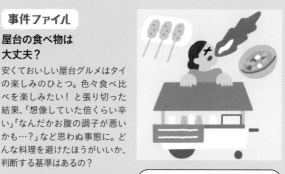

解決！

生ものや辛いものには注意

しっかり火を通した料理を選ぼう。特に塩漬けした生のサワガニが入ったソムタムプーは寄生虫がいる可能性があるので要注意。辛い料理は食べすぎにも注意！

> **辛いものが苦手なら…**
>
> 食べなれていない人は香辛料でお腹を壊すことも。「アオ マイ ペット（辛くしないで）」とお願いして。英語でも通じる。

カルチャー編
CASE 5
予約

人気のお店は、ハイシーズンは特に予約しないと入れないこともある。ネットの口コミが高いところは混雑するので要注意！

事件ファイル

お店やツアーの予約は
難しい？

スパやレストランの予約は英語でOKだけど、相手の反応が分かりづらい電話はハードルが高いもの。ツアーの予約は、現地のツアー会社のお店でできるけど、ちゃんとしたサービスなのかもちょっと不安。スムーズに予約するにはどうしたらいい？

解決！

ホテルの人に頼むorネットやアプリで

宿泊するホテルのスタッフに頼んで電話してもらうとスムーズ。また、公式サイトやWhatsAppなどで予約できる店も多い。電子バウチャーが発行される予約アプリKlookも便利。

> **アクティビティツアーは日本で予約**
>
> 定員に達してしまうことがあるので、アクティビティは早めに予約を。日本語で予約できる会社もある（→別冊P.30）。

タウン編
CASE **6**
交通渋滞

日本とは交通ルールやマナーが異なるので、日本の感覚でいると思わぬ事態に陥ることも？ 特に交通渋滞に注意。

バイクであふれる
夜のバンコク

事件ファイル

渋滞に巻き込まれて時間に遅れそう！

夜便で帰国するため、バンコクの宿泊ホテルからタクシーに乗ったら、帰省ラッシュの高速道路くらい渋滞している！ 何分経ってものろのろとしか進まず、歩いたほうが早いのでは？というレベル。中心部を離れたら渋滞が解消されたからよかったものの、本当に危なかった！

解決！

詳しい
交通手段は
→ P.200

バンコクでは電車 or Grabバイクが便利

バンコク中心部の渋滞は深刻。特に帰宅ラッシュの夕方はひどいので、駅が近くにあるなら電車を使うのがベター。駅が近くにない場合は、車の間を縫うように走れるバイクが重宝する。バイクタクシーは料金交渉が面倒なので、配車アプリのGrabを活用するのがおすすめ。バイクタクシーより値段が安いというメリットもある。

事件ファイル

タクシーがつかまらない…

バンコクでタクシーに乗ろうと手を挙げたけど止まってくれない！ 日本のように「空車」などの表示もないので、乗れるのかどうかよくわからない…しかも、やっとつかまえたタクシーに行き先を伝えたら、「そこには行けない」と断られてしまった！

タウン編
CASE **7**
タクシー

日本に比べてタイのタクシーのサービスはあまりよくない。乗車拒否や言葉が通じないなどのトラブルは日常茶飯事!?

NO!

解決！

Grabに
ついては
→ P.199

配車アプリを駆使すればすべて解決できる

タイのタクシーは日本とは少し勝手が違う。そっち方面はちょっと…とか、今から帰るので…と断られるのはよくあること。英語が通じないこともある。Grabなどの配車アプリを使えば、乗車拒否がないことはもちろん、事前に登録した目的地がドライバーに通知されるので説明の必要もなく便利。

離島編
CASE **8**
シーズン

タイの気候は大きく分けて雨季と乾季。同じ時期でも地域によって気候が異なる。気候に合わせた予定を立てる必要あり。

事件ファイル
雨がひどすぎて何もできない！

雨季のサムイに行ったら、滝のような雨！朝は晴れていると思ったのに、あっという間に雨雲がやってきて土砂降りの雨。少しでも外にでればシャワーを浴びたみたいになってしまうので、身動きとれない状態に。ビーチで青い空と青い海を満喫したかったのに！

解決！
雨季は連日の雨を覚悟 屋内施設をチェックして

旅行の時期が雨季か乾季は重要な情報。雨季は天気が変わりやすく雨が上がってもまた急に激しく降りだすこともある。折り畳み傘やカッパをさっと取り出せるようにしておくと便利。ビーチやアクティビティは厳しいので、ショッピングセンターやミュージアムなど屋内施設をチェックしておいて。

各エリアのシーズン

バンコク
乾季11月〜2月　暑季3〜5月
雨季6月〜10月

チェンマイ
乾季11月〜2月　暑季3〜5月
雨季5月〜10月

プーケット
乾季10月〜4月　雨季5月〜9月

サムイ
乾季3月〜10月　雨季11月〜2月

雨の日に最適なショッピングセンター

事件ファイル
船酔いするし、なんか色々大変だった…

アクティビティのツアーに参加してみたら、「思いのほか小さいボートだったので船酔いしてしまった」「乗っていたミニバスがエアコン効きすぎで凍えた…」「はしゃぎすぎてビーチの岩場でケガした」などなど、不測の事態はつきもの！

Cruiser

Speed Boat

離島編
CASE **9**
ツアー編

海外のアクティビティツアーってどんな感じ？と、なかなか想像がつきづらいもの。必要な持ち物をチェックして。

解決！
あるとよいものを確認し 準備万端で挑もう

ボートでアクセスする離島ツアーや山道を走るジャングルツアーの場合、乗り物酔いしやすい人は酔い止めの薬が必携。室内の寒さや日焼け対策にはカーディガンやパーカーを。シュノーケルツアーならサンゴ礁や岩場から足を保護するマリンシューズがあれば万全！

あると便利なもの

◆ 酔い止めの薬　　◆ ビーチサンダル
◆ タオル　　　　　◆ マリンシューズ
◆ 着替え（泳ぐ場合）◆ 羽織るもの
◆ ゴミ袋

海や川のツアーなら、中身が濡れないドライバッグがあるといい。スマホやカメラを入れておこう。

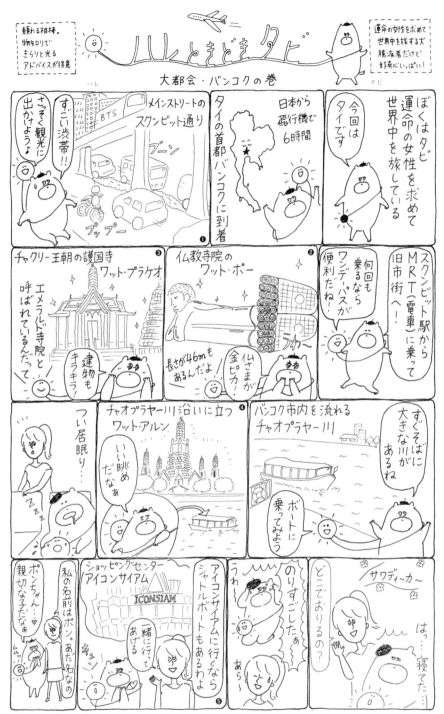

Bangkok

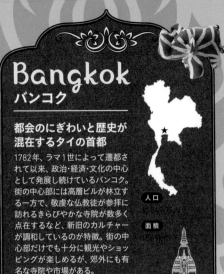

Bangkok
バンコク

都会のにぎわいと歴史が混在するタイの首都

1782年、ラマ1世によって遷都されて以来、政治・経済・文化の中心として発展し続けているバンコク。街の中心部には高層ビルが林立する一方で、敬虔な仏教徒が参拝に訪れるきらびやかな寺院が数多く点在するなど、新旧のカルチャーが調和しているのが特徴。街の中心部だけでも十分に観光やショッピングが楽しめるが、郊外にも有名な寺院や市場がある。

人口
約649万人

面積
約1569km²

| バンコク市内の交通の基本 |

便利で安いのは電車（BTS、MRT）

電車の路線が市内を網羅しており、現在も延伸中。利用頻度が高いのはBTSスクンビット線・シーロム線、MRTブルーラインなど。
詳しくは>>>P.200へ

タクシーは渋滞＆メーターに注意

スクンビット駅やサイアム駅など中心部は交通量が多く、帰宅ラッシュの夕方は特に渋滞が激しい。電車やGrabバイクを活用して。
詳しくは>>>P.200へ

MRTパープルライン
タオプーン駅
Prachim Ratthaya Expy.
SRTダークレッドライン
チャオプラヤー川
Mae Nam Chaophraya
ザ・サイアム・ホテル・バンコク
国鉄
ナンルーン市場・
Nakhon Sawan Rd.
ワット・サケット・
ナショナルスタジアム駅
○ 旧市街
MRTブルーライン
チャイナタウン
ターブラ駅
クローンサーン駅
Petchkasem Rd. BTSゴールドライン
チャオプラヤー川周辺
・ワット・パークナム
BTSシーロム線
Sirat Expy.
カペラ・バンコク・
アジアティーク・ザ・リバーフロント・
ターミナル21 ラマ3・
ラマ9世橋
Chalerm Maha Nakhon Expy.
N
0   2km

≪ 旧市街 ≫
>>>P.80

Old Town

古きよき街並みが残る旧市街

王宮を中心とした地域は、かつてラタナコーシン島と呼ばれた歴史あるエリア。仏教寺院が多く、仏具店が建ち並ぶ通りや100年以上続く市場などがある。

ナコンサワン通り

ワット・ポー
>>>P.32

≪ チャイナタウン ≫
>>>P.82

Chinatown

下町らしい雰囲気が魅力の中華街

中国からの移民により発展したエリア。金製品や漢方薬、乾物などを扱う店が軒を連ねる。夜のヤワラート通りはネオンが輝き、ナイトマーケットなどで一層にぎわう。

ワット・マンコン・カマラワート
>>>P.82

ロングラングヌア >>>P.82

| 電車 ◯ | タクシー ◯ | バイクタクシー △ |
| Grab ◯ | トゥクトゥク △ | |

**Grabバイクが
最もおすすめ！**

料金の交渉が必要なく、クレジットカードで決済可能なアプリ、Grabが便利。バイクを選択すれば交通渋滞に巻き込まれる心配もなし。
詳しくは>>>P.200へ

クルンテープ・アピワット中央駅

・チャトゥチャック・ウィークエンド・マーケット
オートーコー市場

ラップラオ駅

MRTイエローライン

ザ・ワン・ラチャダー・

・戦勝記念塔

Sirat Expy.

Don Muang Toll Way

BTSスクンビット線

MRTブルーライン

スワンナプーム国際空港

ワット・プララーム9・
・ジョッド・フェア

ヤタイ駅

Sirat Expy.

ベッチャブリー駅

ARLシティライン

サイアム周辺

スクンビット駅

アソーク駅

スクンビット駅周辺

シーロム駅

シーロム周辺

ワット・サマーン・ラッタナーラーム（ピンクのガネーシャ）

Chalerm Maha Nakhon Expy.

チャオプラヤー川
Mae Nam Chaophraya

バーンナムプン・水上マーケット・

・バリワート

‹ スクンビット周辺 ›
>>>P.84

Sukhumvit

エンポリアム
>>>P.85

お買い物が楽しいエリア
スクンビット通り沿いに大型ショッピングセンターが立ち並び、ホテルや飲食店が密集する繁華街。バーやマッサージ店も多く、夜遅くまでにぎわう。アパレルや雑貨の小さな店を回るのも楽しい。

アーモン・ショップ >>>P.70

写真提供
タイ国政府観光庁

‹ サイアム周辺 ›
>>>P.86

Siam

トレンドの発信地！
大型ショッピングセンターをはじめ、ラグジュアリーブランドのブティック、タイ発のデザイナーズブランドなどが集まる若者に人気のエリア。パワースポットのプラ・プロムがあることでも知られている。

プラ・プロム
（エラワン廟）>>>P.34

‹ シーロム周辺 ›

Silom

グルメスポットが多いビジネス街
ランドマークは高層ビルのキングパワー・マハナコーン。企業のオフィスが多く、平日はビジネスパーソンが多い。話題の高級レストランが点在する大人な街でもある。

キングパワー・
マハナコーン >>>P.24

‹ チャオプラヤー川周辺 ›

Chao Phraya

リバービューが素敵な川沿いエリア
バンコクの街の中心を蛇行するように流れるチャオプラヤー川。川沿いにはショッピングセンターやホテル、寺院などがあり眺望が見事。テラス席のあるリバーサイドレストランも人気。

エブリデイ・ムーガタ・カフェ
＆バー・リバーサイド >>P.56

SIGHTSEEING

EAT

BEAUTY

SHOPPING

TOWN

STAY

いま SIGHTSEEING で一番 NEW なしたいこと！

📷

マハナコーンタワーで絶景写真を撮る

バンコク屈指の高層ビル、キングパワー・マハナコーン。
スカイウォークやレストランなど、人気の絶景スポットを訪ねよう。

ビルの外観もユニーク！

キングパワー・マハナコーン
King Power Mahanakhon

地上314mのビュースポット、マハナ
コーン・スカイウォークがあることで
知られる高層ビル。レストランやバー、
ホテル、ショッピングモールなどの話
題のスポットが入っている。

🏠 114 Narathiwas Rd. ☎ 02-677-8721
🕙 10:00～24:00（スカイウォークは～
19:00、スカイビーチは～24:00）🈺無休
💴 入場料880B 🚇 BTSチョンノンシー駅
から徒歩5分
カードOK 英語OK
シーロム周辺 ▶MAP 別 P.8 B-2

78F	スカイウォーク（屋外展望台） スカイビーチ（ルーフトップバー）
76F	オホ・バンコク（レストラン）
1-18F	ザ・スタンダード（ホテル）
1F	ロビー（チケット購入・スカイライド）

高さ
314
メートル

74F 屋内展望台

1-4F ファースター（ショッピングモール）

📷 MUST

78F

マハナコーン・スカイウォークで
空中写真に挑戦

ビル最上階の78階にある展
望台。「グラストレイ」と呼ば
れる世界最大級のガラス床
からバンコクの街を見下ろす
スリル満点の体験ができる。

夜景がキレイな
夜もおすすめ

バンコク

SIGHTSEEING

EAT

BEAUTY

SHOPPING

TOWN

STAY

How To

展望台への行き方を予習

1. 1階でチケットを購入
1階ロビーで展望台の入場券を買える。公式サイトでも購入できる。

2. エレベーターで74階へ

手荷物検査を受けてエレベーターへ。飲み物は持ち込み不可。

3. 屋内展望台を一周

74階の屋内展望台に到着。360度のパノラマを楽しめる。

4. シースルーエレベーターで78階へ!

ガラス張りのエレベーターで最上階の屋外展望台へアクセスできる。

📷 **MUST**

78F

カクテルは340 B〜

タイで最も高い!?
ルーフトップバーへ!

最上階には開放感抜群のバー「スカイビーチ」が。展望台入場券のほか、16時以降は1080 Bのチャージが必要。席は先着順。

軽食やオリジナルカクテルを販売

76F

📷 **MUST**

絶品メキシカンを味わえる
ガラス張りのレストラン

地上76階のモダンメキシコ料理レストラン、オホ・バンコク。ピンクを基調としたインテリアがおしゃれで、絶景のテラス席もおすすめ。 >>>P.53

景色もごちそう♪

独創的なメキシコ料理。ランチはセットメニューもある

1-18F

📷 **MUST**

フォトジェニックすぎる
話題のホテルも!

1〜18階はポップなインテリアで話題のホテル、ザ・スタンダードが。お部屋や屋外プールから眺めを楽しめる。 >>>P.88

・・・こんな**SPOT**も・・・

1F

VRで空中体験!
VRで空へ舞い上がる体験ができる「マナコーン・スカイライド」。

1-4F

オリジナルグッズが買える
公式ショップをはじめ美容やライフスタイルの店などが多数。

🚡 1階から74階を結ぶエレベーターはタイ最速と言われ、50秒以内で到着する。エレベーター内ではデジタル映像が流れる。

バンコクNo.1の観光スポットはココ！

ワット・プラケオ＆王宮をぐるっと見学

数あるタイ国内の宮殿の中で最も権威がある王宮と、王朝の護国寺であるワット・プラケオは、バンコク屈指の観光名所。敷地内に点在する見どころをめぐろう。

絢爛豪華な本堂

エメラルドブッダはココに
❷ 本堂
ワット・プラケオの中でも一番の見どころ。ヒスイの体に金の衣装をまとったエメラルドブッダが納められている。堂内は撮影禁止。

まずは入場券を購入
❶ チケット売り場
王宮とワット・プラケオは同じ敷地内にありチケットも共通。パスポートの提示が求められる場合もあるので持参しよう。

金ピカの仏塔がそびえる
❸ 仏舎利塔
ワット・プラケオ内でひと際目を引くスリランカ様式の仏塔。内部にはブッダの遺骨が納められているとされている。内部は見学不可。

境内にカンボジアの遺跡？
❹ アンコール・ワットの模型
当時、ラマ4世がタイの支配下にあったカンボジアを訪れた際、アンコール・ワットの美しさに感動して模型を造らせたと言われている。

国内で最もきらびやかな寺院
ワット・プラケオ＆王宮
Wat Phra Kaew & Grand Palace

1782年、バンコク王朝の始祖であるラマ1世が建てた王宮。ワット・プラケオは護国寺として建てられた。敷地面積は約20万㎡。王宮は現在も王室の重要な祭典などに使用されている。

🏠 Na Phra Lan Rd.
🕐 8:30〜15:30 🈺 無休
💰 入場料500 B
🚇 MRTサナームチャイ駅から
徒歩15分 [カードOK]
[旧市街] ▶MAP別P.4 B-2

▶ おすすめ見学ルート　⏱ 所要:約2時間

① チケット売り場	→	⑥ プラ・スワンナ・チェディー
→		→
② 本堂		⑦ 回廊
→		→
③ 仏舎利塔		⑧ チャクリー・マハー・プラサート宮殿
→		→
④ アンコール・ワットの模型		⑨ ドゥシット・マハー・プラサート宮殿
→		
⑤ プラサート・プラ・テービドーン		

Na Phra Lan Rd. 入口
ワット・プラケオ
チケット売り場 ①
ワット・プラケオ博物館
⑦ ⑨ ④ ⑤ ⑥
③ ②
コイン博物館
ボロマビマン宮殿
カフェ
王宮 ⑨ ⑧ アマリン・ヴァニチャイ宮殿
N
0 100m
Saam Chai Rd.

タイと西洋が融合

十字型の白亜の宮殿
⑨ ドゥシット・マハー・プラサート宮殿

タイの伝統的な寺院建築様式である十字文字型の建物が印象的。ラマ1世が自身の寝所として建設させたもの。

国賓を迎える優雅な宮殿
⑧ チャクリー・マハー・プラサート宮殿(王宮)

タイ様式とビクトリア様式が混在したデザインの宮殿。1877年にラマ5世により建てられた。現在は国賓の迎賓館として使用。

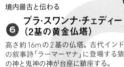

境内最古と伝わる
⑥ プラ・スワンナ・チェディー(2基の黄金仏塔)

高さ約16mの2基の仏塔。古代インドの叙事詩「ラーマーヤナ」に登場する猿の神と鬼神の神が台座に鎮座する。

178枚の壁画が美しい
⑦ 回廊

寺院の外周にある回廊には、「ラーマーヤナ」の物語をタイ風にアレンジした壁画が。順番通りに回るには、時計回りに鑑賞しよう。

フォトスポット!

異なる様式美が混在
⑤ プラサート・プラ・テービドーン(王室専用の御堂)

タイ様式の建物の上には、クメール様式の塔がのっている。通常内部は非公開だが、祝日など年7回に限り特別公開される。

🔍 博物館もチェック

建物にも注目して!
ワット・プラケオ博物館
The Temple of Emerald Buddha Museum

敷地の西側にある博物館。ワット・プラケオの修復に関する展示や、武具・鉄砲などを展示。建物はまるで神殿のよう。

👗 タンクトップやミニスカートなど、肩や膝が出た服装での拝観はNG。入口で服装チェックされる。

ひと足のばしてでも訪れたい！
最強パワースポットに行く

バンコクの寺院は絢爛豪華なだけじゃない！見ているだけで元気が
みなぎってくるようなパワスポ寺院は、ひと足のばしてでも訪れる価値あり。

最強
1

極楽浄土はココにあり！
絶景のエメラルド仏塔へ

必見 👀

エメラルド仏塔
エメラルドグリーンに
輝くガラスの仏塔と壁
画は、言葉を失うほど
インパクト大。仏塔の
最上階にある。

思わず感動…！

🚗 **バンコクから** ⏱ 所要:1時間
🚗 車で30分

バンコク屈指の美しい寺院
ワット・パークナム
Wat Paknam

アユタヤ時代に創設された歴史
ある王室寺院で、正式名称はワッ
ト・パークナム・バーシーチャルー
ン。神秘の空間を求め、国内外か
ら日々多くの参拝者が訪れる。静
かに瞑想したいなら、人の少ない
朝がおすすめ。

🏠 300 Ratchamongkhon Prasat
Alley
🕐 8:00～18:00 ㊡ 無休
㊰ 拝観自由
🚇 MRTバンパイ駅から徒歩12分
バンコク西部 ▶ MAP別P.3 D-2

本堂で参拝
本堂には、坐禅・瞑想の
新理論「タンマガーイ
式瞑想」を生み出した
前僧正ルアンポーソッド
が祀られている。

博物館も併設
仏塔の3階は博物館があり、仏像や仏教関
連の重要な資料、法具などを展示。点数も
多くて見応えあり！

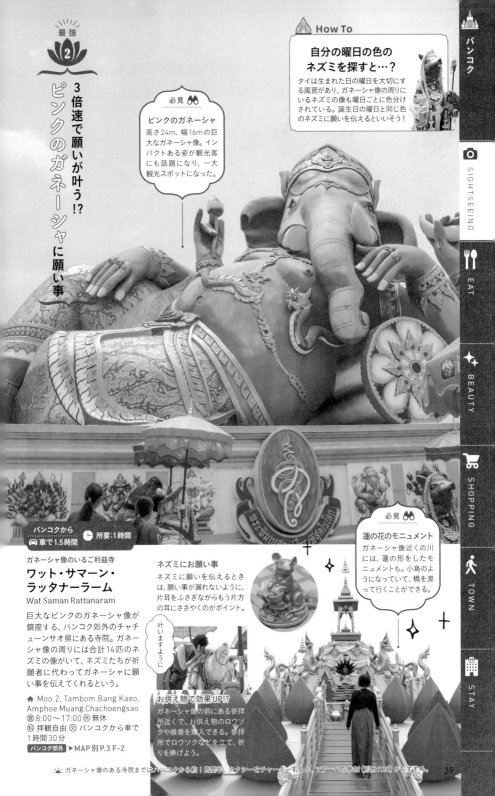

最強
2

ピンクのガネーシャに願い事

3倍速で願いが叶う!?

How To

**自分の曜日の色の
ネズミを探すと…?**

タイは生まれた日の曜日を大切にする風習があり、ガネーシャ像の周りにいるネズミの像も曜日ごとに色分けされている。誕生日の曜日と同じ色のネズミに願いを伝えるといいそう!

必見 👀

ピンクのガネーシャ
高さ24m、幅16mの巨大なガネーシャ像。インパクトある姿が観光客にも話題になり、一大観光スポットになった。

必見 👀

蓮の花のモニュメント
ガネーシャ像近くの川には、蓮の形をしたモニュメントも。小島のようになっていて、橋を渡って行くことができる。

バンコクから
🚗 車で1.5時間　⏱ 所要：1時間

ガネーシャ像のいるご利益寺

ワット・サマーン・ラッタナーラーム
Wat Saman Rattanaram

巨大なピンクのガネーシャ像が鎮座する、バンコク郊外のチャチューンサオ県にある寺院。ガネーシャ像の周りには合計14匹のネズミの像がいて、ネズミたちが祈願者に代わってガネーシャに願い事を伝えてくれるという。

🏠 Moo 2, Tambom Bang Kaeo, Amphoe Muang Chachoengsao
🕗 8:00～17:00 ⊗ 無休
💰 拝観自由 ⊗ バンコクから車で1時間30分

バンコク郊外 ▶ MAP 別 P.3 F-2

ネズミにお願い事
ネズミに願いを伝えるときは、願い事が漏れないように、片耳をふさぎながらもう片方の耳にささやくのがポイント。

叶いますように

お供え物で効果UP!?
ガネーシャ像の前にある参拝所近くで、お供え物のロウソクや線香を購入できる。参拝所でロウソクなどを立て、祈りを捧げよう。

バンコク

SIGHTSEEING

EAT

BEAUTY

SHOPPING

TOWN

STAY

仏さまに祈りをささげる
タイのお寺を参拝

仏教国のタイで
お寺見学は外せない！

　国民の9割以上を仏教徒が占め、街の至るところに寺院が点在するタイ。なかでもバンコクには、400以上もの寺院があり、信仰の中心地となっている。きらびやかに装飾された境内には老若男女が集まり、熱心に祈りを捧げる姿が印象的だ。

　寺院は仏教徒でない旅行者でも境内を見学できるため、今や旅行者にとって人気の観光スポットになっている。しかし、美しい建築物に惹かれて訪れてみたものの、どのように参拝するのがマナーか見当もつかないという人も多いはず。

　せっかくなので基本的な参拝方法を予習して、タイ人にならってお参りをしてみてはいかがだろうか。心を落ち着けて仏さまに祈りを捧げれば、いいご縁をいただくことができるかも！

参拝方法を
スタディ！

step-1
参拝方法を予習

参拝方法はお寺によっても異なるが、だいたいの流れは下記の通り。後はタイ人のやり方を真似すればOK！

🪷 服装を整える

ヒザの出る短いスカート、肩の出るタンクトップなど露出の高い服装はNG。上着を持参するのがベストだが、入口で腰に巻くサロンなどを貸してもらえるところもある。

⬇

🪷 参拝セットを買う

お供え物の花、線香、ロウソク、金箔の4点セットがスタンダード。1セット20B程度で販売していたり、賽銭箱のような箱にお布施（金額は自由）を入れるパターンなどがある。

⬇

🪷 仏さまに三礼

ロウソクに火を付けてロウソク立てに置き、線香に火を付ける。火の付いた線香と花を持ったまま手を合わせ、仏像に3回お辞儀をする。床に座るタイプの境内では正座する。

⬇

🪷 線香とお花を供える

線香は線香立てに、お花は受け皿や台などそれぞれ供える。再び仏像に手を合わせ、祈りを捧げる。お祈りは、日本の神社に参拝してお願い事をするときと同じような内容でいい。

⬇

🪷 金箔を仏さまに貼る＆僧侶に祈祷してもらう

金箔を仏像に貼り付ける。自分の体の悪い場所と同じ場所に貼るとご利益があると言う。お寺によっては祈祷もしてくれる。お布施をして僧侶の前に座り、頭を下げてお経を上げてもらう。

金箔がびっしり

バンコク

SIGHTSEEING

EAT

BEAUTY

SHOPPING

TOWN

STAY

step-2

曜日の仏さまにお祈りする

タイでは自分の生まれた曜日によって、守護する仏さまが異なる。自分が生まれた曜日の守護仏にお参りすると、ご利益がアップすると言われている。水曜のみ2種類あるので、造形の異なる仏像が全部で8体ある。

月曜

右の掌を胸の高さに挙げ、飢餓と日照りを制止する立像

火曜

ブッダが涅槃の境地に達し、悟りを開いた姿を表す寝釈迦像

水曜

昼
両手でお布施の鉢を前に抱えた立像

夜
石の上に座り、両手を足の上に置いた座像

木曜

両手を組み、あぐらをかいて瞑想している座像

金曜

両手を胸の上で交差し、仏法と伝道について瞑想する立像

土曜

背後にいる7本頭の蛇(ナーガ)に守護されている座像

日曜

両手を組み、菩提樹の前で瞑想する姿を表した立像

step-3

曜日のカラーにも注目する

生まれた曜日を確認して!

曜日により守護仏が異なるように、色や数字、動物も決まっている。大きな寺院には曜日カラーの仏像がずらりと並んでいたり、曜日カラーのお供え物が用意されていることも。ご利益アップのために、自分の生まれた曜日を確認しておこう。

月曜	黄色
火曜	ピンク
水曜	緑(夜は黒)
木曜	オレンジ
金曜	青
土曜	紫
日曜	赤

曜日カラーのロウソクも

バンコク郊外のピンクのガネーシャ(→P.29)では、曜日カラーのネズミに願い事を伝える

ピンクのガネーシャ(→P.29)がある参拝所には、曜日カラーの仏像がずらりと並ぶ

金ピカ大仏にカラフルなタイル…

2大 美! タイ寺院にうっとり

400以上もの仏教寺院があると言われるバンコク市内。旧市街にある
有名寺院ワット・ポーと、川辺にあるワット・アルンは、どちらも必見!

黄金の寝釈迦さまがいる!

ワット・ポー

大きな銅鑼が!

入口近くに

涅槃寺の別名を持つ

ワット・ポー
Wat Pho

⏱ 所要:45分

アユタヤ時代からあった寺院を、タイ
の現王朝であるチャクリー王朝の初
代王・ラマ1世が再建。境内ではタイ
古式マッサージも受けられる。

🏠 2 Sanamchai Rd.
🕐 8:00～18:30
㊡ 無休 ㊌ 拝観料300 B
🚇 MRTサナームチャイ駅から徒歩5分
旧市街 ▶MAP 別 P.4 B-3

参拝方法

①まずは寝釈迦さまにごあいさつ

全身を写真に収める
なら足元から撮影し
てみて。穏やかな表
情をしたお顔にも注目。

②4つの仏塔を見学

4つの仏塔はラマ1
～4世を表してお
り、国王の遺物が
安置されていると
いう。

③西の仏堂に拝観

仏像は、雨に濡れ
ないようナーガ(蛇
神)がお釈迦さま
を守っている様子
を表している。

④本堂にお参り

金箔が貼られたブ
ロンズ製の仏像が
鎮座。台座にはラ
マ1世の遺物を安
置しているそう。

Check 足の裏

足の裏には、仏教の世
界観を表した108の
図が描かれている。

涅槃仏
(ねはんぶつ)

全長46m、高さ15
mの黄金色の涅槃
仏。ラマ3世によ
り造立された。

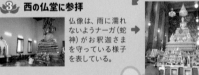

金ピカの寝釈迦さまは
足の裏から拝む!

幅約46m!

バンコク

SIGHTSEEING

EAT

BEAUTY

SHOPPING

TOWN

STAY

装飾タイルが美しい

ワット・アルン

写真スポットとしても人気

カラフルタイルが素敵

ワット・アルン
Wat Arun

🕐 所要:45分

19世紀初頭に建てられたチャオプラヤー川の西岸に佇む仏教寺院。陶器片のモザイクタイルで飾られた仏塔は必見。

🏠 34 Arunamarin Rd.
🕐 8:00～18:00 休 無休 料 拝観料100 B
🚢 ターティアン船着場から渡し船で3分、船着場から徒歩1分

旧市街周辺 ▶MAP別P.4 A-3

参拝方法

1 まずは仏塔を拝む
塔の途中まで階段で上ることができる。歩きやすい靴で挑もう。

2 回廊を通る
山門の先にある、本堂を囲む回廊。約120体の金色の仏像が並ぶ。

3 本堂に参拝
本堂内部にご本尊の仏像が。壁には釈迦の生涯が描かれている。

Check
装飾タイル
大仏塔や周りの小仏塔は全面カラフルなタイル貼りになっている。

だいぶつとう
大仏塔
高さ約75mの大仏塔が寺院中央にそびえる。周りに4基の小仏塔も。

美しいシルエットとカラフルなタイルが美しい

高さ約75m!

チャオプラヤー川から見る！

バンコクのラグジュアリーホテルが運営するディナークルーズ。タイ料理やライトアップを楽しみつつチャオプラヤー川を巡航できる。

サフロン・クルーズ
Saffron Cruise
→P.39

ワット・アルンは、三島由紀夫の小説『暁の寺』に登場する寺院としても有名。

歩いて回れる寄り道スポット

街なかパワスポめぐりBEST5

パワースポットはお寺だけじゃない！世界中から参拝者が集まるプラ・プロムをはじめ、バンコクには街ブラしながら気軽に行けるパワスポが豊富。

高額のお供え物も！

❁ ヒンドゥー教編

大都会に突如出現！
サイアム駅周辺

ショッピングセンターがひしめくサイアム駅周辺に、有力スポットが2つ！

大通り沿いにある

パワスポ1
リターン率がスゴイ ヒンドゥー教のパワースポット

国内外から注目される
プラ・プロム
（エラワン廟）
Phra Phrom

"エラワン廟"の名で知られるヒンドゥー教の祠。宇宙創造の神で顔が4面ある「プラ・プロム」を祀っている。願い事が叶った人は、神様に踊りや音楽を奉納する習慣がある。

🏠 494 Ratchadamri Rd.
🕕 6:00〜22:00
㊡ 無休 ㊟ 拝観自由
🚇 BTSチットロム駅から徒歩2分

サイアム周辺
▶ MAP別P.7 D-2

参拝方法

① 🪷 **お供え物を購入**

売店で花や線香、ロウソクを購入しよう。お供え物セットは50B。

② 🪷 **祠にお供え**

正面入口から時計回りにプラ・プロムの顔が向いている場所をお参り。

③ 🪷 **叶ったら奉納！**

願い事が叶ったらお礼参りをする。花や踊りを奉納するのが一般的。

パワスポ2 ショッピングセンターで
恋愛運上昇!?

恋の神様にお祈り
トリムルティの祠＆ガネーシャ像
Trimurti Shrine & Ganesha Shrine

恋愛成就にご利益があることで有名なパワースポット。神が降りてくるとされる木曜夜9時30分にお祈りすると効果があると言われ、若者でにぎわっている。隣には勉学と商業の神・ガネーシャ像も。

🏠 4 Ratchadamri Rd. セントラル・ワールド敷地内
㊟ 拝観自由 🚇 BTSチットロム駅から徒歩3分

サイアム周辺 ▶ MAP別P.7 D-2

マッチングアプリの広告も！

学問・商業の神、ガネーシャ

恋愛や出会いを司るトリムルティの像

バンコク

SIGHTSEEING

EAT

BEAUTY

SHOPPING

TOWN

STAY

パワスポ3 巨大ブランコ「サオ・チンチャー」が ランドマーク

本堂には美しい 大仏がある

鳥居のようだけど、 正体はブランコ

仏教編

美建築寺院が目白押しの
旧市街

王宮がある旧市街には、歴史ある寺院が多数。なかでも建築がユニークなのがココ。

タイ最大級の仏像がある！
ワット・スタット
Wat Suthat

バンコクで一番美しいと言われる仏像

ラマ1世の時代に建立した寺院。バンコクで最も美しいと名高い、高さ8mの青銅製の仏像を安置している。寺院正面に立つブランコでかつて儀式を行っていた。

🏠 146 Bamrungmuang Rd. 🕐 8:30〜20:00
🈳 無休 💰 拝観料 100 B 🚇 MRTサムヨート駅から徒歩10分
旧市街 ▶ MAP別P.4 C-2

繊細な装飾が印象的
ワット・ラーチャボピット
Wat Ratchabophit

仏塔は円形の回廊に囲まれている

1869年に建てられた王室寺院で、5色のモザイク磁器で覆われた仏塔の装飾は必見。本堂の内部では、ヨーロッパの影響をうかがわせるゴシック調などの見事な装飾が見られる。

写真提供：タイ国政府観光庁

🏠 2 Fueang Nakhon Rd. 🕐 6:00〜18:00 🈳 無休
💰 拝観自由 🚇 MRTサムヨート駅から徒歩10分
旧市街 ▶ MAP別P.4 C-2

真珠をはめ込んだ装飾も！

パワスポ4 モザイク磁気の仏塔に目を見張る

写真提供：タイ国政府観光庁

パワスポ5 見どころは37本もの黄金の尖塔

尖塔はピラミッド形に並んでいる

写真提供：タイ国政府観光庁

遠くから見ても美しい
ワット・ラチャナダラム
Wat Ratchanatdaram

スリランカの影響を受けたシャム風の建物が特徴の、きらびやかな仏教寺院。37本の尖塔は金色に輝き、悟りに至るための37の修行法「三十七道品」を表現しているとされる。

🏠 2 Maha Chai Rd.
🕐 8:00〜17:00 🈳 無休 💰 拝観自由
🚇 MRTサムヨート駅から徒歩13分
旧市街 ▶ MAP別P.5 D-2

ワット・ラチャナダラムは、中央棟内にある67段の階段を上れば最上階に到着。街の景色を見渡せる。

本場の活気に圧倒される！

アンパワー水上マーケットにプチトリップ

タイ観光に欠かせないスポットといえば水上マーケット。古きよき街並みととびきりの活気で、地元民に絶大な人気を誇るアンパワーがおすすめ！

飲食店もずらり

①川沿いの飲食店では、足を垂らして座れる席も②両岸の小道まで屋台がみっちり③料理の屋台船を見かけることも。購入後は川べりの階段で食べられる

タイに来たら一度は訪れたい活気あふれる水上マーケット

オイシイ
อร่อย

Must Do 1

名物料理も！屋台で食べ歩き

橋の周辺を中心に名物料理の屋台が並ぶ。食べ歩きを楽しもう！

40B

アンパワー名物 "首折れ魚"

50B

①アンパワーは海に近いだめシーフードも多い。ムール貝のスチーム②魚のすり身揚げ③首が折られた状態の小ぶりの魚、プラー・トゥー。煮付けや干物が人気

Must Do 2

ราคาถูก リーズナブル

リーズナブルな小物を爆買い！

ポーチやマグネットなどの雑貨店も多く、都心よりもリーズナブルな価格で購入できる。

40B

各20B

①ビビッドな配色がタイらしいスクエアポーチ
②ミニマムサイズのポーチはおみやげに◎

フルーツ
ผลไม้

ガヤガヤ

ワイワイ

クリ゛ックリ゛ーン

昔ながらの小舟

When Is

活気が増す夕方がおすすめ

15時からオープンし、日が暮れる頃が一番のピーク。屋台には人が行き交いにぎやかに。ホタル鑑賞クルーズは18時頃からスタート。

バンコク近辺で一番にぎわう観光名所

アンパワー水上マーケット
Amphawa Floating Market

中心部から
🚗 車で1.5時間

全長約500mのアンパワー運河を中心としたエリアで、金曜〜日曜の週3日間のみ開催される。バンコクからはタクシーで行くのが便利で、目安は片道1000Bほど。

🏠 Amphawa ⏰ 15:00〜21:00 📅 月〜木曜 🚕 スクンビット周辺からタクシーで1時間30分
バンコク郊外
▶ MAP別 P.3 E-3

こんな水上マーケットも！

今ドキな水上マーケット

レッドロータス水上マーケット
Red Lotus Floaiting Market

写真提供:タイ政府観光庁

2017年にオープン。赤い睡蓮が一年中咲くフォトジェニックなスポットとして、注目度が上昇している。池の散策ができるボートツアーや、ドローンでの空中撮影も。

🏠 Bang Len, Nakhon Pathom ⏰ 8:00〜17:00 📅 無休 🚕 スクンビット周辺からタクシーで1時間30分
バンコク郊外 ▶ MAP別 P.3 D-1

ボートツアーで水上から満喫

タリンチャン水上マーケット
Taling Chan Floating Market

写真提供:タイ政府観光庁

チャックプラ運河沿いで、週末のみ開催される水上マーケット。地元で採れた野菜や旬の果物など、食材をメインに販売。運河沿いを遊覧するボートツアーがおすすめ。

🏠 333 Chak Phra Rd., Khlong Chak Phra Taling Chan ⏰ 7:30〜18:00 📅 月〜金曜 🚕 MRTバンクンノン駅からタクシーで8分
バンコク郊外 ▶ MAP別 P.3 D-2

タイの名物料理がラインアップ

各20B

カワイイ

น่ารัก

パパイヤサラダやマンゴー＆もち米などのミニチュア・フードサンプルのマグネット

Must Do 3

小船に乗って
ホタル観賞
クルーズへ

アンパワーを流れるメークローン川はホタルの生息地として有名。小舟に乗ってホタル鑑賞ができる。川沿いにチケット売り場が点在。

夜景
ビュウ中ラグ夜ン ビュウ夜景

60分
50B

アンパワーから車で15分ほどのメークローン駅近くでは、現役で使用している線路脇で鉄道市場が開かれる。

バンコクの夜を満喫するなら

4大ナイトスポットで夜更かし！

ネオン輝くバンコクの夜。日付が変わる頃まで活気に満ち、深夜までにぎわいが途絶えない。バラエティに富んだナイトスポットをとことん楽しもう！

トゥクトゥクに乗ってローカルグルメを食べ歩き！

フレンドリーなガイドさん♪

SPOT 1 ミッドナイトフードツアー

トゥクトゥクでGO！

人気グルメを食べて回るフードツアー。トゥクトゥクで市内を爆走しながら、ビブグルマンの名店や屋台などで10品以上を制覇。

TOUR NAME

バンコク・ベスト・イーツ
ミッドナイト・フードツアー・バイ・トゥクトゥク
Bangkok Best Eats Midnight Food Tour By Tuk Tuk

TOUR DATA

時間	19:00〜23:00
所要	約4時間
料金	2350B
言語	英語（ガイド）
予約方法	電話またはネットで（要予約）
問合せ	☎ 095-943-9222
URL	https://www.bangkokfoodtours.com/

※食事の内容や品数は変わる可能性あり

1 イーサーン料理の店。ソムタムやガイヤーン、ラーブムーなど5品が並ぶ 2 屋台のマンゴー＆もち米。少量サイズがGOOD 3 串焼き屋に寄り、焼きたてのムーピンをパクッ！おかわりOK 4 MTR駅でほかの参加者と待ち合わせ。ガイドさんが同行し、英語で丁寧に説明してくれる 5 世界各国からの参加者と一緒に料理をシェアしながら団欒ディナー 6 王宮エリアの夜景にうっとり 7 ビブグルマン店で野菜たっぷりのスキーヘーンを

春雨＆野菜でヘルシーに

SPOT 2 ルーフトップバー

世界トップレベルの景観＆スリルに息をのむ！

メインフロアを見下ろす、景観のいいミニバーも

ジャングルがコンセプト！

1 ユズ・コラーダ480Bなどフルーツやハーブのカクテルが人気 2 大樹に見立てたバー

ティチュカ
Tichuca

大樹に見立てたバーカウンターや、丸太や岩を模した客席がユニーク。他店よりもカジュアル＆リーズナブル。公式サイトで予約が可能。

Sukhumvit 40 Alley, T-One Building 8, 46F
☎065-878-5562 ㊙17：00〜24：00 ㉨無休
㊦BTSトンロー駅から徒歩5分
スクンビット周辺

バンコク

SIGHTSEEING

EAT

BEAUTY

SHOPPING

TOWN

STAY

SPOT 3

チャオプラヤー川 リバークルーズ

サンセットも きれいね♪

船上で夜景を見ながら豪華ディナーを堪能

チャオプラヤー川沿いの夜景を堪能できるナイトクルーズ。まるでホテルレストランのようなラグジュアリーな空間で船旅が楽しめる。船上からのパノラマビューは最高！

出航する19時ごろは美しい夕景も

◆ TOUR NAME ◆
サフロン・クルーズ
Saffron Cruise

◆ TOUR DATA ◆

時間	19:00〜22:00（チェックイン18:00）
所要	約3時間 料金 2850B
集合場所	アイコンサイアム・ピア2 MAP 別P.14 A-2
ドレスコード	スマートカジュアル
予約方法	電話またはネットで（要予約）
問合せ	☎02-679-1200（バンヤンツリー・バンコク）
URL	www.banyantree.com/thailand/bangkok/dining/saffron-cruise

船の中は天井までガラス張り。ディナー中も夜景をたっぷりと満喫できる

タイ料理のコースは前菜からデザートまで4品。ホテルシェフが手がけている

チャオプラヤー川の美しい夕景も欠かさずチェック！

写真提供：タイ国政府観光庁

SPOT 4

アジアティーク・ザ・リバー・フロント

写真提供：タイ国政府観光庁

24時まで営業！
1500以上の店舗が集まる巨大モール

観覧車などの乗り物が並ぶエンターテインメント施設も

深夜まで買い物できる場所はレア！

アジアティーク・ザ・リバー・フロント
Asiatique The Riverfront

チャオプラヤー川のほとりにある巨大ショッピングモール。4つのエリアがあり、それぞれにみやげ店やアパレルショップ、レストランなどが並ぶ。

2194 Charoenkrung Rd ☎02-108-4488
⊕11：00〜24：00 ㊡無休 ㉣サパーンタークシン・シェラトン船着き場から徒歩5分
チャオプラヤー川周辺

ココもおすすめ！

写真提供：タイ国政府観光庁

見応え満点のナイトショー
カリプソ・キャバレー・バンコク
Calypso Cabaret Bangkok

アジアティーク・ザ・リバー・フロント内にある老舗キャバレー。約1時間強のショーは歌あり踊りあり笑いあり！

🏠2194 Charoenkrung Rd. ASIATIQUE THE RIVERFRONT warehouse 3 ☎02-688-1415
⊕19：30〜、21：00〜（二部制） ㊡無休
㉣1200B（ショーのみ）、2000B（ショー＆タイ舞踊ディナー）、800B（タイ舞踊ディナー）、400B（タイ舞踊） ㉣サパーンタークシン・シェラトン船着き場から徒歩5分
チャオプラヤー川周辺 ▶MAP 別P.3 E-3

ティチュカを含むルーフトップバーは、パスポートチェックがあるのでお忘れなく！

いまEATで一番NEWなしたいこと！

バンコクのトレンドカフェをめぐる

個性あふれるカフェが続々と登場しているバンコク。古きよきタイの雰囲気を
生かしたレトロカフェや中華系カフェなど、注目のカフェをチェック！

Spot-1
リバービューカフェ

Trend Point
店のいたる所にアンティーク家具が配置され、レトロかつおしゃれな内装！

チャオプラヤー川を望むカフェで
時間を忘れてのんびり

風が気持ちいい♪

おすすめmenu

ココナッツアイス
150B

マンゴー＆
スティッキーライス
200B

川沿いのレトロカフェ
バーン・リム・ナーム
Baan Rim Naam

チャオプラヤー川沿いにあるオープンエアなカフェ。座布団が並ぶスペースでは、靴を脱いでくつろげる。フード＆アルコールメニューも充実。週末の夜はライブ演奏も開催する。

🏠378 Soi Wanit 2 ☎099-142-5592 🕐12:00〜22:00 🅿月〜水曜 🚇MRT フアランポーン駅から徒歩10分 カードOK
英語OK

チャオプラヤー川周辺
▶MAP別 P.14 A-1

1スイーツやドリンク、軽食などがラインアップ。ドリンクは100B〜 2200年以上の歴史ある倉庫をリノベーションしている

バンコク

SIGHTSEEING

EAT

BEAUTY

SHOPPING

TOWN

STAY

Spot-2
アートカフェ

唯一無二の空間に悶絶！
ハイセンスなティーハウス

Trend Point
店内はアートギャラリーのよう。オーナーがデザインしたグラスや小物も販売！

おしゃれ空間でこだわりのブレンドティーを

シチズン・ティー・キャンティーン・オブ・ノーウェア
Citizen Tea Canteen of Nowhere

独自にブレンドした紅茶を提供するティーハウス。店内の装飾も見応えがあり、タイの文化をモダンデザインに落とし込むオーナーのサラン・イェン・パンヤー氏の作品が店内に並ぶ。

🏠764 Soi Wanit 2 ☎095-119-6592 🕐10:00〜18:00 休水曜 MRTフアランポーン駅から徒歩10分 カードOK 英語OK
チャオプラヤー川周辺 ▶MAP別P.14 A-1

おすすめmenu
シグネチャー・ティー
250B

1店内のハイライトであるフォトジェニックなウォールアート 2世界各国の茶葉をブレンドしたシグネチャー・ティー250B

レトロキュートな
中華テイストが魅力

Trend Point
ポップ＆レトロな店内は写真映え必至。スイーツも本格的な味わい！

Spot-3
レトロ

1丸いアーチ形の入口が目を引く。外席もあり 2甘さ控えめのマンゴー・プリン。プリンは宇治抹茶やタピオカミルクティーなど種類豊富

中華スタイルのプリンが絶品

バー・ハオ・ティアン・ミー
Ba Hao Tian Mi

ディープなチャイナタウン、ヤワラート通りにあるカフェ・スタンド。約9種類のプリンや濃厚な香港ミルクティーが味わえる。とろとろの食感と優しい甘さのプリンが人気。

🏠8 soi Phadung Dao, Yaowarat Rd. ☎097-995-4543 🕐10:00〜22:00 休無休 ⊗MRTワットマンコン駅から徒歩3分 英語OK
チャイナタウン ▶MAP別P.12 C-2

おすすめmenu
マンゴー・プリン
128B

絶対食べたい名物グルメがこれ
定番！タイ料理ランキング

カオマンガイにトムヤムクン、タイカレーにパッタイ…、タイに来たなら
やっぱり食べたいのが定番のタイ料理。絶品と名高い実力店を一挙紹介！

王道の味を求めて
"ピンクのカオマンガイ"へ！

しっとり食感の
鶏肉が◎

コチラも一緒に

ピンク色が
目印！

王道が味わえる
ビブグルマン獲得店
ゴーアン・カオマンガイ・プラトゥーナム
Go-Ang Kaomunkai Pratunam

バンコクに数あるカオマンガイ専門店のなかでも特に人気の店。オープンしてまもなく行列ができるが、回転が速いので待ち時間は意外に短い。サイドメニューも充実。

🏠 960/962 Phetchaburi Rd.
☎ 02-252-6325
🕐 6:00〜13:30、15:00〜21:30 ㊡無休
🚇 BTSチットロム駅から徒歩10分 英語OK
サイアム周辺
▶MAP別P.7 D-1

イートインもテイクアウトもOK！

MENU

ハイナニーズ・チキンライス
Hainanese Chicken Rice 50B
丸ごと2時間煮込んだ鶏肉がジューシー。鶏肉のみの注文も可。

00B
スパイスと共に豚肉を煮込んだ
ブレーズド・ポーク70B

醤油×唐辛子など
ソースは3種類

カスタマイズ充実の
進化系カオマンガイ

Entry No.1　タイ風チキンライスを食べ比べ
カオマンガイ

鶏スープで炊いたご飯にゆでた鶏肉をのせたタイのチキンライス。辛いものが苦手な方におすすめ。

ゆで鶏と揚げ鶏の食感コラボ！

鶏ダシのスープ
が付いてくる

バリエ豊富なカオマンガイ
クアン・ヘン・プラトゥーナム・チキンライス
Kuang Heng Pratunam Chicken Rice

緑の看板が目印で、通称"緑のカオマンガイ"と呼ばれる人気店。ゴーアン・カオマンガイ・プラトゥーナム（上記）のすぐ近くにあり、"ピンク"と"緑"で食べ比べも叶う。

🏠 930 Phetchaburi Rd. ☎ 02-251-8768 🕐 6:00〜24:00 ㊡無休
🚇 BTSチットロム駅から徒歩10分 英語OK サイアム周辺 ▶MAP別P.7 D-1

通りに面した大衆食堂。
行列ができることも

MENU
カオマンガイ
（ゆで鶏＆揚げ鶏） 50B
Boiled and Fried Chicken with Rice
しっとりとしたゆで鶏とサクサク揚げ鶏のハーフ＆ハーフ。特製タレも絶品。

MENU 159B
チキンライス
Chicken Rice
鶏肉は低温調理され、しっとり。プラス15Bで目玉焼きをのせて。

カオマンガイ界の
ニューウェーブ
フン
Hoong

まるでカフェのような
おしゃれな専門店

仕上げにとろみのある鶏スープをかけていただくのが新感覚。ご飯の種類は白米・玄米・ビリヤニライスから選べるほか、鶏肉の部位もチョイスできる。

🏠 Soi Sathon 8 ☎ 065-590-4162
🕐 9:30〜20:30（LO19:30）
㊡無休 🚇 BTSチョンノンシー駅から
徒歩5分 英語OK
シーロム周辺 ▶MAP別P.8 C-3

バンコク

SIGHTSEEING

EAT

BEAUTY

SHOPPING

TOWN

STAY

定番料理を食べ尽くす！

何でもそろうフードコートへ
安く手軽に食べるなら多彩な料理が楽しめるフードコートへ。 →P.58

ミシュラン店に注目する
ローカル食堂でありながらミシュランビブグルマンに選ばれた店も多数ある。 →P.46

調味料を駆使する
ナンプラーなど、備え付けの調味料を加えて味変してみよう。

屋台をチェックする
ローカルごはんを味わうなら屋台一択。朝から開いているところも。 →P.59

シーフードが評判の屋台

メム・トム・ヤム・クン
Mam Tom Yum Kung

トムヤムクンを店名に入れた専門店。店先には新鮮なシーフードがずらりと並び、調理場から漂う香りに食欲がそそられる。手際よく豪快に調理する様子も見ていて楽しい。

🏠 Soi Kraisi
☎ 089-815-5531
🕗 8:00 〜20:00
休 月曜
Ⓜ MRT サムヨート駅から車で10分
英語OK
旧市街
▶ MAP別 P.4 C-1

カオサンエリアで行列ができる屋台

大きなエビが入った具沢山な一杯

とにかく濃厚なスープが特徴！

MENU
トムヤムクン
Tom Yum Kung `150B`
濃厚で具材たっぷりのトムヤムクン。ご飯にかけるのがおすすめ。

Entry No. 2

店ごとの味の違いを楽しめる

トムヤムクン

さまざまなハーブやスパイスの香りと、酸味・辛み・甘みを兼ね備え、世界三大スープに名を連ねている。

川エビやムール貝など豪華なトッピング♪

豪華なトムヤムクン！

オープン直後から続々と客が入る人気店

名物シェフ秘伝のトムヤムクンラーメン

MENU
フレッシュウォーター・プローン
Freshwater Prawn `100B`
川エビのミソを使ったコクの深いスープが味の決め手！

コチラも一緒に

`50B`

川エビとその卵を使ったトムヤム味焼きそば

名物シェフがお出迎え

ピー・オー
Pe Aor

テレビの料理番組で一躍有名になったシェフのオーさんの店。名物のトムヤムヌードルをはじめ、川エビを使ったメニューも豊富。店内には来店したタイのスターの写真がずらり。

🏠 68, 51 Phetchaburi Rd.
☎ 02-612-9013 🕙 10:00〜21:00
休 月曜 🚉 BTS ラーチャテーウィー駅から徒歩7分 英語OK
サイアム周辺 ▶ MAP別 P.3 E-2

🍤エビを使ったトムヤムクンが定番だが、鶏を使うとトムヤムガイに、魚を使うとトムヤムプラーとなる。

01 定番！タイ料理ランキング

MENU

グリーンカレー・ウィズ・
クラウンフェザーバック フィッシュ・ボールズ
Green Curry with Clown Featherback Fish Balls
クセのない白身魚のつみれが、まろやかなカレーとベストマッチ。 `135B`

王族御用達の味を低価格で ♩♫

クルア・アプソーン
Krua Apsorn

前国王の母をはじめ、タイの王族に料理を振る舞っていた名料理人がオーナー。王族も愛した秘伝のレシピがリーズナブルな価格で味わえる。バンコク内に数店舗展開している。

🏠 503/505 Samsen Rd.
☎ 02-668-8788 🕙 10:00〜19:30
㊡ 日曜 🚇 BTSパヤタイ駅から車で10分
カードOK 英語OK
旧市街周辺
▶MAP別P.3 D-2

珍しい魚の
つみれ入り！

優しい味わいで何杯でも食べたくなる

コチラも一緒に

`120B`

入りやすい雰囲気で家族連れの利用も多い

日本では黄花九輪桜と呼ぶ花つぼみの炒め物

Entry No.3 バラエティ豊かな

タイカレー

家庭の数だけ種類があると言われるカレーは、タイでは欠かせない日常食。店ごとに異なる味を楽しんで。

What is

代表的なタイカレー

カレーはタイ語で「ゲーン」。グリーンカレー、マッサマンカレーなどが代表的。本格的なスパイス・マーケット（P.53）もおすすめ。

カニ丸ごと1匹！

カニを丸ごとIN！贅沢なプーパッポンカリー

シーフード料理の有名店

ソンブーン・シーフード
スラウォン店
Somboon Seafood Surawong

1969年創業の老舗で、名物のプーパッポンカリーはなんと9割以上の人が頼むとか。シーフード料理をメインに多種多様なメニューが選べ、どれもおいしいと評判。

🏠 169/7-12 Surawong Rd.
☎ 02-233-3104 🕙 11:00〜22:00
（LO21:30）㊡ 無休 🚇 BTSチョンノンシー駅から徒歩5分
英語OK カードOK
シーロム周辺 ▶MAP別P.8 B-2

コチラも一緒に

`380B`　`600B`

MENU

カニのカレー炒め（S）
Fried Curry Crab `550B`
タイ産のカニを使用。ほぐした身を入れた殻なしバージョンもある。

バンコクで8店舗展開する有名店

エビと春雨の蒸し煮。写真はSサイズ

大盛りのネギがのったフエダイの醤油蒸し

Entry No.4 ผัดไทย

米粉を使ったタイ風焼きそば

パッタイ

米粉の麺と具材をタマリンドペーストやナンプラー、砂糖で甘酸っぱい味付けにして炒める、タイ発祥の焼きそば。

濃厚なソースがおいしさの決め手

もやしやニラを混ぜて味わう

MENU

パッタイ・ブー
Padthai Poo 320B

アオガニを丸ごと贅沢に使用。調味料を使って好みの味にできる。

ふわふわ卵で包まれた
旨みたっぷりのパッタイ

卵の中にパッタイが！

時価

コチラも一緒に

日替わりオレンジジュースはマスト

MENU

スパーブ・パッタイ
Superb Padthai 150B

薄い卵でパッタイを包んだシグネチャーメニュー。エビ付き。

コチラも一緒に

160B

クワイとココナッツジュースのグラニータ

カフェのようなおしゃれな店内でくつろげる

ビブグルマンの評判店

バーン・パッタイ
Baan Phadthai

10種類以上のスパイスをブレンドしたこだわりの炒めソースが自慢のパッタイ専門店。ミシュランのビブグルマンにも選ばれている。アンティーク調の店内もかわいい。

🏠 Charoen Krung Rd. 44 ☎ 063-370-0220
🕐 11:00〜22:00 ㊡ 無休 ㊟ BTS サパーンタクシン駅から徒歩5分 [カードOK] [英語OK]
[チャオプラヤー川周辺] ▶ MAP 別 P.14 B-3

バリエ豊富なパッタイ専門店

ティップサマイ
Thipsamai

1939年創業のパッタイの老舗。エビ味噌を使ったコクのあるパッタイが特徴で、スタンダードなものから贅沢な具材を使ったものまでバリエーション豊富。卵包みパッタイが名物。

🏠 313-315 Mahachai Rd.
☎ 02-226-6666 🕐 9:00〜24:00
㊡ 火曜 ㊟ MRT サムヨート駅から徒歩10分
[英語OK] [旧市街] ▶ MAP 別 P.5 D-2

広い店内。壁には掲載記事の数々が

Entry No.5 ガパオ

ลาบ

タイの国民食といえばこちら

ホーリーバジル（＝ガパオ）と鶏や豚などの挽き肉をナンプラーで炒め、ご飯にたっぷりのせた料理。

辛いもの好きが集まるガパオライス店

ペッド・マーク
Phed Mark

タイを拠点に活動するフードブロガーがオープンした話題のガパオライスの店。ガパオは鶏・豚・牛肉など8種類から、辛さは5段階から選べるなど、好みにカスタマイズが可能。

🏠 300 Sukhumvit Rd.
☎ 083-893-8989
🕐 10:00〜19:00 ㊡ 無休
㊟ BTS エカマイ駅から徒歩3分
[英語OK]
[スクンビット周辺] ▶ MAP 別 P.11 F-3

5段階から辛さを選べるガパオライス

MENU

ガパオライス（ポーク）
Stir Fried Basil (Pork) + Extra Egg 129B + 20B

バジルの香りが効いている。写真は目玉焼きを2個トッピング。

アヒルの卵をトッピング

小さな店なので満席時は店の外で待つ

EAT

02 地元民も太鼓判＆あのグルメアワードを受賞！
ローカル食堂をハシゴする

バンコクには街の食堂でありながら、ミシュラン星付きやビブグルマンの常連店が豊富。ハイレベルな食をリーズナブルに楽しめるローカル食堂へGO！

> ミシュラン
> ビブグルマン

♪ โจ๊ก
お粥
Joke

"ジョーク"と呼ばれるお粥は地元の人が日常的に食べているタイのソウルフード。米の形がなくなるまでとろとろに煮込むのが特徴。

MENU

Ⓐ コンジー・ウィズ・ポーク、オッファル、プリザーブエッグ、エッグ **75B**

Congee with Pork, Offal, Preserve egg,Egg

味付けせずに肉団子のダシのみを生かし、優しい味わいに。

> とろとろになるまで
> 煮込んだお粥！

> ピンク色の
> スープ！？

MENU

Ⓑ イエンタフォー **70B**
Yentafo

練り物の団子などをトッピングした平打ち麺のイエンタフォー。

> カリカリ食感が
> クセになる！

☆ หอยทอด ☆
ホイトート
Hoi-Tod

米粉と小麦粉、卵を溶いて作るサラッとした生地を貝などの具材と共に鉄板でカリッと焼き上げる。屋台料理の定番。

☆ เย็นตาโฟ ☆
イエンタフォー
Yentafo

豆腐を紅麹で発酵させた「紅腐乳」を使った麺料理で、酸味があるのが特徴。麺は米粉を使った平麺で、魚のつみれなどの具を入れる。

> ミシュラン
> ビブグルマン

MENU

Ⓒ カキのホイトート **130B**
Oysters Crispy Fried Pancake

小ぶりのカキがたっぷり入り、プリプリ食感がたまらない。

> コチラも一緒に

110B

鉄板で焼いたパッタイも人気メニュー。チキン・エビ・魚介の3種

Ⓐ 早朝から客足の絶えない老舗
ジョーク・プリンス
Joke Prince

ミシュランガイドのビブグルマンにも選ばれた創業70年以上の老舗。

🏠 1391 Charoen Krung Rd.
☎ 081-916-4390
🕐 6:00～13:00、15:00～24:00
㊡ 無休 🚉 BTSサパーンタクシン駅から徒歩5分

チャオプラヤー川周辺 ▶MAP 別 P.14 B-3

Ⓑ 旧市街にあるイエンタフォー専門店
ナイウアン・イエンタフォー
Naiuan Yentafo

具材はもちろん紅腐乳まで手作りというこだわりが詰まった一杯を提供。

🏠 41 Soi Nawa
☎ 02-622-0701 ㊡ 無休
🕐 9:00～20:00
🚉 MRTサムヨート駅から徒歩12分

旧市街 ▶MAP 別 P.4 C-2

Ⓒ 焼きたてのホイトートが絶品
ホイトート・
チャウレー・トンロー
Hoi-Tod Chaw-Lae Thonglor

店先の鉄板でカリッカリに焼き上げる、ホイトートのローカル食堂。

🏠 25 Sukhumvit 55 Rd.
☎ 085-128-3996
🕐 8:00～20:00 ㊡ 無休 🚉 BTSトンロー 駅から徒歩2分 英語OK

スクンビット周辺 ▶MAP 別 P.11 E-3

MENU
D エビ焼売 50B
Steamed Shrimp Dumpling
プリプリのエビがたっぷり入ったエビ焼売は定番のひと品。

「プリプリのエビ入り!」

コチラも一緒に
塩漬け卵のカスタードまん 20Bなどスイーツ系にもトライして

ティムサム
ディムサム
— Dim Sum —
ディムサムとは点心を広東語読みしたもの。屋台や食堂では手頃な価格で点心が味わえる。小腹が空いたときにおすすめ。

MENU
D 上海小籠包 50B
Shanghai Xiao Long Bao
一番人気は肉汁がジュワッとあふれる小籠包。何個でも食べられそう。

できたてアツアツ

つるっとした米粉麺が◎

ミシュランビブグルマン

MENU
F バミー・ナーム 80B
Bamee Naam
さっぱり風味のバミー・ナーム。ナンプラーを入れるとおいしい。

トッピングの揚げパンは10B

魚のダシが効いてる!

ก๋วยจั๊บ
クイジャップ
— Guay Jub —
米粉で作った平麺をくるっと巻いたもの。"ガオラオ"という豚肉入りのスープに入れて食べるのが一般的。

MENU
E ロールド・ライス・ヌードル・スープ 80B
Rolled Rice Noodle Soup + Egg + Patongo
コショウが効いたスパイシーなスープが特徴。軽食にぴったり。

บะหมี่
バミー
— Bamee —
バミーは小麦麺のこと。スープと一緒にいただくため、タイ風ラーメンとも言われる。汁ありは"バミー・ナーム"、汁なしは"バミー・ヘーング"。

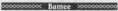

D 絶品ディムサムをお手頃価格で
トゥアン・ディムサム
Tuang Dim Sum

シャングリラ・ホテルの中華料理店で料理長を務めたシェフの店。

🏠 Soi 89, Charoen Krung Rd.
☎ 089-603-0908
🕐 8:00〜15:00
休 月曜 BTSサパーンタクシン駅から車で5分 英語OK
チャオプラヤー川周辺 ▶MAP 別P.3 E-3

E 行列必至のビブグルマンの店
クイジャップ・ウアン・ポチャナー
Guay Jub Ouan Pochana

ヤワラート通りにある行列の絶えない有名店。夜は特ににぎわう。

🏠 408 Yaowarat Rd.
☎ 061-782-4223 🕐 11:00〜24:00
休 月曜 MRTワットマンコン駅から徒歩4分 英語OK
チャイナタウン ▶MAP 別P.12 B-2

F 魚介との相性抜群のバミーがやみつきに
クイッティアオ・ルークチン・プラー・ジェー・プレ
Kuaytiaw Luuk Chin Plaa Je Ple

地元民御用達の店で、メニューはタイ語のみ。あっさりスープが◎。

🏠 162/166 Thanon Santiphap Rd.
☎ 098-691-5162
🕐 9:00〜13:00 休 日曜
MRTワットマンコン駅から徒歩3分
チャイナタウン ▶MAP 別P.12 C-1

タイではフルーツやおやつなどを一日に何度も食べる習慣があるため、麺料理なども少なめな量で提供している。　47

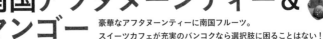

見た目も味もパーフェクト！
南国アフタヌーンティー＆マンゴー

豪華なアフタヌーンティーに南国フルーツ。
スイーツカフェが充実のバンコクなら選択肢に困ることはない！
涼しい店内で、甘〜いひとときを楽しもう。

バンコクのヌン活は 味もビジュもハイレベル♥

セイボリー

スコーンも美味

ペストリー

お茶または
コーヒー

スコーン

Afternoon Tea Menu
カペラ・シグネチャー・
ハイティー
Capella Signature High Tea
3200B（2人分）
季節ごとのペストリーとス
コーン、マカロン、セイボリ
ーのセット。

高級ホテルでティータイム
カペラ・バンコク
Capella Bangkok

ホテル1階のティー・ラウンジで
提供している。タイ北部や中国
のオーガニック茶葉をブレンド
したティーセレクションも◎。

⌂ 300/2 Charoen Krung Rd. ☎ 02-
098-3816 ㊡ アフタヌーンティ提供
時間 12:00 〜 18:00 (Tea Lounge)
㊡ 無休 ㊡ BTSサパーンタクシン駅
から徒歩10分 カードOK 英語OK
チャオプラヤー川周辺
▶ MAP 別P.3 E-2

リノベした邸宅カフェに タイの伝統スイーツがずらり

Afternoon Tea Menu
アフタヌーン・ティー・セット
Afternoon Tea Set
999B

縁起物として親し
まれる伝統菓子と
定番スイーツが味
わえる。

撮影OKなクラシカルカフェ
ザ・ジンジャーブレッド・ハウス
The Gingerbread House

1913年に建てられた邸宅をリノ
ベーションしたカフェ。伝統衣
装のレンタルもしていて、1時間
199Bで店内での撮影も楽しめる。

⌂ 47 Dinso Rd. ☎ 097-229-7021
㊡ 11:00 〜 20:00（土・日曜 は9：
00〜20:00）㊡ 無休 ㊡ MRTサム
ヨート駅から徒歩10分 英語OK
旧市街 ▶ MAP 別P.4 C-2

■金のスタンドがタイらしい ■タイミ
ルクティーのかき氷は生クリームとハー
ブゼリーをトッピング ■紅茶はアイ
スまたはホットを選べる ■ムードたっ
ぷりの店内。ドリンクのみの利用も可

店内も素敵！

マンゴースイーツをバリエ豊富に味わえる！

When Is
マンゴーの旬の時期はいつ？
タイでは一年中見かけるマンゴーだが、暑期の4〜5月が旬。気温が高いこの時期はマンゴーの甘みも増す。

Mango Menu
メイク・ミー・マンゴー
Make Me Mango
245B

マンゴー＆もち米と、マンゴープリン、マンゴーアイスなどがのった看板メニューのアソートプレート。

店内は3階建て。1階でオーダー＆支払いする

Mango Menu
マンゴー・ソルテッド・タルト
Mango Salted Tart
275B

マンゴータルトの中に、塩の効いたもち米が入っている

マンゴースイーツ勢ぞろい
メイク・ミー・マンゴー ターティアン店
Make Me Mango Tha Tian

定番のフレッシュマンゴー＆もち米をはじめ、タルトやかき氷、サンデー、30種類以上のスムージーなどメニューがとにかく豊富。

🏠 67 Maha Rat Rd. ☎02-622-0899 ⏰ 10:30〜20:00 🈺無休 🚇MRTサナームチャイ駅から徒歩8分 カードOK 英語OK
旧市街 ▶MAP別P.4 B-3

マンゴー三昧！

高品質なマンゴーは店主自ら育てるこだわりぶり

Mango Menu
マンゴー・スティッキーライス
Mango Stickyrice
150B

店先の大きなマンゴーのオブジェが目印

バンコクーおいしいと評判。1日1000個以上売れる

Mango Menu
マンゴー＆スティッキーライス アイスクリーム
Mango & Stickyrice Ice-Cream
199B

甘くてジューシー

濃厚なマンゴーの自家製アイス。2サイズから選べる

自家栽培のマンゴーが絶品
メー・ワリー
Mae Varee

店主自ら農園を営んでおり、高品質なマンゴーを使った自家製スイーツを提供。本店はテイクアウトのみだが、イートインできる店舗も。

🏠 1 Thong Lo Rd. ☎02-392-4804 ⏰ 6:00〜22:00 🈺無休 🚉BTSトンロー駅から徒歩1分 英語OK
スクンビット周辺 ▶MAP別P.11 E-3

もち米×マンゴーの「カオニャォ・マムアン」がタイの定番スイーツです。

49

EAT 04

チャオプラヤー川のほとりにある
リバーサイドのレストランへ

チャオプラヤー川沿いに位置し、バンコクならではの景色が満喫できる
レストランへ。水辺の景色と共に、寺院や王宮のある風景を楽しんで。

川の向こうにワット・アルンを望む
ルーフトップ席が狙い目

目の前には
ワット・アルン

Best Location

ルーフトップ席
2階のルーフトップ席
からの眺めが抜群。早
めの時間にキープして。

料理はどれも絶品！
スパンニガー・イーティング・ルーム・ターティアン
Supanniga Eating Room Tha Tien

タイ東部トラート県やイサーン地方に伝わる
家庭料理を、シェフのセンスでアレンジ。トン
ローなどにも支店がある。

🏠 392/25-26 Maharaj Rd. ☎ 092-253-9251
🕐 11:00〜22:00（土・日曜は10:00〜）
🄰 無休 Ⓜ MRTサナームチャイ駅から徒歩6分
[カードOK] [英語OK]
[旧市街] ▶ MAP 別 P.4 B-3

店内席からもチャオプ
ラヤー川を一望できる

おすすめmenu

トム・ヤム・クン（クリーム）
Tom Yum Goong Cream
290B

大きなクル
マエビ入り。
ミルクが入
ったまろや
かな味わい
が特徴。

カラン・トート・ナンプラー
Ka Lum Tod Nam Pla
180B
キャベツを
上質なナン
プラーで炒
めたシンプ
ルな味。店の
名物料理。

カオ・クルッ・カ・ピ
Khao Klook Ka Pi
220B

エビのペー
ストで炒め
たジャスミ
ンライス。豚
肉などを混
ぜて食べる。

イサーン・ビーフ・ステーキ
Isan Steak Beef
390B

タレで味付
けした牛肉
ステーキ。
もち米の団
子と共にい
ただく。

バンコク

SIGHTSEEING

EAT

BEAUTY

SHOPPING

TOWN

STAY

Best Location

テラス席
ロマンチックな雰囲気のテラス席。ディナーでの利用も人気。

5つ星ホテルのタイ料理レストランは味も景色も100点満点

席が広く家族利用にも◎

ホテルメイドなタイ料理
プラ・ナコーン
Phra Nakhon

ホテル「カペラ・バンコク」内にあるレストラン。オーセンティックなタイの家庭料理が味わえる。コース料理のほかアラカルトも。

店内のテーブル席は陽光がそそぐ温室のような雰囲気

♠ 300/2 Charoenkrung Rd., カペラ・バンコク B1F ☎02-098-3817
⊛ 6:30〜23:00（〜11:00は朝食メニュー）㊡ 無休
⊗ BTS サパーンタクシン駅から徒歩10分 [カードOK] [英語OK]
チャオプラヤー川周辺 ▶MAP別 P.3 E-2

おすすめ course

サム・ラップ
Sam Rub
5000B（2人分）

上質な食材で作るシェフ自慢の11品が味わえるコース料理。

乾季の11〜2月限定でオープン
リバーサイド・テラス
Riverside Terrace

悠々と流れるチャオプラヤー川と美しい景観を望むテラス席で、バーベキュー料理やスモークミート、新鮮なシーフードが味わえる。

♠ 48 Oriental Avenue, マンダリン・オリエンタル・バンコク内
☎ 02-659-9000 ⊛ 18:30〜22:30
※季節休業中 ㊡ 日〜水曜 ⊗ BTS サパーンタクシン駅から車で5分
チャオプラヤー川周辺 ▶MAP別 P.14 B-2

Best Location

テラス席
テラス席はサンセットもおすすめ。古典舞踊のショーも楽しめる。

川沿いのクラシックホテルで開放的なディナータイム

クラシックなホテル！

マンダリン・オリエンタル・バンコク内にある

🍴 テラス席は気温が下がり涼しくなる夕方以降がベター。ディナータイムは人気なので予約必須。

バンコクの思い出ディナーはココで!

間違いなしの 名店DINNER

ミシュラン星付き

バンコクの思い出ディナーはココで!

アジア一と名高い美しいタイ料理の数々

COURSE
テイスティングコース
5500B
14日熟成させた鴨肉を使ったシグネチャーディッシュがメイン。

タイ料理と中華料理が融合した新感覚な料理

COURSE
4品のコース
3900B
川エビを使ったシグネチャー料理など4品が並ぶ。6品のコースも。

---

❶古い邸宅をリノベした店内 ❷NYの3つ星レストランで修業したオーナーシェフのトン氏

コース内容は季節で変わる

バナナエビと海ぶどうの冷菜(コースの一例)

5年連続で星を獲得
ル・ドゥ
Le Du

2023年に「アジアのベスト・レストラン50」で1位に輝いたモダンタイ料理店。伝統的なタイ料理をフレンチなどの手法を用いて洗練されたレシピにアレンジ。

399/3 Silom soi 7 ☎092-919-9969
⏱18:00~23:00 🈲日曜 🚇BTSチョンノンシー駅から徒歩2分
[カードOK] [英語OK]
[シーロム周辺] ▶MAP別P.8 B-2

タイの宮廷料理カオ・チェーを大胆にアレンジ(コースの一例)

❶かつて漢方店を営んでいたという店内 ❷ビルの最上階にはオピウム・バーがある

前菜からカニが登場!

タイを代表する2種のカニをひと皿で表現

プログレッシブなタイ×中華
ポトン
Potong

タイ料理と中華を融合させたモダンな料理は中華系移民4世のオーナーシェフによるもの。2021年にオープンし、翌年にはミシュラン1つ星を獲得している。

422 Vanich Rd. ☎082-979-3950
⏱17:00~22:00 🈲火・水曜 🚇MRTワットマンコン駅から徒歩7分
[カードOK] [英語OK]
[チャイナタウン] ▶MAP別P.12 B-2

鴨肉のメインと共に炊き込みご飯をサーブ

バンコクはアジアを代表する美食の街。
とびきり贅沢に過ごしたい夜は、
ミシュランの星を獲得した
最高峰のタイ料理へ。
極上のディナータイムを楽しもう。

予約はどうする？

高級レストランは公式サイトで予約できることが多い。直前キャンセルは全額負担となることもあるので注意。

ドレスコードは？

高級店はドレスコードが必要な場合も。スマートカジュアルならスリッパやビーチサンダルは避けて。

バンコク

SIGHTSEEING

EAT

BEAUTY

SHOPPING

TOWN

STAY

ホテルレストラン

スパイス香るカレーが食への探究心をくすぐる

天空のレストランで軽やかなメキシカンを

A LA CARTE
ブラータチーズ入りサラダ
430B (A)
タイの食ツウが通う一流ホテルのレストラン

ワカモレ
540B(B)
イクラをのせ新鮮なハーブを添えたワカモレ。

A LA CARTE
ゲーン・キアオワーン
400B
シナモンやカルダモンなどのスパイスを使用したグリーンカレー。

①ピンクとゴールドを基調とした心地よい店内 ②バンコクの街並みを一望できる

タルタルソースと一緒に！

海藻の下にマグロが入ったツナタルタル850B

タイで味わうメキシコ料理
オホ・バンコク
Ojo Bangkok

「キングパワー・マハナコーン」の76階にあるメキシコ最高峰のシェフが手掛けたレストラン。パノラマビューと共にタイ食材を使ったメキシコ料理を堪能しよう。

併設バーでメキシコをテーマにしたカクテルも

🏠 114 Narathiwas Rd. キングパワー・マハナコーン76F ☎02-085-8888 ⏰1:30～14:30、17:30～23:30 ㊡無休 🚉BTSチョンノンシー駅から徒歩5分 カードOK 英語OK
シーロム周辺 ▶MAP別 P.8 B-2

①アナンタラ・サイアム・バンコク内にある ②タイのスパイス市場をイメージした店内

前菜はこちらをチョイス！

パパイヤのサラダとグリルチキンの前菜400B

スパイシーなタイの味
スパイス・マーケット
Spice Market

スパイスを駆使して作るオーセンティックなタイ料理が味わえる。メニューはアラカルトもあり、6カ月ごとに変わる。

デザートのカオニャオ・マムアン 350B

🏠 155 Ratchadamri Rd. アナンタラ・サイアム・バンコク1F ☎02-431-9496 ⏰12:00～14:30、18:00～22:30 ㊡日曜のランチ 🚉BTSラチャダムリ駅から徒歩3分 カードOK 英語OK
サイアム周辺 ▶MAP別 P.7 D-3

✦ オホ・バンコクは、球体をモチーフにした装飾が印象的。映えスポットも多く、なかでもトイレは要チェック！

空間も料理もハイレベルな
邸宅レストランに行きたい！

街の喧噪を忘れて落ち着いた空間で食事が楽しめるのが、邸宅レストラン。
コロニアル建築や歴史ある一軒家のレストランで、至極のひと皿を味わって。

Recommend!

濃厚なカレーのゲーン・ケーク・オブ・ダックレッグ 650Bなど

庭付きの豪華な邸宅で
タイの宮廷料理を堪能

Restaurant Data

予約	可（公式サイトで）
予算	1人800B〜
ドレスコード	スマートカジュアル

アンティークな空間を楽しんで！

シェフのブムさん

ベンジャロン
Benjarong

プール付きの広い庭がある邸宅をタイ料理レストランに改築。かつて貴族だけが食べたという伝統料理を現代風にアレンジしている。

116,2 Saladaeng Rd. ☎02-200-9009 ⊛
11:00〜14:30、17:30〜22:00 ㊡無休 ㊂M
RTシーロム駅から徒歩5分 [カードOK] [英語OK]
シーロム周辺 ▶MAP別 P.9 D-2

北タイ料理をバンコクで

ノース
North

ランプーン出身のオーナーがタイ北部の名物料理をモダンにアレンジして提供している。ランチはアラカルト、夜はコースのみ。

🏠 8 Sukhumvit 33 Rd. ☎ 061-426-2642
🕐 11:30〜14:30、18:00〜23:00 ㊡ 無休
🚃 BTS プロームポン駅から徒歩5分

スクンビット周辺 ▶ MAP別 P.10 C-2

タイ北部の味が楽しめるコロニアル建築の一軒家

Recommend! / Recommend!

チェンマイ名物カオソーイをパスタ風に588B

スイーツはプラムシャーベット108B（下）など

Restaurant Data
予約　可（公式サイトで）
予算　ランチ1人700B〜、ディナー1人3288B〜
ドレスコード　ランチ カジュアル、ディナー スマートカジュアル

築100年以上の邸宅をリノベーション

Restaurant Data
予約　可（電話で）
予算　1人700B〜
ドレスコード　カジュアル

南タイ料理が堪能できる優雅な空間でランチ

個室やテラス席があり、どこもフォトジェニック

プーケット名物を提供

プライ・ラヤ
Prai Raya

プーケット出身のオーナーであるプライさんが手掛ける南タイ料理店。コロニアル建築の建物でプーケットの名物料理が味わえる。

🏠 59 Sukhumvit 8 Rd. ☎ 091-878-9959
🕐 11:00〜22:30 ㊡ 無休 🚃 BTS ナーナー駅から徒歩6分　英語OK

スクンビット周辺 ▶ MAP別 P.10 A-1

Recommend! / Recommend!

プーケット風豚の角煮350B。コクと甘みがある

米粉の麺と一緒に味わうイエローカレー400B

ココナッツミルク入りのカレーに細い米粉の麺を入れて食べる「センミー・ナム・ヤーブー」は、プーケットの名物。

バンコク
SIGHTSEEING
EAT
BEAUTY
SHOPPING
TOWN
STAY

EAT 07

熱々＆ヘルシーがうれしい

食欲をそそるタイの鍋料理にトライ！

肉の脂がダシになる！
鍋と焼肉のハイブリッド

ムーガタ
Mookata

中央の鉄板で焼肉、周りのくぼみでしゃぶしゃぶするハイブリッド料理。

SIDE MENU

シーフード＆インスタントラーメンのサラダ
Spicy Seafood Salad with Thai Instant Noodles

179B

ゆでた乾麺をシーフードと合わせた爽やかな辛さのタイ風サラダ。

コレがセット！

下味が付いた豚肉や魚介

野菜や春雨、卵のセット

牛脂で焼くのがポイント！

編集部推し！

ムーガタをリバーサイドで

エブリデイ・ムーガタ・カフェ＆バー・リバーサイド
Everyday Mookrata Cafe & Bar Riverside

SNS映えするおしゃれなカフェ風の店内で昼間からムーガタが味わえる。ムーガタのほかにもサイドメニューが豊富。テラス席からの眺望も抜群！

🏠23 Charoen Krung Soi 24 リバー・シティ・バンコク1F
☎093-969-3320 ⏰13:30～23:00（カフェは10:00～）休無休 MRTファランポーン駅から徒歩15分 英語OK
チャオプラヤー川周辺
▶MAP別 P.14 B-2

MENU

シーフード＆ポーク
Thai Style Pork & Seafood BBQ Medium with Vagetable Set

499B

豚肉や野菜、魚介などを入れたムーガタ。生卵は溶いて鍋に加えて。

Step-1
鍋を温めて準備
スープが入った鍋を温める。鉄板の部分に牛脂を引く。

Step-2
焼肉をスタート
温まったら鉄板で肉を焼く。肉の脂がスープに流れて◎。

Step-3
鍋に具材を投入
周りのスープに野菜や春雨を投入して煮込む。

暑いタイでも鍋は定番料理。
焼肉としゃぶしゃぶのいいとこ取りな
ムーガタや、ハーブ香るチムチュムなど、
日本では珍しいタイならではの
鍋料理に挑戦してみて！

What Is

イサーン料理とは？

タイ東北部、イサーン地方で親しまれる料理のこと。ソムタム（青パパイヤのサラダ）やガイヤーン（鶏の炭火焼）などが代表的。

川エビの唐揚げ
川エビをカリカリに揚げ、塩で味付け。おつまみや箸休めにも◎。

豚のロースト
脂がのった柔らかい豚トロを特製タレで漬け込んでグリルする。

＋ SIDE MENU

サイクローク・イサーン
Sangkhalok Esan

`230B`

豚肉ともち米で作り発酵させたソーセージ。程よい酸味がやみつきに。

チムチュム
Jim Jum

肉や野菜を数種類のハーブと共に煮込む鍋料理。

ハーブエキスたっぷりの小鍋料理がイサーン流

コレがセット！

野菜と春雨、生卵のセット

肉は鶏、豚、牛が定番

専用の
クレイポットで！

編集部推し！

イサーンの郷土料理が豊富

バーン・イサーン・ムアン・ヨット
Baan Esan Muang Yos

チムチュムをはじめ、さまざまなイサーン料理をリーズナブルに提供。スクンビットエリアにあり、22時過ぎまで混み合う人気店なので予約をするのがベター。

🏠 19/1 Sukhumvit 31 Rd.
☎ 089-012-5750 🕐 16:00〜翌
1:00 ㊡ 無休 🚇 BTS プロームポン駅から徒歩12分

`カードOK` `英語OK`
`スクンビット周辺`
▶ MAP 別P.10 C-1

MENU

豚肉タイしゃぶセット
Northeastern
Thai Hot Pot
with Pork

`230B`

スタンダードなのが野菜と肉のセット。そのほかシーフードも人気。

Step-1
鍋を沸騰させる
鍋が運ばれてきたら、沸騰するまでしばらくステイ。

Step-2

肉と卵を和える
沸騰待ちのあいだに生卵を肉に落とし、和えておく。

Step-3

肉と野菜を投入
野菜と春雨、肉を入れ、フタをして煮立てたら完成。

🍢 バンコクの街では、野外で汗を流しながら食べるチムチュム屋台が多数。暑さが和らぐ夕方以降に行ってみて。

タイ料理をいろいろ試すなら…

フードコート＆屋台街をハシゴ

お店充実&リーズナブルな
フードコート

連日にぎわう！

駅直結でサク飯に便利！
安くておいしいがココに集結

ショッピングの合間にひと息入れるのもおすすめ

リーズナブルで好立地
ピア21
Pier 21

アソーク駅に直結したショッピングモール「ターミナル21」の6階にあるフードコート。定番のタイ料理はもちろん、スイーツも充実している。

🏠 88 Sukhumvit 19 Rd., ターミナル21 6F ⏰ 10:00〜22:00 ㊷ 無休
🚇 BTSアソーク駅直結　英語OK
スクンビット周辺 ▶MAP別P.10 B-1

ココにも！

ピア21
（ターミナル21 ラマ3）
Pier 21 TERMINAL21 RAMA3

中心部からひと足のばしたニューオープンのS.C.内にもある。

🏠 356 Rama III Rd. ターミナル21 ラマ3, 5F
⏰ 10:00〜22:00 ㊷ 無休
🚇 BTSスラサック駅から車で10分
英語OK
バンコク南部 ▶MAP別P.3 D-3

フードコート攻略法

1. プリペイドカードをゲットする
入口付近のカウンターで現金を渡し、プリペイドカードと引き換える。

準備OK！

⬇

2. 料理を注文
食べたいメニューを店員さんに伝え、料理が出てきたらカードと交換。

⬇

3. 料理を持って席へ
フロア内は席数も多いため、あらかじめ席を取らなくても大丈夫。

おすすめFOOD ランキング

no.1

no.2

ホイトート
Crispy Fried Oysters
60B
薄焼きのオムレツには小粒のカキがたっぷり。

ガパオライス
Rice + Stir Fried Basil with Pork
35B
定番のガパオライスに目玉焼きをON！

no.3

no.4

カオカームー
Rice with Stewed Pork Leg + Egg
42B
豚肉を八角で煮込む。ゆで卵と高菜付き。

ソムタム
Thai Corn Salad with Salted Egg
35B
入口付近にあるパパイヤサラダの店にある。

スムージー
Smoothie
各25B
格安で飲めるフレッシュフルーツのスムージー。

no.5

バンコク

SIGHTSEEING

EAT

BEAUTY

SHOPPING

TOWN

STAY

タイ料理をお安く食べるなら、ショッピングモールに
入っているフードコートや屋台街が正解。
種類豊富で思わず目移りしそう！

How To

屋台で使えるタイ語をマスター！

ルンピニ公園の屋台は地元の人向けのため、タイ語しか
通じないことも。屋台で使えるタイ語を押さえておこう。

「これください」　エアオ アンニー（アオ アン ニー）
「いくらですか？」　いくらいら（タオライ）
「辛くしないで」　エアオ いまいいかい（アオ マイ ペット）
「おいしい」　あろい（アロイ）
「普通盛り」　たまいかい（タマダー）

公園内のマーケットで
朝から屋台ごはんめぐり

早朝から
オープン！

ローカル気分を満喫できる

屋台街

自然豊かな公園に屋台が所狭しと並ぶ

おすすめFOOD
ランキング

no.1

イエンタフォー
Yentafo
45B
平打ち米麺が入ったあ
っさり味のスープ。

no.2

クロワッサン
croissant
50B〜
おいしいクロワッ
サンで人気のベ
ーカリー。

no.3

ロティ＆目玉焼き
Roti & Fried egg
60B
鉄板で焼いたロティと
目玉焼きのセット。

no.4

ガオラオ
Gao Lao
60B
具沢山の豚モツ
煮スープは常連
客に定評あり。

no.5

ドリンク屋台も

タイティー
Thai Tea
20B
甘くて冷たいタ
イティー。バニラ
の香り。

のどかな公園で朝ごはん
ルンピニ公園
Lumphini Park

緑豊かで、30種類以上の野鳥が生息
するルンピニ公園は、地元の人の憩
いの場。早朝5時から10時頃まで朝
市が開かれる。店によっては9時頃
店じまいする場合も。

🏠 Rama IV Rd., Ratchadamri Rd.
🕐 散策自由 🚇 MRTシーロム駅から徒
歩1分

シーロム周辺　▶ MAP別 P.9 E-2

屋台 攻略法

1. 人気の屋台を見極める

屋台付近の席で地元の人が食べて
いるものをチラ見してリサーチ。

⬇

2. 注文＆支払い

オーダーはメニューの写真を指差し
でOK。小額紙幣も用意しておこう。

できた
てです！

⬇

3. 席に運ぶ

屋台近くにテーブル席があるので、
料理を運んでめしあがれ！

🍴 屋台で腹ごしらえしたら、ルンピニ公園内を散策してみて。池には巨大なミズオオトカゲも生息！

見た目も味も甘々♡

南国スイーツ&ドリンクを制覇

とろける甘さがたまらない
マンゴーづくしなスイーツ

マンゴー
Mango

タイを代表するトロピカルフルーツ。パフェやスムージーで。

トレジャー No.5
Treasure No.5 Ⓐ
139B

スムージーやカットマンゴーがたっぷり

甘みと酸味のハーモニー♥

カットマンゴー入りのマンゴースムージー

フォーエバー・マンゴー・ウィズ・ヨーグルト Ⓐ
Forever Mango with Yogurt
119B

Ⓑ **サリム・ティム・プラオ**
Salim Tim Prao

伝統スイーツ
Traditional Sweets

ココナッツミルクやクワイの実などを使った甘いスイーツが定番。

50B

かき氷の中にはヨーグルトが！

ニパ・パーム・アンド・クリル Ⓒ
Nipa Palm & Krill
165B

ニッパヤシの実&シロップを使用。甘さ控えめ

ココナッツミルクに
カラフル果物が！

クワイの実をタピオカ粉で包んだタップティムクロープが主役

暑いタイで食べたいのは
やっぱりひんやりかき氷

サゴ・カンタロープ
Sago Cantaloupe
40B

メロン&小粒のタピオカ入り

Ⓑ

かき氷
Shaved Ice

冷たいかき氷はタイ産フルーツやタイらしいフレーバーをチョイス。

ソースにはタイ北部産のイチゴを使用

ストロベリー・バフ・ヨーグルト Ⓒ
Strawberry Buff- Yogurt
250B

マンゴー専門のチェーン店

Ⓐイエンリー・ユアーズ アイコンサイアム店
Yenly Yours ICONSIAM

ショッピングセンターなどにあるチェーンのマンゴースイーツ店。マンゴーたっぷりのかき氷やマンゴープリン、スムージーが看板メニュー。

🏠 299 Charoen Nakhon Soi 5 アイコンサイアム 4F ☎094-736-2163 ⏰10:00～22:00 🈺 無休 🚇BTSチャルンナコーン駅から徒歩1分、またはサトーン船着場（MAP別P.14 B-3）からシャトルボート カードOK 英語OK
チャオプラヤー川周辺 ▶MAP別P.14 A-2

伝統スイーツならこちら

Ⓑチェン・シム・イ ディンソーロード店
Cheng Sim Ei Dinso Road

クワイの実を入れたタップティムクロープとココナッツミルクなど定番&伝統スイーツの種類が豊富。好みのトッピングも楽しめる。

🏠 212, 1 Dinso Rd. ☎094-078-8929 ⏰9:00～23:00 🈺 無休 🚇MRTサムヨート駅から徒歩10分
英語OK
旧市街 ▶MAP別P.4 C-2

オーガニックなスイーツ

Ⓒサイ・サイ
Sai Sai

無農薬栽培をタイで広めるため活動しているオーナーが手掛けている。かき氷は季節ごとに異なるフレーバーが登場。店内では自家製の焼菓子も販売。

🏠 242, 244 Maha Chai Rd. ☎062-919-8555 ⏰12:00～22:00 🈺 無休 🚇MRTサムヨート駅から徒歩10分
カードOK 英語OK
旧市街 ▶MAP別P.5 D-2

料理は辛いけれど、タイのスイーツは
とっても甘い。暑い時間帯は
甘くて冷たいスイーツを食べて
クールダウンを。ディナーのあとなら
夜遅くまで営業しているカフェへ。

When Is

タイスイーツ店は夜もオープン

バンコクでは夜遅くまで営業している
カフェも多い。夜な夜なスイーツを楽
しむ人々でにぎわっている。

甘～いバナナスイーツを
歩き疲れた体にチャージ

バナナ
Banana

タイの人にとって身近
な存在のバナナ。値段
も安く一年中手に入る。

サクサクのバナナフラ
イにアイスを添えて

50B

109B

D
フライド・バナナ・
ホイップクリーム
Fried Banana whip cream

D
バナナ・ミルク・
シェイク
Banana Milk Shake

濃厚なバナナの
甘みを味わえる
ミルクシェイク

鮮やかな紅色の紅茶が
タイの定番ドリンク

タピオカ入りの
ティー・ラテ

45B

E
ソフトクリーム
Soft Ice Cream

タイティー味。
ターミナル21店
とドンムアン空
港店限定。

バタフライピー
Butterfly pea

青色が特徴のマメ科の
花。アントシアニンが
含まれ、美肌効果も。

ミルクと合わせた
淡い青色が◎

かわいい＆美容にいい！
優秀すぎる南国ドリンク

タイティー
Thai Tea

タイ式のアイスミルク
ティー。バニラをブレ
ンドした紅茶葉に牛乳
や練乳をIN。

120B

140B

55B

E
タイティー・ラテ
Thai Tea Latte

タイティー、ミルク、
緑のタピオカ入り。

F
バタフライピー・ラテ
（ホット）
Butterfly Pea Latte(Hot)

ホットはラテアートを
してもらえる！

F
バタフライピー・ラテ
（アイス）
Butterfly Pea Latte(Cold)

バタフライピーとミル
クのラテ。

バナナづくしなカフェ
D クルアイ・クルアイ
Kluay Kluay

契約農家から
仕入れるバナ
ナを扱うバナ
ナスイーツ専
門店。サイア
ム・スクエアのリド・コネクト2階にあ
る。揚げバナナやシェイクが人気。

🏠 Rama Ⅰ Rd., Siam Square Soi 2, リド・
コネクト2F ☎062-879-2953 🕙 10:30
〜20:00 🈚無休 🚃 BTSサイアム駅
から徒歩2分

サイアム周辺 ▶MAP別 P.6 B-2

種類豊富なタイティースタンド
E チャ・トラ・ムー
Cha Tra Mue

人気の老舗タ
イティー店。本
格的なタイティ
ーをスタンドで
販売しており、
バンコク市内の駅構内やショッピング
センターなど、いたる所にある。

🏠88 Sukhumvit 19 Rd., ターミナル
21 GF ☎なし 🕙10:00〜21:00 🈚無
休 🚃 BTSアソーク駅またはMRTス
クンビット駅から徒歩1分

スクンビット周辺 ▶MAP別 P.10 B-1

ブルーのラテが飲める
F ブルー・ホエール
Blue Whale

かわいい見た目
だけじゃなく、美容効
果にも注目が集ま
るバタフライピーを
使ったドリンクを提
供。ホットラテはバリスタがラテアート
してくれる。

🏠392/37 Maha Rat Rd. ☎096-997-
4962 🕙9:00〜18:00 🈲月曜 🚃 MR
Tサナームチャイ駅から徒歩6分

カードOK 英語OK

旧市街 ▶MAP別 P.4 B-3

🍃 タイで販売しているマンゴーは170種以上とも。定番は糖度の高いマンドクマイ種で、11〜6月が旬。

バンコク

SIGHTSEEING

EAT

BEAUTY

SHOPPING

TOWN

STAY

美容大国・タイの技術に酔いしれる！

ラグジュアリースパで癒しの時間を

世界でも屈指の美容大国として知られるタイは、ハイレベルなスパの宝庫として有名。
とびきりラグジュアリーな空間＆こだわりの施術で、身も心も癒されて！

How To

**予約は
オンラインが楽ちん！**

高級スパの多くは公式サイトから手軽に予約することが可能。不定期に実施されるお得なキャンペーン情報が載っていることも！

洗練された一軒家スパで極上のリフレッシュ体験を

❋ 一軒家スパ ❋

まさに都会のオアシス！
**ザ・オアシス・スパ
スクンビット31店**
The Oasis Spa Sukhumvit 31

"オアシス"をコンセプトに掲げたチェンマイ発祥のスパチェーン。バンコクには2店舗ある。ムラのない技術とサービス、落ち着きのある空間に定評あり。ハイシーズンは予約困難になることも。

🏠 64 Soi Sawasdee,
Sukhumvit 31 Rd.
☎ 02-262-2122
🕙 10:00〜24:00 ㊭ 無休
🚇 BTSアソーク駅からタクシーで5分 [カードOK] [英語OK]
[スクンビット周辺]
▶ MAP別P.10 C-1

❋ シグネチャー ❋ MENU

クイーン・オブ・オアシス
QUEEN OF OASIS
120分／3900B

ホットストーンの熱で筋肉を和らげて体の機能改善を高める。スウェーデン式とアロマテラピーを融合。

1

1.リゾートホテルのような空間が広がる。敷地内の緑に癒される
2.施術で使用するスパプロダクトは国産＆オーガニックのハーブを使用 3.グリーンを基調としたロビー。受付＆支払いはこちらで行なう

ラグジュアリースパで 肌も心も上々♡

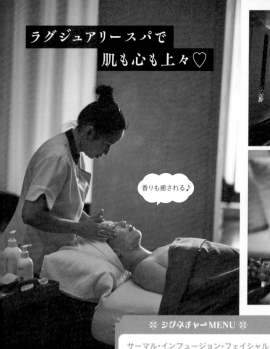

香りも癒される♪

1. 施設内はシックで落ち着いた雰囲気 2. トリートメント後はハーブティー＆スイーツのサービスあり 3. 通路も隅々まで美しい

※ シグネチャーMENU ※

サーマル・インフュージョン・フェイシャル
Thermal Infusion Facial
90分／5500B

100％自然由来成分を配合したオーストラリアのスパプロダクト「Sodashi（ソダシ）」を使用。

凝り固まった筋肉をほぐして活力を養う

極上スパで至極のひととき
オピウム・スパ
Opium Spa ♪♪

「世界のベスト・シティースパ」に選ばれるなど、オープン以来数々の賞に輝くバンコク屈指のハイエンドスパ。豊富なスパメニューから、コンディションに合わせて選ぶことができる。

🏠 3/2 Thanon Khao The Siam Hotel 内
☎ 02-206-6999 ⊗ 10:00～20:00 ㊡ 無休
Ⓜ MRTシリントーン駅から車で5分
[カードOK] [英語OK]
[バンコク北部] ▶MAP別 P.3 E-2

❈ ホテルスパ ❈

タイ・コロニアル様式のスパ専用施設。チャオプラヤー川沿いに佇む

エレガントな気分になる空間
ザ・ペニンシュラ・スパ
The Peninsula Spa

東洋と西洋の療法に、アーユルヴェーダの哲学を融合した独自のトリートメントを提供。モダンかつラグジュアリーな空間で、まるで王族になった気分でスパ体験が楽しめる。

木を基調とした温もりある空間に癒される

極上のホテルスパはムードもサービスも格別

シグネチャー MENU

ザ・ペニンシュラ・ロイヤル・タイ・マッサージ
THE PENINSULA ROYAL THAI MASSAGE
90分／4000B

タイの王室で代々受け継がれてきた、伝統技術を使用したシグネチャーメニュー。

🏠 333 Charoen Nakhon Rd. ザ・ペニンシュラ・バンコク・リゾート内 ☎ 02-020-2888
⊗ 9:00～23:00 ㊡ 無休 Ⓜ BTSチャルンナコーン駅から徒歩5分 [カードOK] [英語OK]
[チャオプラヤー川周辺] ▶MAP別 P.14 A-3

ザ・オアシス・スパでは、ナチュラル＆オーガニックにこだわったオリジナルコスメも販売している。

63

リーズナブルなのにハイクオリティ！

お手ごろマッサージ&ネイルで

マッサージ店は街のいたる所にあり、ショッピングセンターや駅ナカには
リーズナブルなネイルサロンも。疲れた体を気軽にメンテナンスしよう。

1. フットマッサージは 200B 〜。30分から受けられる 2. 足裏の角質とりも人気メニュー。つるピカかかとに！

角質とり(150B)も人気！

駅チカ×広々

ときにはアクロバティックな施術も。気持ちよい痛みで、体のすみずみまでほぐれる

ワット・ポー式マッサージは、ストレッチ要素の多さが特徴

高レベルのマッサージをお手頃価格で

ポー・タイ・マッサージ
Po Thai Massage

タイ古式マッサージの総本山である寺院、ワット・ポーが運営するスクールを併設。ワット・ポー式マッサージの講習を修了した、確かな腕を持つセラピストが施術してくれる。

🏠 1, 54-55 Sukhumvit 39 Rd.
☎ 02-261-0567 🕘 9:00〜21:00 休 無休 🚉 BTS プロームポン駅から徒歩1分
日本語OK 英語OK
スクンビット周辺 ▶ MAP 別 P.10 C-2

おすすめmenu
タイ古式マッサージ
350B（約1400円）/ 60分

種類豊富なメニューを提供

アット・イーズ スクンビット 33/1 店
at ease Sukhumvit 33/1

清潔感のある店内と、きめ細やかなサービスで人気の店。タイ伝統のトリートメントをメインに提供しており、タイ古式マッサージのほか米ぬか酵素風呂なども。HPやLINEで事前予約が可能。

🏠 Soi 33/1 Sukhumvit Rd. ☎ 061-682-2878
🕘 9:00〜23:00 休 無休 🚉 BTS プロームポン駅から徒歩3分
カードOK 日本語OK 英語OK
スクンビット周辺 ▶ MAP 別 P.10 C-2

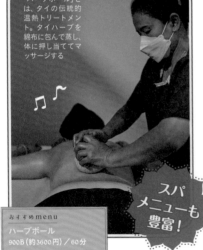

「ハーブボール」とは、タイの伝統的温熱トリートメント。タイハーブを綿布に包んで蒸し、体に押し当ててマッサージする

オリジナル商品も充実！

スパメニューも豊富！

おすすめmenu
ハーブボール
900B（約3600円）/ 60分

1. タイでポピュラーなフルーツ、ドラゴンフルーツのフリーズドライ120B。砂糖不使用でヘルシー 2. コブミカンの爽やかな香り。ハーバル・ソープ180B 3. ミントが香るバーム100B。肩こりや頭痛に効果的 4. マッサージの前後は待合室でお茶&ドライフルーツが提供される

店内で使用するハーブボールやハーブティーは、すべて農薬不使用の自社農園産なので安心

セルフケア

バンコク

SIGHTSEEING

EAT

BEAUTY

SHOPPING

TOWN

STAY

How To

チップは50～100Bが相場

チップ文化があるタイ。格安なマッサージやネイルの店では、チップがスタッフたちの大事な収入源の一つに。施術を受けたあとは感謝の気持ちとしてチップを渡そう。

Price List

🌸 **ジェル・ポリッシュ**
Gel Polish ……… 1色 200B
…… 2～3色 250B
…… 4色以上 300B

🌸 **クラシック・フレンチ・ネイル**
Classic French Nail …… 350B

🌸 **グリッター・ジェル・カラー**
Glitter Gel Color …… 350B

🌸 **スモール・ペイント**
Small Paint ……… 1本 50B

3色のグリッタージェルをチョイス。さらにクリアジェルで立体感をプラス

1 **2**

1.キュートなものから大人っぽいものまでデザイン豊富 2.施術は丁寧かつスピーディーに仕上げてくれる

駅ナカ & スピーディー

駅ナカを中心に出店するチェーンサロン
ネイル・イット！トーキョー BTSサイアム店
Nail it! Tokyo BTS Siam

バンコクの中心部、主に駅ナカで展開するネイルサロンのチェーン。オーナーは日本人で、ピンクとホワイトを基調とした看板＆内装が目印。リーズナブルな価格も魅力だ。

🏠 BTS サイアム駅内・Exit1 付近 ☎ 063-231-6399 🕙 10:00～20:00 🈺 無休
🚇 BTS サイアム駅構内 [カードOK] [英語OK]
[サイアム周辺] ▶ MAP別 P.6 B-2

ネイル Price

ジェル・ポリッシュ 2～3色		3D ペイント
Gel Polish 2-3 Color	+	3D Paint
250B		70B×10本

TOTAL **950B** (約3800円) ／45分

1 **2**

1.フットジェルも人気。フットスパのコースは疲れも癒せて一石二鳥 2.ネイルカラーやジェルのサンプルも多数

街ナカ & リラックス

Price List

🌸 **ジェルネイル（1カラー）**
Gel Polish
299B (13時以降399B)

🌸 **フットジェル（1カラー）**
Foot Gel 1 Color …… 599B

🌸 **フットスパ**
Foot Spa
…… 1299B (13時以降1499B)

🌸 **アイラッシュ**
Eye Lash
999B (13時以降1199B)

お手頃価格でジェルネイルが完成
ネイル・ハウス・バンコク
Nail House Bangkok

パステルピンクが基調の店内。ワンカラーのジェルなら約1時間で完成する。午前中と夜は比較的すいていて、予約なしでの入店もOK。地元っ子からはアイラッシュの評判も高い。

🏠 353 Soi 17 Sukhumvit 55 Rd. ☎ 097-230-5301
🕤 8:30～23:00 (最終受付21:30) 🈚 無休
🚇 BTS トンロー駅から車で3分 [カードOK] [英語OK]
[スクンビット周辺] ▶ MAP別 P.11 E-1

ネイル Price

ジェルネイル（2カラー）
Gel Nail 2 Color
499B (約2000円) ／60分

ネオンカラーとグリッターの組み合わせがおしゃれなジェルネイル。アートの追加も1本100Bとリーズナブル

💅 ほとんどのネイルサロンはHPやSNSで予約できる。HPでお得なキャンペーン情報を発信している店も！

人気ブランドの推しアイテムを紹介！

タイ産ナチュラルコスメが神すぎる

タイには古くから伝わる薬草療法があり、ハーブやお米といった植物が主成分のナチュラルコスメが親しまれている。人気のコスメブランドで自分好みのアイテムを見つけよう！

スキンケア

柑橘の爽やかな香りに
お肌も心も癒される♪

王室創立の病院が開発した
コスメで夜のしっかりケアを

500B

蓮・竹・米 リンクルセラム
シワ改善に効果的な美容液。ナイトジェルとの併用がおすすめ。 **A**

350B

蓮・竹・米 ナイトジェル
蓮、竹、米の3種のエキスが主成分。若々しい肌に導いてくれる。

1050B

D

保湿シートマスク（4枚入り）
パイナップルや柚子などの成分を配合している。自宅にいながらエステ気分を味わえる。

425B

クラリファイング フェイシャルミスト
アルコールフリーで肌の沈静化に使える。ジャスミンの香り。 **E**

380B

280B

オゾン化オイル
ビタミン・ブースト（左）やリンクル・ケア（右）など8つの効果から選べる。 **B**

ルームフレグランス

1430B

C

ルームスプレー （オリエンタル）
レモングラスとベルガモット、ミントをブレンドした爽やかな香り。

部屋にスッと馴染む
シンプルなデザイン

1450B

アロマティック キャンドル（バンコク）
バンコクの街をイメージしたサイアミーズ・ジャスミンの華やかな香り。 **E**

置くだけで空間も気分も
とびきり明るく♪

2870B

1790B

アロマティック・ キャンドル（右）＆ ディフューザー（左）
香りはマンゴーリーフとジュニパー、サンダルウッドを掛け合わせた、"スルー・ザ・オーチャード"シリーズ。 **C**

スペシャルケア

45B

70B

たっぷり汗を
かいても安心！

クリスタル・デオドラント ロールオン（右）＆スプレー（左）
天然のミョウバンから作られたデオドラント（消臭）ケアアイテム。 **A**

KA-TI ココナッツミルク リップバーム
8種類の天然保湿成分を配合。柔らかく健康的な唇に導いてくれる。 **E**

1500B

エイジ・ インヴァージョン アイセラム
ローズウォーター配合で、乾燥しがちな目元に潤いをチャージ。 **D**

450B

490B

ライス・エキストラクト リップバーム
米油・ワイルドマンゴーを使用。シアバター入りでしっとり唇に。 **D**

ボディケア

750B

D
ハンドローション
（アロマティックウッド）
オーガニックシアバター、ホホバシードオイル、米ぬかオイル配合。

240B

190B

B

持ち運びに便利なミニサイズ！

スティック・オイル（右）＆サルヴ（クリーム・左）
美肌効果のあるオゾン化オイル配合。デリケートゾーンにも使える。

売れ筋No.1！
ジャスミンの香り

850B

1190B

ハンドクリーム
（イースタン・トリート）
ジャスミンとミントを合わせた香りはリラックス効果大。ケラチン配合。

C

ボディオイル
（イースタン・トリート）
ごま油＆こめ油をブレンド。肌なじみの良い、サラッとした質感。

バスアイテム

660B

E
フローラルソープ 3個セット
レモングラスやマンゴスチンなどの南国らしい香り。お土産にもおすすめ。

華やかな香りに包まれてバスタイムがご褒美に♪

1900B

C

45B

B
アンシェント・ソルト・ウェルズ
東北部ナーン県にある世界でも貴重な塩井戸から作られた古代塩。ミネラルたっぷり。

グロウ・アゲイン ボディスクラブ＆マスク
竹とアプリコット・シードのきめ細かい粒が、角質や毛穴汚れを優しくオフ。

現地でも大活躍なミニサイズのバスグッズ

360B

1150B

C
ナチュラル・バー・ソープ（ジャスミン）
潤い成分たっぷりの固形タイプのソープ。豊かなジャスミンの香りに心も体もうっとり。

E
ボディケアセット（オリエンタルハーブ）
シャワージェルとボディローションのセット。各90mlで旅行にも◎。

バンコク

SIGHTSEEING

EAT

BEAUTY

SHOPPING

TOWN

STAY

タイ王家創立のオーガニックコスメブランド

A アバイブーベ
Abhaibhubejhr

タイ王家創立のチャオプラヤ・アバイブーベ病院で開発するヘルスケアブランド。厳選されたオーガニックハーブを使用したコスメやサプリを販売。

⌂ S Sathorn Rd. タイCCタワーGF ☎ 02-210-0321 🕐 9:30～18:00（土曜は～17:00）㊡ 日曜 🚉 BTSサパーンタクシン駅から徒歩8分
カードOK 英語OK
チャオプラヤー川周辺 ▶MAP別P.14 C-3

チェンマイ発！オゾン化オイルが話題

B デュー
Dew

オーガニックの植物オイルをオゾン化（活性化）し、肌細胞の修復効果が期待できるプロダクトを製造・販売する注目のコスメブランド。

⌂ 20/7 Sukhumvit39 Rd. ロフティー・バンブー内 ☎ 02-261-6570 🕐 9:30～18:30 ㊡ 無休 🚉 BTSプロームポン駅から徒歩5分
カードOK 日本語OK 英語OK
スクンビット周辺 ▶MAP別P.10 C-2

かわいいパッケージ＆天然ハーブの香りで人気

C アーブ エムスフィア店
Erb EmSphire

ハーブや花のアロマをブレンドしたボディケアアイテムやフレグランスを販売。国産素材100%で敏感肌にもおすすめ。華やかなパッケージも素敵。

⌂ 628 Sukhumvit Rd. M階 ☎ 094-524-2362 🕐 10:00～22:00 ㊡ 無休 🚉 BTSプロームポン駅から徒歩5分 カードOK
英語OK スクンビット周辺 ▶MAP別P.10 C-2

ヘアもボディもトータルでケアできる

D ターン アイコンサイアム店
Thann ICONSIAM

幅広い肌タイプに使える、植物由来成分や天然精油を活かしたナチュラル製品を取り扱う。5種類の香りを基本にコレクションを展開。

⌂ 299 Charoen Nakhon Soi 5 アイコンサイアム4F ☎ 02-288-0105 🕐 10:00～22:00 ㊡ 無休 🚉 BTSチャルンナコーン駅から徒歩1分、またはサトーン船着場（MAP別P.14 B-3）からシャトルボート カードOK 英語OK
チャオプラヤー川周辺 ▶MAP別P.14 A-2

おしゃれなパッケージでギフトにも最適

E ハーン アイコンサイアム店
Harnn ICONSIAM

石鹸やボディクリームなど、米ぬか油やタイの天然ハーブなどから作られるスパプロダクトを展開。5つ星ホテルのスパでも使用されている。

⌂ 299 Charoen Nakhon Soi 5 アイコンサイアム4F ☎ 02-288-0287 🕐 10:00～22:00 ㊡ 無休 🚉 BTSチャルンナコーン駅から徒歩1分、またはサトーン船着場（MAP別P.14 B-3）からシャトルボート カードOK 英語OK
チャオプラヤー川周辺 ▶MAP別P.14 A-2

ハーンやターンの商品は国外でも人気。スワンナブーム空港のDUTY FREEショップでも販売している。

バンコクNo.1の巨大ショッピングモール！

アイコンサイアムを探検♪

バンコクの旬を知るなら外せないのが、アイコンサイアム。11ものフロアには、約700のショップや飲食店が集結。トレンド求めて巨大モールを探検しよう！

ダンジョンみたいな巨大空間でお買い物！

バンコクの旬が集まる

アイコンサイアム
ICONSIAM

チャオプラヤー川のほとりに立つショッピングモール。話題のアパレルやクラフトショップ、タイ最大のスタバなど、バンコクの旬スポットが勢ぞろい。アトラクション施設もある。

🏠 299 Charoen Nakhon Soi 5 ☎02-495-7000 ⏰10:00～22:00 🈺無休 🚇BTSチャルンナコーン駅から徒歩1分、またはサトーン船着場（MAP別P.14 B-3）からシャトルボート

チャオプラヤー川周辺 ▶MAP別 P.14 A-2

Spec

| 敷地面積 | 約75万㎡ |
| 店舗数 | 約700店 |

●主な施設
レストランフロア×7
フードコート
ショップ
高島屋
映画館
スパ＆マッサージ
アートギャラリー
レジデンス

4-5階

タイの伝統工芸を
オシャレにクリエイト

ICONCRAFT
アイコンクラフト

タイの職人が作る伝統工芸品を生かし、モダンなデザインにしたインテリアや食器、雑貨など、タイ産の良質な商品が2フロアに大集合。

4250B
ハンドバッグ
伝統柄がポイント。ショルダーバッグとしても使える

1100B
お皿
伝統工芸のベンジャロン焼のお皿

各99B
せっけん
カラフルなソープはバラマキみやげに最適

各2850B
ショルダーバッグ
伝統織物をハンドルにあしらっている

サイアム高島屋
日本の百貨店がタイ初進出

アップルストア
タイ初出店

スターバックス
「バンコクで最も大きいスタバ」と話題

アイコンサイアム・パーク
チャオプラヤー川を一望

アイコンリュクス
世界のハイブランドの旗艦店が集まる

リバー・パーク
アイコンサイアム前の川沿いに広がる広さ1万㎡の公園

▲ How To

バンコク

SIGHTSEEING

EAT

BEAUTY

SHOPPING

TOWN

STAY

アイコンサイアムを200％楽しむコツ ♪♪

1. 船でもアクセス可能
チャオプラヤーエクスプレス（P.200）のほか、サトーン船着場からもシャトルボートが。

2. アイコンサイアム・パーク
アップル・ストアの外には広いテラスがあり、チャオプラヤー川を一望にできる。

3. 疲れたらスパへ
アロマスパブランドTHANNの店内にトリートメントルームが。そのほかにカジュアルスパも。

4. タイブランドもチェック
G階ではタイシルクのブランド、ジム・トンプソンなど、タイブランドが出店。おみやげにも。

2階

話題のクリエイターズアイテムが一堂に！

The Selected
ザ・セレクテッド

タイの若手クリエーターのブランドが集結！アパレルから雑貨まで100以上のショップがそろい、そのほとんどがドメスティックブランド。

デザインや色使いが個性的！

各200B
トートバッグ
ライフスタイルブランド「ココ スイ」の商品

G階

まるでひとつの街のような巨大フードコート

SOOKSIAM
スークサイアム

タイ全土のグルメや特産物といったローカルフードを集めたフードコード。水上マーケットのようにデザインされ、まるで小さな街のよう。

120B

タイのスイーツに、つい目移りしちゃう

「サミラー・ホイガタ」の魚介のホイトート（タイ風お好み焼き）

7階

バンコク最大規模のスタバで限定ドリンクにトライ

Starbucks Reserve
スターバックス・リザーブ

2フロアに400以上の席数があり、洗練されたデザイン。7階にあり、チャオプラヤー川を一望できる。限定商品＆アイテムも充実。

180B
ライチアールグレイティー
ライチジュースとバタフライビー入りのアールグレイティー

170B

サンセットオレンジを使ったハイビスカスティー

デザインにひと目惚れ♡
タイ伝統の布雑貨&器を愛でる

タイならではのエスニックな布アイテムや、
ハイクオリティな伝統食器はマストバイアイテム！
おみやげに最適な小物から自分用にしたいものまでチェックしよう。

タイの布アイテムを大量ハント！

布雑貨

伝統的なテキスタイル
からオリジナルデザイ
ンまで多種多様！

ポーチ 各89B Ⓐ
タイ北部・チェンマイの
布を使ったポーチ

スリッパ 390B Ⓐ
足に触れる部分はゴザ
のような素材で涼しい

ぬいぐるみ 290B Ⓐ
藍染の布を使ったゾウ
のぬいぐるみ

がまぐち 1290B Ⓐ
毛糸みたいなフワフワ
素材の刺繍がかわいい

ショルダーバッグ 1290B Ⓐ
スマホやパスポートを
すっきり収納できる

ポーチ 240B Ⓑ
モン族の手刺繍があし
らわれたポーチ

ペンケース 210B Ⓑ
同じくモン族の刺繍。
ひとつずつ柄が異なる

ポーチ 350B Ⓑ
地布も刺繍糸もカラフ
ルな手刺繍ポーチ

タイ北部の布アイテムが豊富

Ⓐ アーモン・ショップ
Armong Shop

タイの少数民族・モン族のデザイナー
であるアーモンさんの店。チェンマイ
伝統の布や藍染などを扱う。

＼これも買える！／
☑ アクセサリー
☑ 洋服
☑ インテリア

🏠 Sukhumvit 31 Rd. RSU タワー1F
☎083-777-2357 🕙10:30〜19:00
㊡無休 🚇BTSプロームポン駅から徒歩6分
カードOK 英語OK 日本語OK スクンビット周辺 ▶MAP別P.10 C-2

宝探し気分でお気に入りを見つけて

Ⓑ クーン・アジアン・ザッカ
KOON asian ZAKKA

布雑貨をはじめ、オリジナルTシャツ
やアンティーク食器が並ぶ。タイ人と
日本人のオーナーが営む。

＼これも買える！／
☑ 陶器
☑ アンティーク雑貨
☑ Tシャツ

🏠2/29 Sukhumvit 41 Rd. ☎094-438-
3819 🕙10:00〜18:00 ㊡水曜 🚇BTS
プロームポン駅から徒歩5分
カードOK 英語OK 日本語OK スクンビット周辺 ▶MAP別P.11 D-2

タイの伝統雑貨とは？

山岳民族に伝わる布製品やタイ各地で生産される器など、ジャンルや価格帯もさまざま。右の表をお買い物の参考にして。

ジャンル		種類	特徴	価格帯
布		織物	モン族・カレン族などの北部山岳民族の布	★★★
		刺繍	モン族・ヤオ族などの北部山岳民族が作る	★★★
		シルク	タイシルクと呼ばれ、タイ東北部を中心として発展	★★★
器		ベンジャロン焼	タイ王室専用に作られていた高級磁器	★★★
		セラドン焼	約700年前からタイ北部に伝わる青磁器	★★
		サンカローク焼	北部のシーサッチャナライで13世紀頃発祥した陶器	★★
そのほか		籐・竹細工	カゴやざるなど庶民に親しまれる民具	★
		漆製品	チェンマイの工芸品として日本に輸出されていた	★★★

宮中で使われた美術品のような器

ベンジャロン焼

アユタヤ王朝時代に作られたもの。繊細な柄に金縁が施されている。

小物入れ 各500B
直径約6cmでアクセサリー入れにぴったり

ひとつひとつ異なる手描きの陶磁器

ブルー＆ホワイト

白地に青色の絵付けを施した陶磁器。パイナップルが柄のモチーフ。

89B

お皿
脚付きのお皿。いつものおかずがリッチに

250B

小皿
直径9.5cmの平皿。アクセサリートレイにも

350B

れんげ
持ち手部分の柄がポイント。色違いもあり

75B

マグカップ
大きめサイズなので飲み物がたっぷりと入る

199B

ティーカップ
フタとソーサーが付いたティーカップ

1800B

ビールグラス
脚付きのビールタンブラー。お祝いの品にも

1000B

フリーカップ
湯飲みやタンブラーなど使い方はさまざま

169B

お椀
フタ・受け皿付きのお椀。湯飲みにもなる

35B

小皿
涼しげで、和の食卓にも合う小皿

職人が手描きで作る
タイ・イセキュウ
Thai Isekyu

食器や花器など多彩な商品を扱うベンジャロン焼の専門店。土曜日以外は店内で職人が絵付けの実演を行う。

🏠 1/16 Sukhumvit 10 Rd. ☎02-252-2510 ⏰ 9:00～16:00 ㊡日曜 Ⓑ BTSアソーク駅またはナーナー駅から徒歩5分 カードOK 英語OK
スクンビット周辺 ▶MAP別P.10 A-1

まるで問屋のような品数
バーン・チャーム
Baan Charm

中心部から少し離れた、バンワーにある食器店。広大な店内には大量＆リーズナブルな食器が所狭しと並ぶ。

🏠 356 Kanlapaphruek Rd. ☎02-455-9255 ⏰ 9:30～19:00 ㊡無休 Ⓜ MRT・BTSバンワー駅またはBTSウッタカート駅から車で10分 英語OK
バンコク西部 ▶MAP別P.3 D-2

\これも買える！/

☑プラ食器
☑カトラリー

🐜バーン・チャームには空調がないので、熱中症には要注意。ミネラルウォーターを無料でもらえる。

日本でも大活躍なアイテムがずらり！
注目のおしゃれSHOPへ

近年ハイセンスなアパレルショップが増えているバンコク。
現地で着たいウェアから、日本でも使いたいアイテムまで勢ぞろい！

デイリー＆リゾート

こだわりのハンドメイドで
着心地もデザインもgood！

4300B

爽やかなデザインの配色パンツ。ルームウェアにもおすすめ

3300B

バルーンスリーブがかわいいショート丈トップス

注目ポイント
◈ すべてハンドメイド！
◈ とにかく着心地が◎
◈ 日本製リネンを使用

日本でも取り入れやすい、エアリーなシルエットのブラウス

3300B

デイリー使いしやすいアイテム
リコシェット・ブティック ターミナル21店
Ricochet Boutique Terminal21

日本製の上質なリネンを使用して作られる、ラグジュアリーなリゾートウェアが並ぶ。全て手作業で作られており、着心地も最高。日本でも取り入れやすいデザインが豊富。

🏠88 Soi Sukhumvit 19 ターミナル 21 3F
☎02-051-6267 ⏰8:00～17:00 ㊡無休
🚇BTSアソーク駅直結 [カードOK] [英語OK]
[スクンビット周辺] ▶MAP別P.10 B-1

6900B

雨の日にポリ袋で靴を覆うタイ文化から着想を得たスニーカー

8500B

デザイナーおすすめは、モンスター柄のトップス

カジュアル派に！

バンコク最先端のファッションならココ

8500B

スタイリッシュなデザインのレザーバッグでさりげない個性を演出

カジュアル

注目ポイント
◈ ユニークなデザインが多数
◈ ジェンダーレスに使える
◈ 環境にやさしい素材を積極的に採用

感度の高い層に人気のブランド
グレイハウンド・オリジナル サイアム・パラゴン店
Greyhound Original Siam Paragon

1980年にカジュアルウェアブランドとして創業以来、タイのファッションシーンを牽引。タイ独自の文化を取り入れた独創的なデザインが特徴で、唯一無二のアイテムと出合える。

🏠991/1 Rama 1 Rd. サイアム・パラゴン1F
☎063-215-6133 ⏰10:00～21:00 ㊡無休
🚇BTSサイアム駅から徒歩1分 [カードOK] [英語OK]
[サイアム周辺] ▶MAP別P.6 B-2

2490B

ネックラインが美しく見えるデザインを意識。色はグリーンも

ブラとショートパンツのセット。同柄のラッシュガードもアリ

390B

定番ブランドならナラヤ！

タイを代表するかばんブランド。定番のキルト生地のリボンバッグのほか、パステルカラーの小物なども人気。

ナラヤ・スクンビット24店
NaRaYa Sukhumvit 24

🏠 654-8 Corner of Sukhumvit 24, Sukhumvit Rd. ☎02-204-1145 🕤9:30～22:30 ⊗無休 Ⓑ BTSプロームポン駅から徒歩1分 [カードOK] [英語OK]

[スクンビット周辺] ▶MAP別P.10 C-2

50B

スイムウェア

レトロかわいいビーチウェアが勢ぞろい！

2490B

広い店内。サイアムセンターやセントラル・プーケットにも支店が

思わず写真が撮りたくなる！

フィット感もデザインも満点♡
エイプリール・プール・デイ
April Pool Day

アジア人の体型や肌色に合わせたデザインの水着をプロデュース。セントルイス駅近くのスタジオ＆ブティックにはブランドの全アイテムがそろう。

[注目ポイント]
- レトロなデザイン
- サイズはS～XLまで
- 店内のインテリアもかわいい！

🏠 15 Soi Sathorn 9,South Sathorn Rd. ☎098-246-5369 🕥10:30～18:00 ⊛土・日曜 Ⓑ BTSセントルイス駅から徒歩5分 [カードOK] [英語OK]

[シーロム周辺] ▶MAP別P.8 B-3

繊細な刺繍を施したアイテムにうっとり

5000B

繊細な刺繍を施したパンツ。光沢のある生地がおしゃれ

フェミニン

1000B

ボリューミーなデザインがかわいい、リネンのオフショルトップス

650B

鮮やかな刺繍が映えるクラッチバッグ。コーデのアクセントに

[注目ポイント]
- 全てハンドメイド＆1点モノ！
- タイらしい刺繍アイテムが多数
- 無料でサイズ調整可能

タイならではのデザインがそろう
モモ・タラートノーイ
Momo Talat Noi

エキゾチックなプリントや刺繍があしらわれたアイテムが充実。デザイナーのナッチャーさんは縫製の仕事をしながら独学でデザインを勉強し、全て店内アトリエで制作している。

🏠 928 Soi Wanit 2 ☎083-530-1220 🕥10:00～21:00 ⊛月曜 Ⓜ MRTフアランポーン駅から徒歩10分 [カードOK] [英語OK]

[チャオプラヤー川周辺] ▶MAP別P.14 A-1

ショッピングモール内にある店舗なら、TAX FREEで購入できるところも多い。会計時に確認してみよう。

22バーツから買えるプチプラがうれしい！

ドラッグストアの人気アイテムを爆買い

プチプラが豊富

おみやげ用

ヤードム

25B

22B

嗅ぐとスッと鼻が通る人気商品。レトロなパッケージもかわいい

ソルト・ボディスクラブ

29B

350gも入ったスクラブ。ココナッツミルクの香り

マスクに使える

マスク・ドロップ

39B

ヤードムの人気メーカーによるマスク用ミント。爽やかな香り

75B

クーリング・フレッシュ・パッド

清涼感がプラスされた生理用ナプキンが、暑いタイでは大人気！

スムーズ・クリーム

129B

アロエベラ葉汁＆ビタミンE豊富。タイの国民的クリームと言われる大ヒット商品

携帯に便利！

各89B

クーリング・ミスト

タイで古くから親しまれる清涼アイテムのスプレータイプ。かさばらないミニサイズで、持ち運びにピッタリ

ホワイトニング バス・ミット

66B

角質を取り除く麻製のバスミット。ジャスミンライスなどを含む

スパークル フレッシュ・ホワイト

115B

バリエ豊富なタイの歯磨き粉の中でも、コスパ最強のアイテム

ポップなパケ♡

ボタニカル・ソープ

各36B

色ごとに異なる香りが楽しめるキュートなせっけん。価格は4個セット

42B

30B

バームオイル

極小サイズがかわいい。右はクリームタイプ（高さ約2cm）、左はオイルのロールオンタイプ（高さ約4cm）。こめかみなどに塗るとスッキリ！

美容大国タイは、ドラッグストアの
コスメもとっても優秀。スキンケアから
バスグッズ、バラマキみやげの定番まで
ハズレなしの厳選アイテムはこちら！

バンコク

SIGHTSEEING

EAT

BEAUTY

SHOPPING

TOWN

STAY

コスメも薬も品揃え抜群！
ブーツ エムクオーティエ店
Boots EmQuartier

タイ全土に支店を展開する薬局チェーンで、ショッピングモールなどでよく見かける。スクンビット周辺の店舗は観光客が来店するため英語が堪能なスタッフが多い。

🏠695 Sukhumvit Rd. エムクオーティエ 3F ☎02-003-6497 🕙10:00〜22:00 ㊡無休 🚃BTS プロームポン駅直結 カードOK 英語OK
スクンビット周辺 ▶MAP 別 P.10 C-2

ここで買える！

旅行中も使える

自分用

ネック＆ショルダー・ラブ
肩こりに効くタイガーバーム。肌なじみがよいクリームタイプ
189B

フット・パッチ（右）ウォーム・パッチ（左）
各200B

タイ産ハーブを使用したシート。フット用は足の裏に貼って毒素を排出

クーリング・パウダー
65B

ヤードム
28B

鼻に挿入しないタイプのヤードム。外出先などでも使える点が◎

古くから親しまれる清涼パウダー。肌の炎症を和らげ消臭＆制汗効果も

元祖清涼パウダー

ヒルスカー・ジェル
209B
保湿力＆抗酸化作用に優れ、皮膚の傷跡ケアに効果的

デンティストプラス・ホワイト
ホワイトニング作用と寝起きの口臭防止効果がある優秀な歯磨き粉
234B

ラクタシードフェミニン・ウォッシュ

135B
リーズナブルなデリケートゾーン用ソープ。低刺激で消臭効果も

ヒルドイド・クリーム

108B
保湿効果がバツグンで、「究極の美容クリーム」と称されている

クールミントマウス・ウォッシュ

87B
ホワイトニング効果が日本のものと比べて高いとの口コミが多数！

カミロサンM喉スプレー
160B

カモミール抽出液、ペパーミントオイルなどを配合した喉スプレー

癒される香り

Kamillosan®M
Natural Extract
Chamomile, Peppermint, Sage Oil, Anise, Pine Needle Oil, Bergamot Oil, Eucalyptol

ヤンヒーメラ・クリーム

149B
シミ・そばかすを防ぎ肌のターンオーバーを促す。ヤンヒー病院が開発したクリーム

ヤードム

各24B
カラバリ豊かなミニサイズのヤードム。いくつあっても困らない！

土日限定！掘り出し物の宝庫な
チャトゥチャック市場をパトロール

バンコクの定番みやげからインテリア、アパレル、なんとペットまで！
ありとあらゆる商品が買える巨大なマーケット。掘り出し物を探しに行こう。

目移りしちゃう

週末限定

巨大すぎて迷子になる!?
週末限定の市場で爆買い！

屋外にもお店がずらりと並び、多くの人でにぎわう

▶ How To

巨大市場の回り方

1. 場内MAPを入手
敷地内に数カ所あるインフォメーションで、場内MAPをもらえる。

2. 住所を確認
セクション（区）と
ソイ（通り）の数
字で所在地を表
している。

3. 休憩するなら…
市場内には屋台や食堂
が多数。こまめに休憩
して買い物を楽しんで。

4. 気になったら即買い！
商品は一点ものや売り切れたら再
入荷しないものもあり、一期一会。

5. 値段は交渉できる
値段は交渉OK。まとめ買いすれ
ばさらに安くなることも。

6. スリや置き引きに注意
荷物は置いたままにせず、常に身
につけよう。

❶バナナやマンゴスチンなどの果物のマグネットが
ずらり ❷ベンジャロン焼の店では、カップの色柄も
豊富に取りそろえている ❸刺繍がかわいいシューズ
やサンダルを扱う店も ❹カゴの店。商品はなんとな
くジャンル分けされて並んでいる ❺市場内は迷路
のように細い路地が続いている

バンコク

SIGHTSEEING

EAT

BEAUTY

SHOPPING

TOWN

STAY

～市場でハントした戦利品～

セクション21

`250B～`

甲の部分に刺繍の布をあし
らった南国らしいサンダル

セクション25

`60B～`

バーヤントと呼ばれるタイ
の護符を使ったミニバッグ

セクション25

`300B～`

タイ北部のモン族による刺
繍のポーチ。色柄豊富

セクション25

`525B～`

ホーローのお弁当箱。レト
ロなニワトリ柄が人気

セクション25

`135B～`

ホーローのトレイはタイの
各家庭にある定番アイテム

セクション15

`各390B～`

タイ伝統の器、ベンジャロ
ン焼は専門店もアリ

セクション11

`各80B～`

カレーやトムヤムクンが簡
単に作れるタイ料理の素

セクション13

`65B(中)`

`55B(小)`

南国フルーツやタイ料理の
ミニチュアは集めたくな
る！

セクション2

`280B～`

タッセルの付いた大ぶりの
ピアスはデザインが多彩

市場MAP

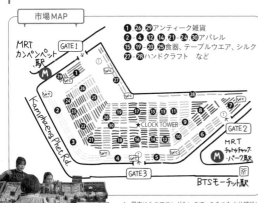

①・㉖・㉙アンティーク雑貨
②・④・⑫・⑭・㉑・㉔・㉚アパレル
⑮・⑲・⑳・㉕食器、テーブルウエア、シルク
㉗〜㉘ハンドクラフト　など

MRT
カンペンペット
駅

GATE 1

Kamphaeng Phet Rd.

★CLOCK TOWER

GATE 2

MRT
チャトゥチャック・
パーク駅

GATE 3

BTSモーチット駅

一日中いても
飽きない！

THAT SPELLS
HERBS TEA

週末のみの巨大マーケット

チャトゥチャック・
ウィークエンド・マーケット
Chatuchak Weekend Market

タイの定番のおみやげから、旬なクリエイター
ズアイテムなど、おみやげのまとめ買いにぴっ
たり。場内は広大なので歩きやすい靴で挑もう。

🏠Kamphaengphet Rd.　☎店舗により異なる
🕒9:00～18:00（店舗により異なる）　㊡月
～金曜　🚇MRTカンペンペット駅またはチャ
トゥチャックパーク駅またはBTSモーチット
駅から徒歩5分

`チャトゥチャック周辺` ▶MAP別 P.3 E-1

☀屋内にもエアコンがないので、こまめな水分補給は必須。冷たいスイーツやジュースを売る店もたくさんある。

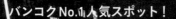

バンコクNo.1人気スポット！
ナイトマーケットで買い物三昧

バンコクの夜の新定番はココ！
地元っ子に混じって買い物＆食べ歩き

フルーツアイスも
おすすめだよ

ナイトマーケットはこう楽しむ！

HOW TO 1
比較してから買う
似ているアイテムも多いので、いくつか別のお店も見てみて。

思わぬ掘り出し物に出合えるかも!?

HOW TO 2
値段交渉してみる
値段交渉も市場の魅力。元値も安いけれど、もっとお得になるかも！

159B

ビジュー付きビーチサンダル。街歩きにも◎

Tシャツなどカジュアルなウエアもお買い得

HOW TO 3
18時以降がおすすめ
明るい時間帯は空いている店が少ない。18時以降に行くのがベスト。

通路が狭いのでにぎわう時間帯はスリに注意して

HOW TO 4
グルメも楽しみ！
露店の約7割が飲食店。ローカルグルメや冷たいスイーツが充実！

50B

自然素材のフルーツアイス2玉＋トッピング

マンゴー＆もち米が付くマンゴースムージー

名物！

150B

350B

辛いタレで食べるポークリブのスープ

2021年に誕生して以来、バンコクの新たな観光名所として人気のナイトマーケット、ジョッド・フェア。かわいいタイ雑貨も多く、おみやげ探しもはかどっちゃう！

ほかにもある！バンコクのナイトマーケット

バンコク名物のナイトマーケットは、地元の人だけでなく旅行者にも人気。ステイ先近くの市場に行ってみよう。

● ジョッド・フェア：デーンネラミット →P.15
● ザ・ワン・ラチャダー ▶MAP別 P.3 F-2
● シーナカリン鉄道市場 ▶MAP別 P.3 F-3
● アジアティーク・ザ・リバー・フロント →P.39

入口は複数ある

バンコク

◉ SIGHTSEEING

🍴 EAT

✦ BEAUTY

🛒 SHOPPING

🚶 TOWN

🏨 STAY

ナイトマーケットの戦利品

鮮やかグリーンの編み込みバッグをゲット！

350B

小粒ストーンのブレスレットも種類豊富

250B〜

各39B

シルバー925のミニピアスは3つで100B！

各69B

パイナップル柄の靴下も2足でお得な120Bに

お店の人との会話も楽しんで！

🕐 所要：2時間

24時間で完売するナイトマーケット

ジョッド・フェア
JODD FAIRS

地元の若者にも人気の巨大な屋台街。2024年夏以降、BTSタイカルチャーセンター駅近くに移転する予定。

📍 Rama IX Rd.
🕐 16:00〜24:00 休 無休
🚇 MRTラマ9世駅から徒歩5分
`バンコク東部` ▶MAP別 P.3 F-2

移転や統合の予定があるものの、先行きは不明。最新情報をチェックして。

歴史あるエリアを散策！
旧市街
Old Town

1782年のチャクリー王朝（現王朝）成立をきっかけに形成された旧市街。北・西・南の三方をチャオプラヤー川に囲まれていて、路地に入れば代々そこに暮らしてきた人たちの生活が垣間見られる。ローカルななかにおしゃれなカフェもあり、バンコクの新旧の魅力を感じられる。

★旧市街
王宮・サイアム
・チャイナタウン・スクンビット
MRTブルーライン
BTSスクンビット線
BTSシーロム線
・チャオプラヤー川

● スワンナプーム国際空港から
🚗 車で約1時間
● スクンビット駅から
🚗 車で約30分

仏教寺院が多数

昼：◎ 夜：◎

歴史を感じるレトロな街並みに、おしゃれカフェが点在している。

Old Town 01
絶景寺院から街を見下ろす

丘の頂上には高さ79mもの仏塔がある。344段の階段を上れば、バンコクの街を一望できるテラスに到着。見晴らし抜群！

❶360度街が見渡せる ❷洞窟内の仏像

丘の上からバンコクを眺める
ワット・サケット Ⓐ
Wat Saket

14〜18世紀のアユタヤ王朝からある寺院。ひと際目を引く小高い丘は、黄金の丘（プーカオトン）と呼ばれている。

🏠 344 Thanon Chakkraphatdi Phong ⏰ 7:30〜19:00
休 無休 料 100B 🚇 MRTサムヨート駅から徒歩15分
旧市街 ▶MAP 別P.5 D-2

境内は緑豊か

Old Town 02
夜更かしスポットのカオサン・ロードをパトロール

約300mの通りにレストランやカフェ、バー、マッサージ店などが集結。夜はネオンが点灯し、屋台や露店が出てさらににぎやかに！

夜遊びするなら
カオサン・ロード Ⓑ
Khao San Road

レオナルド・ディカプリオ主演の映画『ザ・ビーチ』にも登場。夜中3時まで営業するクラブやバーも。

🚇 MRTサムヨート駅から車で10分
旧市街 ▶MAP 別P.4 C-1

夜は若者や観光客であふれかえる

Ⓒ クンデーン・クイジャップ・ユアン
Ⓑ カオサン・ロード

N
チャオプラヤー川

ワット・プラケオ
＆王宮

徒歩15分

ワット・ポー

Charoen Krung Rd.

サナームチャイ駅

Ⓔ フローラル・カフェ・アット・ナパソーン

❶露店ではカゴバッグなどを販売 ❷チョコバナナロティ 60B

ピンクの建物が並ぶナコンサワン通り（MAP別P.5 E-1）

旧市街のシンボル、ワット・サケット

バンコク

SIGHTSEEING

EAT

BEAUTY

SHOPPING

TOWN

STAY

Old Town 03

ランチは旧市街の名物グルメ！

昔ながらの風景の中に、ミシュランビブグルマンの食堂や屋台、人気レストランなどが点在している。おいしいランチなら旧市街が正解。

ベトナミーズ・ヌードル70B

モチモチの麺にやみつき
クンデーン・クイジャップ・ユアン C
Khun Dang Guay Jub Yuan

コシのある米粉で作るベトナム風ラーメン「クイジャップ・ユアン」が有名。ノーマルなものは60Bとお頃。

🏠 68-70 Phra Athit Rd. ☎ 085-246-0111 ⏰ 9：30〜20：30 ㊡無休 ⊗ MRT サムヨート駅から車で10分 [英語OK]
[旧市街] ▶ MAP 別P.4 B-1

旧市街MAP

海南料理の老舗
スタティップ D
Sutathip

名物の海南風春雨炒め150B

中国出身の初代オーナーがオープンした100年以上の歴史ある老舗。絶品の海南料理が味わえる。

🏠 338-342 Damrongrak Rd. (Soi Damrongrak Naris Damrat Bridge) ☎ 02-282-4313 ⏰ 8：00〜15：00 ㊡火曜 ⊗ MRT サムヨート駅から車で5分
[旧市街] ▶ MAP 別P.5 E-2

豚肉の海南ヌードル70B。太麺が特徴

A ワット・サケット

D スタティップ

Old Town 04

どこを撮ってもかわいすぎるフラワーカフェへ

タイ最大級の花市場であるパーク・クローン花市場。一帯には多くの生花店が立ち並び、店先には色とりどりの花々が飾られている。市場周辺にはカフェも。

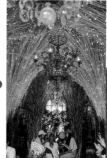

人気のフラワーカフェ
フローラル・カフェ・アット・ナパソーン E
Floral Cafe at Napasorn

1階に生花店が入るビルの2〜3階をカフェにリノベーション。花とアンティークを掛け合わせた内装にキュン。

🏠 67 Chakkraphet Rd. ☎ 099-468-4899 ⏰ 9：00〜19：00 ㊡火曜 ⊗ MRT サナームチャイ駅から徒歩5分
[カードOK] [英語OK] [旧市街] ▶ MAP 別P.4 C-3

Maha Chai Rd.

MRTブルーライン

サムヨート駅

ドライフラワーが美しい席

極彩色の中華街へトリップ

チャイナタウン

Chinatown

グルメが楽しみ

昼:◎ 夜:◎

中華系グルメの食べ歩きが楽しいエリア。寺院も見どころ。

MRTワットマンコン駅を降りるとたどり着くのは、華やかなチャイナタウン！中国の古きよきレトロな街並みが広がっている。ハイレベルなおいしさ＆リーズナブルな中華料理店や中華系スイーツ店、おしゃれカフェも満載。

- スワンナプーム国際空港から
🚗 車で約40分
- スクンビット駅から
🚗 車で約30分

A ワット・マンコン・カマラワート

ワット・マンコン・カマラワート

ワットマンコン駅

MRTブルーライン

Yaowarat Rd.

徒歩3分

B ロンググランヌア

D ロン・トウ・カフェ

Song Wat Rd.

チャオプラヤー川

Chinatown 01

カラフルな中国寺院へ

天井一面の赤い提灯がひと際華やかな寺院。願い事が叶うパワースポットとして有名で、毎日多くの人が参拝に訪れている。

❶多数の提灯の先にはご神体である釈迦如来像が祀られている ❷壁画も鮮やか

厄除けにご利益あり
ワット・マンコン・カマラワート Ⓐ
Wat Mangkon Kamalawat／龍蓮寺
1871年に建立された、バンコク最古と言われる中国の仏教寺院。3体の釈迦如来像と58の神々を祀っている。

🏠 423 Charoenkrung Rd.
🕗 8:00〜16:00（土・日曜は〜17:00） 休 無休
💴 拝観自由 MRTワットマンコン駅から徒歩3分
`チャイナタウン` ▶MAP 別P.12 B-1

ビーフヌードル270Bは揚げパンがセット

Chinatown 02

中華×タイ料理ランチを味わう

ソンワット通りで食べられるのが、台湾の定番料理である牛肉麺を、タイの汁なし麺風にアレンジしたもの。中華×タイを味わって。

汁なし細麺ビーフヌードル＋揚げパン170B

大鍋で煮込む老舗の味
ロンググランヌア Ⓑ
Rongklannuea／牛面王
築約100年の建物で牛肉煮込み料理を提供する食堂。煮込みのみにするか麺を入れるか選べる。

🏠 937/939 Song Wat Rd.
☎ 063-830-6335 🕗 10:00〜20:00 休 無休 MRTワットマンコン駅から徒歩10分 `英語OK`
`チャイナタウン` ▶MAP 別P.12 A-3

写真を撮るために開放された2階のスペース

金行が立ち並ぶヤワラート通り　　　　　　　　　　　龍にまつわる寺院、ワット・マンコン・カマラワート

バンコク

SIGHTSEEING

EAT

BEAUTY

SHOPPING

TOWN

STAY

チャイナタウンMAP

© ウォールフラワーズ・カフェ

Rama IV Rd.

© ワット・トライミット

ワット・トライミット

金色屋根の中央
の尖塔が目印

Chinatown **03**

レトロキッチュなカフェに行きたい！

観光客の多いチャイナタウンはおしゃれなカフェも充実していて、その数20件以上。雰囲気もそれぞれ個性的で、なかにはレトロかわいい店も。

お花がテーマ
ウォールフラワーズ・カフェ **©**
Wallflowers Cafe

ドライフラワーをあしらったアンティーク調の店内。エディブルフラワーを使用したスイーツを提供している。

❶ 店内1階 **❷** モクテル 250B とフルーツタルト 200B

🏠 31-33 Soi Nana Khwaeng Pom Prap ☎ 094-671-4433 🕚 11:00～18:00（バーは17:30～24:00）🈳 無休 🚇 MRT ワットマンコン駅またはフアランポーン駅から徒歩8分 カードOK 英語OK
チャイナタウン ▶MAP 別 P.13 E-2

➡ ココもおすすめ！バー・ハオ・ティアン・ミー →P.41

ヤワラートで人気
ロン・トウ・カフェ **©**
Lhong Tou Cafe

ハイシーズンには行列ができるほど人気の映えカフェ。本格的な中国茶をそろえており、ドリンクのみでもOK。

🏠 538 Yaowarat Rd. ☎ 064-935-6499 🕗 8:00～22:00 🈳 無休 🚇 MRT ワットマンコン駅から徒歩5分 カードOK 英語OK
チャイナタウン ▶MAP 別 P.12 C-2

❶ 中華風なデザインの店内 **❷** チャイニーズ・ブレックファストセット129Bほか

黄金の仏像を参拝　　写真提供：タイ国政府観光庁
ワット・トライミット **©**
Wat Trimit

13世紀中頃に建立された寺院で、高さ3m、全重量5.5トンの金でできた仏像を安置している。別名「黄金仏寺院」とも。

Chinatown **04**

ヤワラート通りの最終地点
ワット・トライミットを訪ねる

ヤワラート通りを終わりまで歩くと現れるのは、参拝者が次々と訪れる、金ピカの屋根が特徴の寺院。黄金大仏は必見！

🏠 Thanon Mittaphap Thai-China, Talat Noi, Samphanthawong 🕗 8:00～17:00 🈳 無休 拝観料40B 🚇 MRT フアランポーン駅から徒歩10分 チャイナタウン ▶MAP 別 P.13 D-3

👣 中国系の人たちは財産を金で持つことから、チャイナタウンのシンボルであるヤワラート通りには約130軒もの金行が立ち並ぶ。

スクンビット周辺

Sukhumvit

S.C.が充実！

昼：◎ 夜：◎

おしゃれなショップやカフェが充実。各国料理のレストランも多数。

ハイセンスな雑貨店やレストラン、カフェが点在するスクンビット通り周辺。在住する日本人も多く、日本人好みの店や百貨店、高級ホテルが立ち並んでいる。地元のセレブ御用達の店で存分に買い物を楽しもう！

- スワンナプーム国際空港から
🚗 車で約40分
- 王宮から
🚗 車で約20分

N

スクンビット周辺MAP

ターミナル21

アソーク駅

スクンビット駅

MRTブルーライン

BTSスクンビット線

徒歩6分

Sukhumvit Rd.

エムクオーティエ

Ⓒ ロフティー・バンブー

Ⓐ トン・スミス エムクオーティエ店

Ⓓ ケイズ

エンポリアム

Ⓑ グルメ・イーツ

プロームポン駅

Sukhumvit 01

グルメなショッピングセンター エムクオーティエを探検

海外ブランドからタイ国内の人気ブランドまでそろう、BTSプロームポン駅直結の高級デパート。レストランも多数集まるので、食事や休憩にもぴったり。

写真提供●タイ国政府観光庁

3棟からなる複合施設。夜はひと際きらびやかに

ローカルフードを高級に

トン・スミス エムクオーティエ店 Ⓐ

Thong Smith EmQuartier

ローカル料理であるボートヌードルをプレミアムな食材で提供する。オーダーは注文票に記入するシステム。

🏠693 Sukhunvit Rd. エムクオーティエ7F ☎02-003-6226 ⏰10:00〜22:00 ㊡無休 🚇BTSプロームポン駅から徒歩1分 英語OK

スクンビット周辺 ▶MAP 別P.10 C-2

ビーフ・ボートヌードル279B

ポーク・ボートヌードル179Bも人気

ウィンドーショッピングも楽しい

写真提供：タイ国政府観光庁

駅直結で便利なエンポリアム

Sukhumvit 02
フードコートなら
エンポリアムを目指すのが吉

バンコクの高級ショッピングセンターの先駆け的存在。人気店が集まるフードコートが評判。

人気店がココに集結
グルメ・イーツ Ⓑ
Gourmet Eats

ビブグルマンの常連店が集結する大型フードコートがあり、本店に行かずとも絶品グルメを味わえるのがうれしい。

「ナイウアン」のイエンタフォー100B

「オントン」のカオソーイチキン109B

🏠 622 Sukhumvit Rd. エンポリアム4F
☎ 02-269-1162 🕐 10:00～22：00 🈔 無休
🚇 BTS プロームポン駅直結 英語OK
スクンビット周辺 ▶MAP 別P.10 C-2

➡ココもおすすめ！ピア21 →P.58

Sukhumvit 03
雑貨やコスメがそろう
人気ショップに寄り道

手作り雑貨が並ぶ店や、センスのよいセレクトショップなどが点在。スクンビット通りから路地に入って散策するのもおすすめ。

エスニックなアイテムが多彩
ロフティー・バンブー Ⓒ
Lofty Bamboo

日本人のオーナー夫婦が営む雑貨店。オリジナルデザインの雑貨や洋服、アクセサリーはぜひおみやげにしたい。

🏠 2F 20/7 Sukhumvit 39 Rd. ☎ 02-261-6570 🕐 9：30～18：30 🈔 無休
🚇 BTS プロームポン駅から徒歩5分
カードOK 英語OK 日本語OK
スクンビット周辺 ▶MAP 別P.10 C-2

タイ語のトートバッグ各330B

➡ココもおすすめ！アーモン・ショップ →P.70

Sukhumvit 04
ひと休みカフェは
南国っぽさ重視！

フルーツバスケットアイスティー160B

バンコクで注目を集めているのが欧米風のブランチを提供するカフェ。なかでも南国リゾートホテルのような、雰囲気がよい店が人気！

緑に包まれた人気カフェ
ケイズ Ⓓ
Kay's

3店舗展開するカフェの2号店。料理も雰囲気もよく、フレンチトーストが絶品と評判が高い。支払いはキャッシュレス決済のみ。

🏠 49/99 Sukhumvit 49 Rd. ☎ 095-859-4496 🕐 7：30～22：00 🈔 無休 🚇 BTS プロームポン駅から徒歩15分 カードOK
英語OK
スクンビット周辺
▶MAP 別P.11 D-2

ゆったりくつろげるソファ席

エムクオーティエはエンポリアムの2号店。どちらもBTSプロームポン駅直結で、線路を挟んで両側にある。

バンコク
SIGHTSEEING
EAT
BEAUTY
SHOPPING
TOWN
STAY

サイアム周辺

巨大ショッピングセンターの聖地！

Siam

お買い物が楽しい

大型ショッピングセンターやブランドショップ、高級ホテル、グルメスポットなどが集結するサイアムはバンコクNo.1の繁華街。バンコクのトレンドの発信地であり、地元の若者や観光客でにぎわっている。

- スワンナプーム国際空港から
🚗 車で約50分
- スクンビット駅から
🚃 電車で約20分

昼：◎ 夜：◯

高級ブランドや大型スーパー、ホテルやレストラン、スパなどが勢ぞろい。

Siam 01

一日遊べるサイアム・パラゴンに入り浸る！

国内外のブランドや雑貨ショップ、各国料理のレストランなど約350店が入る大型施設。地下には屋内型水族館もある。

店内もフォトジェニック
トンヨイ・カフェ
Thongyoy Cafe
ファッションデザイナーが手掛けるカフェで、タイの伝統的なお菓子を洋菓子のようにおしゃれにアレンジしている。

🏠サイアム・パラゴンGF 📞064-110-6561

バナナの葉を器にしたココナッツプリン100Bなどが人気

ショップもグルメも充実
サイアム・パラゴン A
Siam Paragon
🏠991 Rama I Rd. 📞02-690-1000 🕙10:00~22:00 ㊡無休
🚉BTSサイアム駅から徒歩1分
カードOK 英語OK サイアム周辺 ▶MAP 別P.6 B-2

写真提供：タイ国政府観光庁

BTSサイアム駅直結で好立地。休憩がてら立ち寄るのも◎

Siam 02

パワースポットもある大型モールに潜入！

大型モールに集まるショップはなんと500店以上。百貨店や映画館、ホテルも入っている。目の前にはトリムルティの祠などのパワースポットも。

駅からスカイウォークで直結
セントラル・ワールド B
Central World
83万㎡とバンコク最大規模を誇る大型ショッピングセンター。敷地内では屋台や露店などの催しが開かれ、常ににぎやかな雰囲気。

🏠999/9 Rama I Rd. 📞02-640-7000
🕙10:00~22:00 ㊡無休 🚉BTSチットロム駅直結
サイアム周辺 ▶MAP 別P.6 C-2

敷地内には勉学の神であるガネーシャ像も（→P.34）

Siam 03

ひと休みするならジューススタンドへ！

サイアム・パラゴンの向いにあるサイアム・スクエアは、たくさんの店が集まる小さな街のようなエリア。お買い物途中の休憩に。

カラフルな店内がかわいい

テーマはクルアイ（バナナ）！
クルアイ・クルアイ C
Kluay Kluay
サイアム・スクエア内のリド・コネクト2階にある。甘みの強いタイ産のバナナを中心としたドリンクやスイーツを提供している。テイクアウトのほか、小さな店内でイートインも可能。

サイアム周辺 ▶MAP 別P.6 B-2
→P.61

写真提供：タイ国政府観光庁

サイアム・パラゴンは一日いても飽きないほどの充実ぶり　　エラワンホテル前にある祠、プラ・プロム

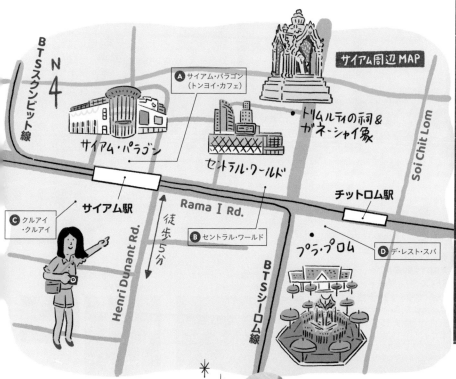

サイアム周辺MAP

BTSスクンビット線

N4

Ⓐ サイアム・パラゴン（トンヨイ・カフェ）

サイアム・パラゴン

セントラル・ワールド

・トリムルティの祠＆ガネーシャイ象

Soi Chit Lom

チットロム駅

Rama I Rd.

サイアム駅

徒歩5分

Ⓒ クルアイ・クルアイ

Ⓑ セントラル・ワールド

プラ・プロム

Ⓓ デ・レスト・スパ

Henri Dunant Rd.

BTSシーロム線

むくみが取れるフットマッサージは60分で690B

夜景も楽しめるスパ
デ・レスト・スパ Ⓓ
De Rest Spa

タイ古式からスウェーデン式までバラエティに富んだメニューが魅力。施術は個室で受けられ、2人同時に受けられるカップルルームも。

バンコクの夜景を楽しめる

バンコク

◎ SIGHTSEEING

🍴 EAT

✦ BEAUTY

🛒 SHOPPING

🚶 TOWN

🏨 STAY

Sukhumvit 04

駅直結のカジュアルスパで癒される

街のいたる所にマッサージ店があり、リーズナブルな価格で本格的な施術を受けることができる。歩き疲れたら体をほぐしに訪ねてみよう。

🏠 518/3 Phloen Chit, Maneeya Center North 3F ☎ 02-652-0636 🕚 11:00〜23:00 ㊡ 無休 🚇 BTSチットロム駅直結

サイアム周辺 ▶MAP 別P.7 D-2

👯 カジュアルなスパはマッサージ師のレベルが店によりさまざま。予約・入店前に口コミをチェックしよう。　　87

旬のトレンドホテルからカジュアルホテルまで！
タイプ別・人気ホテルにステイ

世界各国から観光客が訪れるバンコクは素敵なホテルが充実。景色が最高なホテルに、おしゃれなデザインのホテルなど人気のホテルをタイプ別に紹介！

最旬 **01**
話題のトレンド
ホテルに泊まりたい！

日々アップデートを続けるバンコクには、世界的にもトレンドの最前線をいくホテルが続々登場。なかでも話題の2つはこちら！

2022年7月
オープン！

旅のワクワク感を駆り立てる
ハイセンスなホテルにステイ

駅近の高層ビル内にある！

★★★★★
最旬の5つ星ホテル
ザ・スタンダード・
バンコク・マハナコーン
The Standard, Bangkok Mahanakhon

バンコクのアイコンになっている高層ビルの1〜18階に入居するホテル。アートピースで飾られたロビーやレトロポップな客室など、ユニークなデザインに注目。

🏠 114 Narathiwas Rd.　📞 02-085-8888
🕐 1泊1室5500B〜　🛏 155室
🚇 BTSチョンノンシー駅から徒歩5分
カードOK　英語OK
シーロム周辺　▶MAP別P.8 B-2

 What Is

キングパワー・
マハナコーンって？

地上314m、バンコクで2番目に高い78階建て高層ビル。ホテルのほか商業施設や飲食店、住宅を収容している。78階には屋外展望台も。
>>>P.24

 トレンド **①** 地上78階からバンコクの夜景を一望できる！

夜景なら最上階にあるタイで最も高い展望台、マハナコーン・スカイウォークへ。

トレンド **②** どこをとっても素敵すぎる！フォトジェニックな館内

デザインを手掛けるのはスペイン人アーティスト。エントランスやエレベーターも目を引く。

 トレンド **③** 緑豊かなプールはまるで天空のオアシス

6階には緑豊かなアウトドアプールとフィットネスセンター、バーがある。

トレンド **④** アイコニックなグルメアドレスがずらり

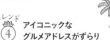

遊び心あふれる飲食店が7つ。レトロなティールーム「Tease」などバンコクの最旬が集まる。

バンコクのホテル事情

バンコクは比較的安くて5つ星ホテルに泊まれる都市だが、強気な価格のラグジュアリーホテルも増加している。

新しいホテルが続々と誕生

大型シティホテルやブティック系ビジネスホテルなど、個性的な魅力を放つホテルが絶賛建設ラッシュ中。

中心部にもリーズナブルなホテル多数！

バンコク旅行に便利な中心部にも、駅から近くてリーズナブルに泊まれるホテルが多く、コスパよく滞在できる。

ガーデンが見渡せるプール

2020年10月オープン！

まるで南国リゾートなガーデンに癒される

バンコク
SIGHTSEEING
EAT
BEAUTY
SHOPPING
TOWN
STAY

★★★★★

トロピカルがテーマの最旬ホテル

キンプトン・マーライ・バンコク

Kimpton Maa-Lai Bangkok

バンコク中心部のランスアン通りに誕生した40階建てのラグジュアリーホテル。ルンピニ公園を見渡す景観や、最上階のルーフトップバーなど魅力満載。

🏠 78 Soi Ton Son, Lumpini
☎ 02-056-9999 ⓢ 1泊1室7010B ～ ⓡ 231室 ⓐ BTSシーロム駅から車で10分
カードOK 英語OK
シーロム周辺 ▶MAP別 P.9 E-1

トレンド ① **洗練されたミニマムな客室は居心地バツグン**

モダンなデザインの客室は、タイの伝統的なデザインがアクセントになっている。

トレンド ② **40階のルーフトップバーはトロピカルなムードが新鮮！**

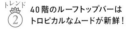

40階のルーフトップバー「バーヤード」では青空の下、南国感溢れる雰囲気で食事ができる。

トレンド ⑤ **アートを散りばめた館内散策にうっとり♪**

館内の至るところにアートやタイの職人手作りのインテリアが。

トレンド ③ **図書館をテーマにしたラウンジのアフタヌーンティーがかわいすぎる！**

30階のラウンジ「ライブラリー」では、本をモチーフにした2つのアフタヌーンティーを提供。

トレンド ④ **ルンピニ公園を見渡すインフィニティプール**

青々とした緑にいやされる、大人な雰囲気のインフィニティプール。

にステイ

都市型
ラグジュアリー
ホテル

02
憧れの**ハイエンド**
に泊まりたい！

一度は泊まりたい高級ホテルも、バンコクなら日本に比べてリーズナブルにステイできる。ハイレベルなサービスで非日常を味わって。

リバーフロントの隠れ家ホテルで
シティもリゾートも満喫

チャオプラヤー
川の目の前！

★★★★★

カペラ・バンコク
Capella Bangkok

チャオプラヤー川に面した都市型ラグジュアリーホテル。"友人の邸宅のようにくつろげる場所"というコンセプトが、ダイニングなど館内の至るところに反映されている。

🏠 300/2 Charoenkrung Rd.
☎ 02-098-3888 料 1泊1室2万2500B
〜 室 101室 交 BTSサバーンタクシン
駅から徒歩10分 カードOK 英語OK
チャオプラヤー川周辺 ▶MAP 別 P.3 E-2

憧れ ① **全室リバービュー＆バルコニー付き！**

バルコニーでは大きなソファベッドでくつろげる。ジャグジー、プール付きの部屋も。

憧れ ② **最高のグルメ体験を提供する**
ミシュラン星付きレストラン

ミシュラン1つ星の地中海料理レストラン「Côte」で、バンコクの最新フレンチを体験！

憧れ ④ **世界的パティシエが手がける**
アフタヌーンティー

ラウンジで提供する「カペラ・シグネチャー・ハイティー」は2名用3200B。和を意識したスイーツも。

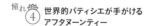

憧れ ③
充実のウェルネス
施設が使い放題

立ち湯やジャグジーを備えたサウナがあり、予約なしで利用できる。専用ウェアも完備。

憧れ ⑤ **アートが点在する館内は**
まるでギャラリー

パブリックスペースに飾るのは地元アーティストの作品。タイの歴史文化を表現した作品も。

ラウンジで優雅なひととき♪

バンコクで最も歴史ある老舗ホテル

美しく品格ある老舗ホテルでワンランク上の旅を

憧れ① モーニングは優雅に川沿いのテラスで

朝食は屋外テラス席のある「ザ・ヴェランダ」へ。朝日が水面に輝いて爽やかな朝を演出。

憧れ② 緑あふれるプールサイドで南国リゾート気分を味わう

南国植物に囲まれたエキゾチックなプール。プールサイドのベッドでのんびり過ごせる。

★★★★★

1世紀以上愛され続ける名門ホテル

マンダリン・オリエンタル・バンコク

Mandarin Oriental, Bangkok

約150年前にチャオプラヤー川のほとりで創業した歴史あるラグジュアリーホテル。2019年には施設最大のリバーウイングを一新。品格ある華やかな館内が特徴。

🏠 48 Oriental Avenue
☎ 02-659-9000 ¥ 1泊1室2万4650B
～ 🛏 331室 🚉 BTS サパーンタクシン駅から車で5分 [カードOK] [英語OK]
[チャオプラヤー川周辺] ▶MAP別P.14 B-2

憧れ③ レトロモダンな客室でリバービューを独り占め!

331室全てがリバービューのお部屋に。ジム・トンプソンのシルクを採用した装飾がおしゃれ。

憧れ④ クラシカルなラウンジで味わうアフタヌーンティー

「オーサーズ・ラウンジ」では、シーズナルと定番の2種を提供(それぞれ1650B)。

憧れ⑤ 世界的に有名なジャズバーの生演奏にうっとり♪

1953年に開業した「ザ・バンブーバー」。生演奏が行われ、世界中からジャズ愛好家が訪れる。

「ザ・バンブーバー」では、日曜日を除く毎晩21:00から世界的な演奏者と歌手によるライブを開催。ドレスコードは要チェック。

ライフスタイル
ホテル

リーズナブルなおしゃれ
ホテルに泊まりたい！

リーズナブルなホテルは豊富なバンコク。リノベーションホテルやプール付きなど、コスパのよいおしゃれなホテルをラインアップ！

モーテルみたいなおしゃれホテルがとにかく映える！

朝食は居心地のよいカフェで！

1. ゲストルームはシンプルかつシックな色合いを基調にしたデザイン。落ち着きある雰囲気でくつろげる 2. 朝食は1階のカフェで提供。洋食やタイ料理などバリエもさまざま

★★★★
リーズナブルで長期ステイにも

ジョシュ・ホテル
JOSH HOTEL

"地域コミュニティを盛り上げる拠点"がテーマ。館内にはカフェやバーを、近隣には居酒屋スタイルの飲食店やドーナツ店を展開。アメリカのモーテルを彷彿とさせるレトロおしゃれなデザイン。

🏠 19/2 Phaholyothin Rd.
☎02-102-4999 🅟1泊1室1400
B〜 🛏71室 🚉BTSアーリー
駅から徒歩12分
カードOK 英語OK
バンコク北部 ▶MAP別P.3 E-1

ココがスペシャル！
雑誌の撮影にも使われるレトロおしゃれなデザイン
レトロアメリカンな雰囲気のプールなど雑誌の撮影に採用されるほどフォトジェニック。

コロニアル
ホテル

レトロ映画のような世界観にときめく

トイレ＆シャワールームも広々

すりガラスで囲まれたトイレ＆シャワールーム。壁と床はシックな大理石

ココがスペシャル！
100年以上の歴史ある洋館でタイムスリップ気分を堪能
100年以上前に銀行として造られたコロニアルスタイルの建物を改装。レトロな雰囲気が残る。

★★★★★
憂いを帯びたビンテージホテル

ザ・ムスタング・ブルー
The Mustang Blu

19世紀に建てられた古い洋館を、ファッション業界でキャリアを積んだタイの女性オーナーがセンスあふれるホテルにリノベーション。長い間、建物に刻まれた傷や古さを活かしている。カフェも併設。

🏠 721 Maitri Chit Rd. ☎062-293-6191
🅟1泊1室6500B〜 🛏10室
🚉MRTフアランポーン駅から徒歩5分
カードOK 英語OK
チャイナタウン ▶MAP別P.13 E-2

部屋の中にバスタブがあるのもムード満点。猫足のバスタブなど、形は部屋により異なる

ロビーにはビンテージ家具に混じり、動物の剥製や骨格の標本が飾られている

内装は昔の中国をイメージ

1階のバーでは、中国茶やカクテル、屋台料理をベースにしたフードを提供

チャウナタウンの住宅に泊まる

バー・ハオ・レジデンス
Ba Hao Residence

約60年前に建てられた、店舗と住居が同居したショップハウスを改装。1階は70年代のチャイナタウンをイメージしたバー、2階は共有リビング、3・4階は客室になっている。

🏠 8 Soi Nana Mitrichit Rd.
☎ 062-464-5468
🛏 1泊1室3500B〜 🚪2室
🚇 MRTワットマンコン駅またはフアランポーン駅から徒歩8分
[カードOK] [英語OK]
[チャイナタウン] ▶MAP別P.13 E-2

中華スタイルホテル

チャイナタウンに溶け込む隠れ家宿にステイ！

ココがスペシャル！

ワンフロア1室だからプライベート感満点！
3階と4階の各フロアがスイートルームに。3階はシティビュー、4階はバルコニー付き。

冷蔵庫やコーヒーマシンのある2階の共用スペース。パンやシリアル、フルーツの用意も

クイーンベッドの備わる3階のスイートルーム。大きな窓から自然光が差して心地よい

リバーサイドホテル

神殿のようなプールが美しすぎる！

★★★★
フォトスポットとしても話題

アウェイ・バンコク・リバーサイド・ケーネ
Away Bangkok Riverside Kene

ホワイトを基調としたフォトジェニックなホテルで、ウェディングフォトを撮る人の姿も。プールはどこを撮っても絵になり、こちらも撮影スポットとして人気。

🏠 1 Charoen Nakorn 35 Alley
☎ 02-437-2168 🛏 1泊1室2295B〜
🚪 169室 🚉 BTSクルントンブリー駅から車で5分 [カードOK] [英語OK]
[チャオプラヤー川周辺] ▶MAP別P.3 D-2

ココがスペシャル！

朝食はチャオプラヤー川を望むレストランで！
チャオプラヤー川沿いのレストランで提供される朝食は洋食を中心としたブッフェスタイル。

プールのあとはカフェでひと息

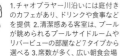

1.チャオプラヤー川沿いには庭付きのカフェがあり、ドリンクや食事などを提供 2.清潔感ある客室は、プールが眺められるプールサイドルームやリバービューの部屋など7タイプから選べる 3.席数が多く、広い朝食会場

🙏 ジョシュ・ホテルには、専用キーで入る遊び心満載の秘密のバーも。カクテルの味も本格的で何度も通いたくなる。

壮大なスケールに圧倒される!
世界遺産の都 アユタヤで
タイムスリップ気分♪

バンコクからは片道1時間。日帰りで行けて、タイの中でも人気スポットの一つとして知られるアユタヤ。見どころは世界屈指のスケールを誇る遺跡群で、ユネスコ世界遺産にも登録されている。遺跡は町の中に点在しており、美しく神秘的な景色は一見の価値あり!

世界
遺産

見渡す限り遺跡!

1.木陰が少ない遺跡周辺は日差しに注意。帽子やサングラスを着用し、こまめな水分補給を 2.美しい寺院は人気のフォトスポット

アユタヤへのアクセス

● 鉄道で
バンコクのクルンテープ・アビワット駅発着。所要時間は列車によって約60〜75分。時間・座席ともに指定制で、エアコン付きの特急2等車は176B〜。

● ロットゥー（ミニバス）で
北バスターミナル（モーチット・マイ）発着。5〜20時の間に30分間隔で運行し、所要時間は約90分。料金は56B〜。

● タクシーで
ドライバーと交渉してもOKだが、Grabアプリやホテルのコンシェルジュで依頼すると安心。所要時間は約90分、料金は1200〜1500Bほど。

現地での移動

● トゥクトゥクで
鉄道駅や主要な遺跡の周辺にて、数台待機している。1回の乗車は80〜100Bが相場。チャーターすることも可能で、1時間あたり200〜300Bを目安に交渉しよう。

● レンタサイクルで
鉄道駅周辺や旧市街の街中にもレンタサイクルショップが点在している。料金は1日50Bほど。時間に縛られず、自由に散策できるのが利点。アユタヤの日差しはかなり強烈のため、帽子＆サングラスが必須!また、6〜10月の雨季は突然のスコールに見舞われるリスクも。

ワット・ナー・プラメーン
Wat Na Phramen

P.97
ブッサバー・カフェ＆ベイク・ラボ
Busaba Cafe & Bake Lab

P.96 ワット・ラチャブラナ
Wat Ratchaburana

メー・プラニー・ボートヌードル P.96
Mae Pranee Boat Noodle

ワット・ター・カー・ローン
Wat Tha Ka Rong

ワット・タンミカラート
Wat Thammikarat

チャオプロム市場

P.98 ワット・プラ・シー・サンペット
Wat Phra Si Samphet

ワット・プラ・マハタート P.97
Wat Phra Mahathat

アユタヤ駅 P.
Ayutthaya
Station

P.98 ワット・ロカヤ・スター
Wat Lokkaya Sutha

ワット・プララーム
Wat Phra Ram

P.99 アユタヤ・エレファント・パレス＆ロイヤル・クラール
Ayutthaya Elephant Palace & Royal Kraal

クルンシー・リバー・ホテル
Krungsri River Hotel

チャオサームプラヤー国立博物館

ナイトマーケット P.99
Night Market

プラナコン・シー・アユタヤ
ラジャバート大学

チャオプラヤー川
Mae Nam Chaophraya

五大遺跡 #5

ワット・パナン・チューン
Wat Phanan Choeng

ワット・チャイ・ワッタナーラーム P.98
Wat Chai Watthanaram

サラ・アユタヤ P.99
Sala Ayutthaya

バーンカチャ水上マーケット

ワット・プッタイサワン
Wat Putthaisawan

N

アユタヤ
0 250 500m
1:40,000

アユタヤってどんなところ？

ウートン王によって建都された1350年から、1767年にビルマ軍によって破壊されるまでの417年間、タイの中心としとして発展してきたアユタヤ王朝の都。チャオプラヤー川とその支流に囲まれた場所にあり、ヨーロッパと東アジアを結ぶ貿易都市として繁栄していた。

Ayutthaya

バンコクからわずか90分！神秘的な景色にうっとり

How To

アユタヤはこう楽しむ！

1. 五大遺跡は必見！

遺跡は無限にあるが、短い時間で効率よく回るなら、中でも人気の「五大遺跡」と呼ばれる5つの寺院に絞って観光しよう。

2. ベストシーズンは11〜2月

11〜2月は乾季かつ、比較的涼しくて過ごしやすい。ちなみに3〜5月は猛暑日が多く、6〜10月は雨季のため雨具が必須だ。

3. 上着＆ロング丈がマスト

寺院巡りが主になるアユタヤでは、露出の多い服装はNG。上着の持参と、ロング丈のパンツまたはスカートを着用しておこう。

4. ゾウと触れ合える施設がたくさん

アユタヤで人気のアクティビティがエレファントライド。旧市街地にはゾウ乗り体験ができるスポットが複数点在する。

5. 日本語ガイド付きツアーもおすすめ

バンコクからの移動もスムーズで、各遺跡の歴史背景やそれぞれの遺跡が持つストーリーをより深く知ることができる！

まるで絵画のような写真が撮れるのも魅力

鉄道でアユタヤ日帰りトリップ！

バンコクからアユタヤまでは鉄道で約1時間で行けるので、朝からアユタヤに向かえば一日たっぷりと観光できる。現地で効率よく名所を巡るためのベストプランを解説！

おすすめ日帰りプラン

8:30	バンコクのクルンテープ・アピワット駅出発
10:00	アユタヤ駅に到着
10:30	アユタヤ名物のボートヌードルでランチ
11:30	▲五大遺跡#1 ワット・ラチャブラナ
12:30	▲五大遺跡#2 ワット・プラ・マハタート
13:00	世界遺産を望むカフェでティータイム
14:00	▲五大遺跡#3 ワット・プラ・シー・サンペット
15:00	▲五大遺跡#4 ワット・ロカヤ・スター
16:00	▲五大遺跡#5 ワット・チャイ・ワッタナーラーム
17:00	アユタヤ駅を出発
18:30	バンコクのクルンテープ・アピワット駅到着

🕙 10:00 アユタヤ駅に到着

鉄道での道中は、車窓から広がるタイの古きよきのどかな風景が楽しめる。景色に癒されながら、あっという間に到着！

Photo Spot 📷

クラシカルな雰囲気の待合所

レトロなタイルにベンチが並び、天井の高い大きな待合室はノスタルジックなムード満点。

Ayutthaya Station

🏠 Phra Nakhon Si Ayutthaya District
▶MAPP.94

1. 写真映えするレトロな駅舎 2. 駅にはフリーWi-Fiもあり待ち時間も快適 3. 現地での移動は駅周辺に常時待機するトゥクトゥクが便利

🕙 10:30 アユタヤ名物のボートヌードルでランチ

かつて船上で売られていた麺料理。町には専門店が点在していて、人気店は行列ができることもしばしば。早めの来店で行列を回避！

Must Eat 🍴

クイッティアオ・ルア

40Bで食べられる人気の一杯。具材や麺を選べ、牛（ヌア）と中細麺（センレック）がイチオシ。

1. 小盛りでペロリと食べられる。1杯分は日本のラーメンの3分の1ほど。1人、平均2〜3杯は食べるそう 2. 店先のキッチン 3. 巨大な鍋で手際よく調理

メー・プラニー・ボートヌードル
Mae Pranee Boat Noodle

🏠 14/6 Tambon Hua Ro ☎ 062-415-4626 🕐 8:00〜16:00
㊡ 火曜 🚗 アユタヤ駅からトゥクトゥクで10分
▶MAPP.94

Photo Spot 📷

正門の入口がベスポジ！

どこを切り取っても美しい寺院だが、とくに正門前で撮影するとムードたっぷりに仕上がる。

絵画のような写真が撮れる

WARNING!

撮影のマナーを守ろう

仏像のそばで記念撮影する際は、自分の頭が仏像の頭よりも高い位置にならないように注意!

木に覆われた仏像の頭が神秘的

木の根元に取り込まれた穏やかな表情の仏頭

🕐 12:30

ワット・プラ・マハタート

現在は廃墟と化した、13世紀を代表する重要な仏教寺院の遺跡。長い年月を経て、菩提樹の木の根の間に埋め込まれた仏像の頭が見どころ。

Wat Phra Mahathat

🏠 Naresuan Rd. Thambon Thawasukri　🕘 8:00〜18:00
Ⓗ 無休　💰 拝観料 50 B
🚗 アユタヤ駅からトゥクトゥクで12分
▶ MAP P.94

かつては塔の頂上が黄金に輝いていたという

次のページに続く

🕐 13:00

世界遺産を望む
人気カフェでティータイム

アユタヤにはおしゃれなカフェが急増中。ワット・ラチャブラナの真向かいにあるカフェで、世界遺産の仏塔を眺めながらエネルギーチャージしよう。

最も景観の良い3階の窓際がベストスポット

ブッサバー・カフェ&ベイク・ラボ
Busaba Cafe & Bake Lab

🏠 9 25 Chikun Alley Thambon Thawasukri
☎ 064-040-3353　🕘 9:00〜18:00　Ⓗ 無休
🚗 アユタヤ駅からトゥクトゥクで12分　英語OK
▶ MAP P.94

Must Eat 🍴

自家製の焼き菓子

店内で焼かれる自家製シフォンケーキなどの焼き菓子がシグネチャー。種類豊富で選ぶのも楽しい。

🕐 11:30

ワット・ラチャブラナ

1424年に建築。大部分が破壊されているものの門の先に佇む仏塔は感動的。タイ最古と言われる壁画も必見だ。フォトスポットとしても注目されている。

Wat Ratchaburana

🏠 Chikun Alley Thambon Thawasukri
🕘 8:00〜18:00　Ⓗ 無休
💰 拝観料 50 B　🚗 アユタヤ駅からトゥクトゥクで12分
▶ MAP P.94

1. 門をくぐるとクメール様式の仏塔が目の前に 2. 門をフレームに見立てて撮影

1. アイスキャンディをトッピングしたココナッツ・フロート130Bがイチオシ 2. 緑の看板が目印 3. バターケーキは各100B

前のページの続き

🕐 14:00

ワット・プラ・シー・サンペット

アユタヤ王朝初代王が建てた王宮跡地にある、王室の守護寺院の遺跡。約40mの仏塔が3基並び、アユタヤで最も美しいと称される。

五大遺跡 #3

Wat Phra Si Samphet
🏠 Naresuen Rd.
⏰ 8:00〜18:00 ㊡ 無休
🎫 拝観料50B
🚗 アユタヤ駅からトゥクトゥクで12分
▶ MAP P.94

アユタヤを代表するアイコニックな風景

1. 敷地が広く、入口から仏塔までは徒歩10分ほど 2. 先端まで原型を保っている仏塔はレア

五大遺跡 #4

巨大涅槃仏のスケールに息を呑む！

Photo Spot 📷

大小異なる涅槃仏を撮影

大きな涅槃仏の手前には、小さな涅槃仏が。一緒に撮影するといかに巨大か、わかりやすい！

🕐 15:00 ワット・ロカヤ・スター

アユタヤの西方、クンペーン・ハウスの北側にある広大な草原に突如として現れるのが、高さ5m、全長28mの巨大な涅槃仏。80歳で入滅した仏陀を表している。

Wat Lokkaya Sutha
🏠 199/29 U Thong Rd. ⏰ 24時間 ㊡ 無休
🎫 参拝自由 🚗 アユタヤ駅からトゥクトゥクで15分
▶ MAP P.94

1. 表情は静かに笑みを浮かべているかのよう 2. 涅槃仏の背後には破壊された遺跡が辛うじて残る

🕐 16:00 ワット・チャイ・ワッタナーラーム

敷地中央に主塔がそびえ立ち、四方に4基の塔堂を従えたアンコール・ワット様式の寺院。修復作業により美しい寺院の姿を取り戻している。

Wat Chai Watthanaram
🏠 Tambon Bam Pom ⏰ 8:00〜18:00 ㊡ 無休
🎫 拝観料50B 🚗 アユタヤ駅からトゥクトゥクで15分
▶ MAP P.94

アユタヤいち華麗な景観が広がる

五大遺跡 #5

1.3. 近辺に点在する伝統衣装のレンタルショップでは、プロカメラマンが撮影するプランも選べる 2. 夕景スポットとしても有名

Must Try 🎵

伝統衣装のレンタル

遺跡の周りには、タイの民族衣装のレンタルショップが。予約不要で、着付けしてくれる。

五大遺跡の中でもダントツの広さを誇る

アユタヤをもっと！楽しむ方法 4選

日帰りでも楽しめるアユタヤだが、時間があれば、ホテルにステイして1泊2日でゆっくりと回るのもアリ。遺跡のライトアップやナイトマーケットなど、夜も楽しみが満載！

1 遺跡ビューの客室＆レストランが大人気！ サラ・アユタヤにステイ

アユタヤでステイしたいのは、タイ各地でブティックホテルを展開するSalaブランドの中でも最高峰と評される「サラ・アユタヤ」。遺跡にインスパイアされた赤煉瓦の壁がドラマチック！

1.赤煉瓦の壁はフォトスポットとして人気 2.モダンなリゾート仕様の客室。チャオプラヤー川に面した客室は10部屋あり、窓から遺跡が見える部屋も 3.プール付きなのもうれしい 4.宿泊客以外も利用可能な、対岸に遺跡を望むリバーサイドのレストラン

サラ・アユタヤ
Sala Ayutthaya

🏠 9/2 Moo 4, U-Thong Rd. ☎ 035-242-588 🏷 デラックス・リバー・ビュー 8000B〜 🛏 26 🚗 アユタヤ駅からトゥクトゥクで10分 英語OK カードOK ▶MAP P.94

2 幻想的なムードに気分が高まる！ 遺跡のライトアップは必見

一部の遺跡では、19〜21時の間にライトアップ。暗闇とのコントラストが感動的で、昼間とは異なる魅力を放つ。寺院の敷地には入れないため、外から楽しもう。

● ライトアップする主な寺院
ワット・ラチャブラナ　　　　ワット・プラ・シー・サンペット
ワット・プラ・マハタート　　ワット・チャイ・ワッタナーラーム

3 ローカルなナイトマーケットを体験

小腹が空いたらナイトマーケットへ。串焼きやアユタヤ名物の川エビのグリルなど、ローカルフードの屋台がずらりと並ぶ。

🏠 Bang Ian Rd. 🚗 アユタヤ駅からトゥクトゥクで10分 ▶MAP P.94

1.ワット・プラ・マハタートから徒歩約3分 2.地元の人や観光客で連日にぎわう 3.食欲そそる川エビのグリルなど地元の名物も多数

4 遺跡を背景に写真撮影も！ ゾウと触れ合う

アユタヤで人気のアクティビティの一つが、エレファントライド。ゾウの背中に乗って遺跡が建ち並ぶ旧市街地を散策すれば、一味違ったアユタヤの景色と出会える。

アユタヤ・エレファント・パレス＆ロイヤル・クラール
Ayutthaya Elephant Palace & Royal Kraal

🏠 Pha Thon Rd. ☎ 086-901-3981 🕘 9:00〜17:00 🈚 無休 🚗 アユタヤ駅からトゥクトゥクで10分 ▶MAP P.94

1.この看板が目印。料金は10分200B 2.ゾウの背骨を損傷してしまうことから、近年ではエレファントライドに反対する声が挙がっている

バンコクから2時間で行ける！
にぎやかな南国ビーチが広がる
パタヤでリゾート気分を満喫

バンコクから南東へ約160km、タイ湾に面するリゾートタウン・パタヤ。バンコク市内からのアクセスも良好で、車だと約2時間、スワンナプーム空港から約1時間30分で到着する。ビーチ遊びはもちろん、ショッピングもグルメも味わい尽くすプチトリップへGO！

🛕 What Is

パタヤってどんなところ？

かつては小さな漁村だったパタヤ。1960年代にリゾートとして整備が進められ、現在ではアジアを代表するビーチリゾートとなっている。

🛕 How To

パタヤはこう楽しむ！

1. 1泊してビーチもタウンも堪能

メインロードであるパタヤ・ビーチ沿いにはホテルや飲食店、ショッピングセンターが立ち並ぶ。にぎやかで夜更かしも楽しい。

2. ベストシーズンは11～3月

パタヤの気温は年間通じて大きな変化はなく、平均28℃ほど。なかでも乾季である11～3月は晴れた日が多く、観光にはベスト。

メインストリートは、パタヤ・ビーチ沿いのビーチロード。一日中にぎやか

バンコクから2時間で行ける
世界屈指のビーチリゾート

🌴 パタヤへのアクセス

● **タクシーで**
バンコク市内から1時間30分～2時間。料金は交渉制で1500~2000Bが目安。ホテルのスタッフに交渉をお願いしても。

● **バスで**
BTSエカマイ駅近くのバンコク東バスターミナル（別P.11 F-3）から2時間30分。片道131Bで1時間おきに運行している。

🌴 現地での移動

● **ソンテウで**
パタヤ・ビーチ周辺やジョムティエン・ビーチ周辺を周回する乗り合いタクシー。好きな場所から乗り降りできる。乗るときは手を挙げて止め、降りるときは押しボタンで知らせる。1回30B。

● **バイクタクシーで**
料金は交渉制。目安は約10分の距離で50Bほど。流しの乗用車タクシーはいないので注意。

● **Grabで**
タクシーまたはバイクの配車アプリ。料金も安く、カード決済が可能。

パタヤ
0 2.5 5km
1:38,000

● ラーン島 P.104
　Koh Lan

バリハイ桟橋

P.103 インターコンチネンタル・パタヤ・リゾート
　　　 InterContinental Pattaya Resort

● ウォーキング・ストリート P.102
　Walking Street

P.102 カオ・プラ・タムナック
　　　 Khao Phra Tamnak

● パタヤ・ビーチ P.101
　Pattaya Beach

P.101 チェー・トゥーム

センタラ・グランド・ミラージュ・ビーチリゾート・パタヤ

ジョムティエン・ビーチ

● ケプト・バンサライ・ホテル・パタヤ

P.103 ケイヴ・ビーチ・クラブ

モーベンピック・サイアム・
ホテル・ナ・ジョムティエン

ナクルア・ビーチ

サンクチュアリ・オブトゥルース

クラティン・ビーチ

P.102 テパシット・
ナイトマーケット

イルカ水族館パタヤ

● ノンヌット・トロピカル・
ボタニカル・ガーデン P.102
　Nongnooch Tropical Botanical Garden

エレファント・ビレッジ

パタヤ・
ゴルフ場

ラーマヤナ・ウォーター・パーク

パタヤ・シープ・ファーム

ビーチもタウンも！
1泊2日で見どころを制覇

日中はメインスポットとなるパタヤ・ビーチで遊び、周辺散策を楽しもう。
海沿いの街ならではのグルメや開放感たっぷりなカフェにも立ち寄りを。
夜はタイ定番のナイトマーケットやネオン街を散策！

おすすめ1泊2日プラン

DAY 1

8:00	バンコクを出発
10:00	パタヤに到着＆ホテルにチェックイン
11:00	パタヤビーチ周辺を散策
13:00	新鮮なシーフードでランチタイム
15:00	ビュースポットのカオ・プラ・タムナックへ
20:00	ナイトマーケットorウォーキングストリートで夜遊び

DAY 2

10:00	テーマパークでゾウと触れ合う
14:00	オンザビーチのカフェでまったり
17:00	パタヤを出発
19:00	バンコクに到着

DAY 1

🕚 11:00 パタヤビーチ周辺を散策

約4km続くパタヤ・ビーチで、ビーチチェアやパラソルをレンタルして気ままにのんびり。ビーチロード周辺の散策もおすすめ。

**東洋のハワイと名高い
透明度抜群の海へ！**

Must Do 🎵

マリンスポーツに挑戦！
透明度が高くシュノーケリングスポットとして人気。パラセーリングにも挑戦できる。

パタヤ・ビーチ
Pattaya Beach

🏠 Beach Rd.
◎ 散策自由
🚶 バリハイ桟橋から徒歩15分
▶ MAP P.100

アジアや欧米など各国から観光客が訪れる

食べ歩きも楽しい♪

1. ビーチの露店ではフレッシュジュースやビールも販売する 2. セカンドロードにある屋台村、ランウェイストリートフード 3. マンゴーなどのフルーツも豊富

🕐 13:00 新鮮なシーフードでランチタイム

海辺の街に来たら、やっぱりランチはシーフード一択！旅行者には知られていない、地元に人気の店で、エビやカニ、貝などを好きな調理法で味わおう。

ビーチ散策のあとはシーフードランチ

Must Eat 🍴

新鮮なエビは甘みたっぷり。唐辛子＆ガーリックと共に炒めた、パンチのあるひと品。

エビの唐辛子＆ガーリック炒め

ホタテのグリル280B（手前）、
スズキの素揚げ420B（奥）

中心部から少し離れるがビーチロード沿いの店より格安で穴場

チェー・トゥーム
Jea Tum

🏠 44/114 Thep Prasit 17
☎ 087-144-9929 ⏰ 11:00〜22:00（土・日曜は11:00〜13:00、19:00〜22:00）
🚫 火曜 🚗 バリハイ桟橋から車で10分
▶ MAP P.100

次のページに続く

前のページの続き

🕒 15:00 ビュースポットの**カオ・プラ・タムナック**へ

丘の上の展望所から
パタヤ・ビーチを一望

小高い丘を登って、パタヤ・ビーチを一望できるビュースポットへ。
2つの展望所があるほか、仏教寺院やオーシャンビューのカフェも。

パタヤの街並みを、ぐるりと見渡せる

1.展望所にはかわいいベンチも 2.小さな仏教寺院カオ・プラバートは見学自由 3.ビーチを見下ろせるカフェ。フレッシュフルーツのスムージーは各50B

カオ・プラ・タムナック
Khao Phra Tamnak

🏠Khao Phra Tamnak ㊗ 見学自由
Ⓧ バリハイ桟橋から車で5分　▶MAP P.100

🕒 20:00 **ナイトマーケット or ウォーキングストリート**で夜遊び

パタヤの2大夜遊びスポットへ。ナイトマーケットはバンコクより物価が安く、お得に買い物できる。活気に満ちたネオン街もお見逃しなく！

ネオンが煌めくストリートを散策

リーズナブルなナイトマーケットへ

Must Buy 🛒
カラバリ豊富なタイパンツ
衣料品エリアにはタイパンツがずらり。値段も安く、色違いで買いたくなる！

テパシット・ナイトマーケット
Thepprasit Night Market

🏠18 Thepprasit Rd.
㊗ 17:00〜22:30 ㊡ 無休
Ⓧ バリ ハイ桟橋から車で10分
▶MAP P.100

1.3.衣類のほか、靴や雑貨、飲食店の屋台などがエリアごとに分かれて並んでいる
2.天井にはカラフルな提灯が輝く

1.通りには飲食店の屋台も登場する 2.ネオンに彩られたパタヤーの繁華街。いつ訪れても活気に満ちている

ウォーキング・ストリート
Walking Street

🏠Beach Rd. ㊗ 店により異なる ㊡ 無休
Ⓧ バリハイ桟橋から徒歩5分　▶MAP P.100

DAY 2

🕒 10:00 **テーマパークでゾウと触れ合う**

郊外のテーマパークでゾウのショーに感動

パタヤ郊外にひと足のばした所にある広大なテーマパーク。ゾウと触れ合うことができ、バナナをあげたり、ショーの見学ができる。

Must Watch 👀
大迫力なゾウのショー
ゾウによるPK合戦やダーツ、バスケなど、芸達者なゾウたちのパフォーマンスに大満足。

1.バスで園内を一周できる。巨大な恐竜のオブジェも 2.続々と披露されるゾウのパフォーマンスに拍手喝采
3.ゾウに餌付けして一緒に記念撮影

ノンヌット・トロピカル・ボタニカル・ガーデン
Nongnooch Tropical Botanical Garden

🏠34 Na Chom Thian, Sattahip District ☎ 081-919-2153 ㊗ 8:00〜18:00
㊡ 無休 見学料600B、見学＋園内バス700B、見学＋ショー800B、見学＋園内バス＋ショー1000B Ⓧ バリハイ桟橋から車で30分　▶MAP P.100

Must Eat 🍴
ココナッツ入り
シーフードカレー

シーフードがたっぷり
入ったカレーは450B。
ココナッツミルクと卵
の優しい甘さが◎。

海カフェでいただく南国ランチ♪

🕐 **14:00**

オンザビーチのカフェでまったり

おしゃれなカフェが点在
するパタヤ・ビーチの南
側にあるジョムティエ
ン・ビーチへ。ビーチク
ラブのようなカフェでの
んびり過ごそう。

1.トウモロコシと塩漬け卵のソムタム180B（手前）など、食事
もドリンクもメニューが大充実 2.オンザビーチの席もある
3.ビーチクッションやソファーがあり、つい長居しそう

ケイヴ・ビーチ・クラブ
Cave Beach Club

🏠Soi Na Jom Tien ☎ 083-825-8283 🕐 11:00〜24:00 🏖 無休
🚗 バリハイ桟橋から車で20分 [カードOK] [英語OK] ▶MAP P.100

パタヤで泊まるなら 🌴

ビーチフロントの
リゾートホテルがおすすめ！

オーシャンビューの5つ星ホテルでリゾート気
分を満喫。タイ湾が一望できる岬の上に立ち、
ホテル棟やレストラン、プール、スパなどが点
在。一日中のんびりしたくなる。

トロピカルリゾートでまったりステイ

Room

1.快適なゲストルーム。プライベートプール付きの部
屋もある 2.テラス付きの客室で海絶景をひとりじめ

2つのプールとプライ
ベートビーチが備わる

3.インフィニティ・レストランは
特にサンセットタイムが最高！
4.豪勢なシーフード料理が絶品

Restaurant

インターコンチネンタル・
パタヤ・リゾート
InterContinental Pattaya Resort

🏠437 Phra Tamnak Rd. ☎ 038-259-888
🛏1泊1室4845B〜 🏠156室
🚗バリハイ桟橋から車で5分 [英語OK] [カードOK]
▶MAP P.100

透き通る海が美しい
リゾートアイランド

さらに パタヤから15分!
サンゴ礁に囲まれたラーン島で のんびり離島ステイのススメ

パタヤからひと足のばして のどかな島時間を過ごす

パタヤ周辺の島々の中でも特に人気なのがラーン島（MAP別P2 B-2）。約7.5km沖合に浮かぶサンゴ礁に囲まれた小さな島で、バンコクから最も近いリゾートアイランドとして知られている。5つあるビーチで海水浴を楽しんだり、ローカルなレストランやマーケットをめぐろう。

海は透明度が高く、シュノーケリングが人気

パタヤからのアクセス

● フェリーで
バリハイ桟橋から約45分、30B。ナーバン埠頭行きとターウェン埠頭行きの2種類あり、どちらも1時間に1本の間隔で運航している。

● スピードボートで
バリハイ桟橋から約15分、150B。チケットはバリハイ桟橋にいるボートのスタッフから現金で購入。運航本数が多いので、予約不要。

ラーン島でのToDoリスト5

ToDo 1 島内のビーチをホッピング

小さな島なのでビーチめぐりも楽しめる。島最大のティエン・ビーチや、透明度抜群のターウェン・ビーチが特に人気。

アイコニックな人工エ○ーチの前で記念撮影

1.ビーチ沿いでは浮き輪などを販売 2.遠浅でビーチ遊びに◎

ToDo 2 おしゃれカフェを探す

島内にはフォトジェニックなカフェがちらほら。なかでも店内に人工ビーチのある「Kamari Café」はどこを撮っても絵になる!

1.冷たいドリンクでリフレッシュ 2.看板ブタがお出迎え。人なつこくて癒される

ToDo 3 ナイトマーケットを散策

ナバーン埠頭近くの広場はマーケットになっており、夜になるとガパオや串焼き、シーフードなどの屋台が出店。地元の人々が集まりにぎわっている。

ミニクレープ10B。その名も「トウキョウ」

ビーチ歩きにうれしいサンダルもずらり

ToDo 4 ソンテウで島内をめぐる

島内の移動は乗り合いバス「ソンテウ」で。料金は距離により異なり、ナバーン埠頭からターウェン・ビーチまでは20Bで行ける。

客席は荷台部分!行き先が合えば乗り込もう

ToDo 5 新鮮なシーフードを食べる

食事はやっぱり、近海でとれた新鮮な魚介を提供する店を選びたい。ローカルレストランならリーズナブルに味わえる。

ナイトマーケットにもシーフードが!

好きな食材と調理法を選んでオーダー!

サバとセロリの炒め物130Bなど。安くておいしい

Chiang Mai

Chiang Mai
チェンマイ

美しさから「北方のバラ」と称される、タイ第二の都市

バンコクの北方およそ720kmに位置するタイ第二の都市。ラーンナー王朝がタイ北部を統治していた1296年に新しい首都として建設された。ラーンナー王朝時代に育まれた建築や仏像の様式、料理、工芸などの文化が色濃く残る美しい古都。11〜1月の乾季は平均気温が約25℃と過ごしやすく、避暑地としても人気を集める。

人口
約122万8千人

面積
2万107km²

⟨ ニマンヘミン通り周辺 ⟩
Nimmana Haeminda Road

チェンマイを代表するおしゃれエリア

約1.6kmの大通りと、そこから派生する小道におしゃれな雑貨店やアパレルショップ、ショッピングモールが軒を連ねる。洗練された雰囲気のカフェやレストランも多く、トレンドに敏感な人々でにぎわう。

ワン・ニマン
>>>P.123

⟨ 旧市街 ⟩
Oldtown

チェンマイの中心に位置する四角い古都

チェンマイで最も格式の高い寺院、ワット・プラシンを中心に、レンガの城壁とお堀で囲まれた古都。おしゃれなカフェや雑貨屋が立ち並ぶ表通りから裏路地に入ると、下町らしいローカルな雰囲気が感じられる。

ワット・プラシン
>>>P.108

アカアマ・コーヒー プラシン店
>>>P.119

チェンマイ・ナショナル・ミュージアム
ワット・チェットヨート
メーヤー・ライフスタイル・ショッピングセン
ワン・ニマン
ワット・ロークモーリー
ニマンヘミン通り周辺
旧市往
Suthep Rd.
ワット・スアン・ドーク
スアン・ドーク門
ワット・プラシン
ピマンチップ・ゴルフクラブ
ノーンブアクハート公園
サタデー・マーケット
✈ チェンマイ国際空港
Chiang Mai International Airport
セントラルプラザ・エアポート
Chonprathan Rd.
Nimmana Haeminda Rd.
Thipanet Rd.
0 1km

| チェンマイ市内の交通の基本 |

タクシー ◎	チャーターカー ◎	Grab ◎
トゥクトゥク ◎	ソンテウ △	

効率よくめぐるなら車移動がおすすめ

最も安い交通手段はソンテウと呼ばれる乗合バス（1回30B）だが、発着時間が読めないため少し不便。Grabタクシーで回るのが効率的だ。旧市街ならトゥクトゥクも◎。詳しくは>>>P.201へ

郊外でもグラブが大活躍！

ワット・ドイステープなど、旧市街から1時間ほど離れたエリアでもGrabタクシーがつかまる。1日かけて郊外をめぐる場合はチャーターカーがコスパも利便性もいい。詳しくは>>>P.201へ

‹ リバーサイド周辺 ›
Riverside
ピン川に沿ってのどかな景色が広がる

チェンマイを縦に流れるピン川沿いは豊かな自然が残り、のどかなムード。近年開発が進み、ラグジュアリーホテルや自然と調和するカフェ、伝統工芸品のショップやアートギャラリーが続々オープン。

アナンタラ・チェンマイ >>>P.132

‹ ターペー門東部 ›
Tha Phae Gate East Side
由緒ある建築物が並ぶトレンドエリア

ターペー門からナワラット橋まで続くターペー通りをメインに由緒ある建物が数多く立ち、情緒ある街並みが魅力。それらをリノベーションしたカフェやレストランが増えており、新たなトレンドエリアとして注目される。

ゲートウェイ・コーヒー・ロースターズ >>>P.118

‹ ウアライ通り周辺 ›
Wua Lai Road
シルバーアクセサリーや工芸品の店が並ぶ

かつて銀細工で栄えた地区で、現在もシルバーアクセサリーや工芸品の店が多い。土曜の夜にはウアライ通り沿いを中心に、チェンマイで最もにぎわうサタデー・マーケットを開催。ローカルフードの屋台や雑貨の露店が所狭しと連なる。

サタデー・マーケット >>>P.113

地図

- ジンジャイ・マーケット
- チェンマイ市営競技場
- ムアンマイ市場
- チャーン・プアック門
- ワット・チェンマン
- **リバーサイド周辺**
- ワローロット市場
- **ターペー門東部**
- ターペー門
- ワット・チェディ・ルアン
- チェンマイ・ナイトバザール
- チェンマイ門
- ワット・チャイ・モンコン
- アヌサーン市場
- **ウアライ通り周辺**

ピン川 / Ping River

SIGHTSEEING
EAT
BEAUTY
SHOPPING
TOWN
STAY

タイ屈指のパワースポットも！

人気の寺院をめぐる

ラーンナー王朝時代に建立された、由緒ある寺院を多数有するチェンマイ。
中でも、格式の高さと美しさで多くの人が訪れる5つの寺院をご紹介！

「天空の寺院」と
呼ばれるタイ屈指の
パワースポット

1 仏塔のある本堂の入り口。靴を脱いで入る **2** 寺院へ続く306段の階段の両脇には、大迫力の守護神ナーガが **3** 寺院周囲のテラスは絶景ポイント **4** 寺院では僧侶による説法会も行われる

おみくじに
挑戦！

棒が刺さったコップを振るタイ流おみくじが人気。棒を1本取り、先端に書かれた数字と同じ番号の紙をもらおう

仏陀の遺骨が収められた仏塔は必見

ワット・プラタート・ドイ・ステープ
Wat Phra That Doi Suthep

標高1080mのステープ山の頂にあり、市街地を一望できるチェンマイ屈指の観光名所。見どころは高さ22mの黄金に輝く仏塔で、願い事が叶うパワースポットとしても有名。

🏠 Su Thep, Mueang Chiang Mai
🕐 8:00〜18:00 💴 拝観料30B
🚗 旧市街から車で45分
チェンマイ西部 ▶ MAP 別 P.16 A-2

→ in

約50mの
仏塔が煌めく
旧市街最大の寺院

チェンマイ旧市街で最大の寺院

ワット・プラシン
Wat Phra Sing

ラーンナー王朝の第5代パーユー王によって1345年に建立。タイ北部で最も崇拝されているプラシン仏像が祀られている。約50mの金色の仏塔やラーンナー様式の壁画など、見どころが多数。

🏠 2 Sam Lan Rd.
🕐 7:00〜22:00
💴 拝観自由
🚗 ターペー門から車で5分
旧市街 ▶ MAP 別 P.18 B-2

1 2 プラシン仏像が祀られている木造の礼拝堂は、仏塔の左手に。歴史的価値の高い壁画も必見 **3** 大本堂に安置されている黄金の御本尊 **4** 入り口付近に位置する大本堂

チェンマイの寺院の特徴

チェンマイの寺院の多くはチーク材による大きな本堂を持ち、美しい彫刻や壁画が施されている。タイ国内でも特に格式の高い寺院が多数あり、願い事が叶うと話題。

王の遺灰を納める白い仏塔が並ぶ

白い仏塔が並ぶ景色が美しい

ワット・スアン・ドーク
Wat Suan Dok

1383年に建立。本堂の青銅の仏像はタイ最大と言われている。ステープ山を背景に並ぶ白い仏塔の美しさから、花園を意味するスアン・ドークと名付けられた。

🏠 Su Thep Mueang
🕐 8:00〜17:00
💰 拝観料20B（本堂のみ）
🚗 ターペー門から車で13分

ニマンヘミン通り周辺
▶MAP別 P.16 C-2

in

ライトアップされる夕方がおすすめ

ワット・チェディ・ルアン
Wat Chedi Luang

1391年に建立され、ワット・プラシンと並ぶ格式の高さを誇る。チェンマイ最大の仏塔と、それを囲う8基のナーガの彫刻、ランナー建築の本堂などが見どころだ。

🏠 103 Phra Pokklao Rd.
🕐 8:00〜22:00
💰 拝観料50B
🚗 ターペー門から徒歩10分

旧市街 ▶MAP別 P.18 C-2

高さ98m！チェンマイ最大の仏塔

日が暮れるとライトアップ

基壇に納められた金色の仏像が輝きを増して幻想的な雰囲気

寺院内には黄金に輝く涅槃仏など、大きな仏像が多数ある

チェンマイで最も古い寺院

ワット・プラタート・ドイ・カム
Wat Phra That Doi Kham

1400年以上前、チェンマイ南西部のカム山に建てられた寺院。境内に祀るルアン・ポー・タンジャイ仏像に参拝すると願いが叶うと言われており、国内外から多くの参拝者が訪れる。

🏠 108 Mu 3 Maehia, Mueang Chiang Mai
🕐 8:00〜17:00 🆓 参拝自由
🚗 旧市街から車で45分

チェンマイ南西部 ▶MAP別 P.16 A-3

祈りを捧げにタイ全土から人が押し寄せる！

願いが最速で叶う!?

1 神聖な球に金箔を貼り付ける、タイのお祈りの作法の一種 **2** 寺院奥にある景観のいいテラスには涅槃仏が

ルアン・ポー・タンジャイ仏像の前には、お礼参りのために訪れた人々がお供えしたジャスミンの花輪が山積みに！

参拝方法

1 お線香に火をつける

ルアン・ポー・タンジャイ仏像の脇に設置された台で線香を3本もらい、火をつける。

2 願いを3回唱える

線香を持ったまま両手を合わせて祈願。祈り方が書かれた掲示板を参考にしよう。

😊 寺院で祈りを捧げるとき、叶った際の寄進方法（お礼の奉納）も誓うのがタイ流！

🐘 チェンマイ

📷 SIGHTSEEING

🍴 EAT

✨ BEAUTY

🛒 SHOPPING

🚶 TOWN

🏨 STAY

一緒に水浴びや泥遊びができる！

大自然でゾウと触れ合う

自然豊かなチェンマイには、ゾウと触れ合える施設がたくさん。
一緒に水浴びしたり泥沼で遊んだり、ほかではできない貴重な体験ができる！

ゾウに優しい環境でアクティビティを提供

エレファント・ジャングル・サンクチュアリ
Elephant Jungle Sanctuary

チェンマイ西部の広大な敷地でゾウと触れ合えるアクティビティを提供。サンクチュアリ（=保護区）の名の通り、自然豊かな環境で、ゾウたちがのびのびと過ごす姿を見ることができる。

🏠 119/10 Thapae Rd.（オフィス）
☎ 053-273-415　㊡ 無休

イチオシPOINT

① **無料送迎付き**
専属ドライバーが市街地の宿泊ホテルに送迎してくれるので楽ちん♪

② **WEB予約が可能**
HPの予約フォームから簡単に予約できる。送迎先のホテル名が必須

③ **3つのプランから選べる**
プランは午前と午後、終日の3つ。終日プランは工芸体験が含まれる

④ **ゾウに優しい施設**
ゾウにストレスを与えないように、鎖で繋いだり背中に乗ったりはしない

⑤ **専属カメラマンが撮影してくれる**
参加中の写真を専属カメラマンが撮影。データは後日、無料でもらえる

大自然で生き生きと過ごすゾウの姿に癒される！

半日プランに
参加してみた！

▶ TOUR DATA

プラン名	AFTERNOON VISIT
所要	約7時間
料金	1900B

含まれるもの：
英語ガイド、食事、ゾウのエサ、送迎、
専属カメラマンによる撮影＆画像データ

こんな写真も撮れちゃう！

🕐 11:30
ホテルでピックアップ

送迎車はミニバン。ピックアップ時間はホテルの場所によって前後する。

🕐 13:00
施設に到着＆注意点を聞く

担当ガイドが英語でレクチャー。カレン族の服は無料で貸してくれる。

カレン族の服に着替え！

🕐 14:00
ゾウの
パワーフード作り

ゾウの腸内環境を整えるための"ハーバル・ボール"作りを体験。柔らかいためゾウの口に手を入れて与える。

1日の食事量なんと200kg！

コロ〜ン　こね　こね

🕐 13:30　🐘 フィーディングTIME！

大量のバナナをあげる。どのゾウもとても穏やかで、黙々と食べる様子がかわいい！

🕐 15:00　🐘 川へ移動して水遊び♪

ゾウの鼻シャワー！

敷地内に流れる川でゾウと水浴び。鼻シャワーを浴びる体験はサンクチュアリならでは！

🕐 15:30
泥沼でゾウの
スキンケアをお手伝い

バオーン

泥を塗ることで虫刺されや乾燥を防ぐことにつながるそう。童心にかえって大はしゃぎ。

参加者で記念写真

🕐 16:00
シャワーを浴びて食事

泥を洗い流したら食事タイム。この日はタイ料理5品とフルーツのビュッフェ。

🕐 17:00
専用車でホテルへ

施設内の一角で販売するゾウの雑貨を見たり、ひと休みしたら車に乗ってホテルへ。

ココもおすすめ！

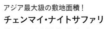

アジア最大級の敷地面積！

チェンマイ・ナイトサファリ
Chaing Mai Night Safari

専用バスで園内をめぐり、夜行性の動物たちの生態を観察できる。ツアー会社では送迎付きプランも販売。

🏠 33 Moo 12, Nong Khwai　☎053-99-9000
🕐11:00〜22:00（発券は21:00まで）　㊡ 無休　㊍ 入園料100B（専用バスでのツアー付きチケットは800B）　🚗 旧市街から車で40分

`チェンマイ南西部` ▶MAP別 P.16 A-2

🐘 そのほか、ゾウと触れ合えるカフェ「エレフィン・ファーム＆カフェ」も人気！　111

チェンマイ

SIGHTSEEING

EAT

BEAUTY

SHOPPING

TOWN

STAY

連夜大盛況！ 食事も買い物もできる

3大ナイトマーケットを散策

チェンマイでは大規模なナイトマーケットが連日開催され、大いににぎわう。
雑貨や衣服、工芸品などの露店がずらりと並ぶ光景に、ワクワクが止まらない！

1

[年中無休で開催！]

チェンマイ・ナイトバザール
Chiang Mai Night Bazaar

ホテルやレストランが軒を連ねるチャンクラン通りで
毎晩開催。通り沿いの露店の他に、屋内に露店が詰ま
った施設も複数あり、雨の日も楽しめる。

Changklan Rd.
⏰ 17:00〜24:00　🈳 無休
🚶 ターペー門から徒歩15分
ターペー門東部
▶ MAP 別 P.19 E-2

ラチャダモン通り　　チャンクラン通り
サンデーマーケット
旧市街　　　　チェンマイ・
　　　　　　　　ナイトバザール
ウアライ通り
サタデーマーケット

無数の屋台が
並ぶ光景は圧巻！

Little Istanbul

When Is

**17時頃から
スタート！**

どのナイトマーケットも16
時頃から露店が並び始め、
17時頃に開店。食事をする
なら早めに訪れて席を確保
するのがおすすめ。

屋内の施設も多数点在！

かわいいプチプラアイテムがたくさん！

各690B

デザイン豊富なカゴバ
ッグ専門店を発見

各100B

好きなチャー
ムを選べるパス
ポートカバー

フードコートも

天然の大豆油を
原料にしたキャ
ンドル各69B

オーガニックコ
ットンのパンツ
は650B

1. 通り沿いに複数点在する屋内ナイトマーケッ
ト **2.** 一角には飲食店が並ぶフードコートも

モン族の刺繍
を用いたカラ
フルなピアス

120B

リアリティ満点なドリアン
のポーチ各690B〜

2

地元っ子の人気No.1

サタデー・マーケット
Saturday Market

土曜の夜に、ウアライ通り一帯で開催。少数民族の伝統的な手折り生地やシルバーアクセサリーなどが比較的リーズナブルな価格で手に入る。

⌚ Wualai Rd. ⏰17:00～24:00 ㊡日～金曜 🚗ターペー門から車で3分

ウアライ通り周辺
▶MAP別P.18 B-3

フードエリアは大混雑！

ハンドメイド雑貨も多数

1.ピーク時は歩くのも困難なほど混雑 2.ローカルフードの屋台 3.ハンドメイドのキーホルダー120B 4.フェルト生地を使った装飾は120B～ 5.ホーローの三段弁当箱。パステルカラーがキュート

3

旧市街散策とセットで！

サンデー・マーケット
Sunday Market

日曜の夜に、旧市街中心のラチャダムヌン通りで開催。約1kmに渡ってバラエティ豊かな露店が並ぶ。特に雑貨店が多くみやげ探しに◎。

⌚ Rachadamnoen Rd.
⏰17:00～24:00 ㊡月～土曜
🚗ターペー門から徒歩2分
旧市街 ▶MAP別P.18 C-2

フレッシュジュース店

露店の店主は皆フレンドリーで英語が通じる

雑貨&ファッションアイテムも大充実

手作りのシルバーアクセサリーは500B前後

各20B

竹素材のうちわ。携帯に便利なミニサイズ

100B

ゾウ柄の布を用いたビーチサンダル

150B

リサイクル素材によるトートバッグ

カゴ入りのサラダと、作りたてのパッションフルーツジュース

ターペー門の前の広場には毎晩、複数の屋台が並ぶ。 113

行列必至の人気店で味わう！
チェンマイの名物料理を制覇

隣国のミャンマーやラオス、中国から影響を受けて、独自の食文化を育んできたタイ北部。
カオソーイやサイウアなど、タイを代表する人気料理を本場で味わおう！

カオソーイ
▶ Khao Soi ◀

ココナッツミルクが入ったカレースープに、茹で麺と揚げ麺を入れた麺料理。具は鶏肉がポピュラーだが、牛肉や豚肉も選べる店が多い。

高菜＆シャロット

ホロホロとした骨付きチキンが絶品！

麺が少なめで軽食にGOOD

しっとり＆やわらかな骨付きチキン入り

ビブグルマン常連の名店
カオソーイ・メイサイ
Khao Soi Mae Sai

カオソーイはチキン、ビーフ、ポーク、豚のミートボールの4種類があり、紙に書いてオーダー。お昼時は混むが回転が速い。

🏠 29/1 Ratchaphuek Rd.
☎ 053-213-284 🕐 8:00〜16:00 ㊡ 日曜
🚗 ターペー門から車で10分 英語OK
旧市街周辺 ▶ MAP別 P.18 A-1

スープはピリッとスパイシー！

menu
カオソーイ・ガイ
Khao Soi with Chicken
50B
ピリ辛なスープが特徴。大きな骨付きチキンは食べごたえ◎。

〔コレもオススメ〕
タイ・ミルクティー
Thai Milk Tea 15B
濃厚なタイ・ミルクティーがスパイシーなカオソーイとマッチ！

コシのある平麺にまろやかなスープが絡む

中の平麺はコシしっかり！

薬味セットにスライスライムも！

ココナッツミルクのまろやかなコクが◎

薬味たっぷり

人気店の味を食べ比べ！

地元民に愛されるローカル店
カオソーイ・ラムドゥアン
Khao Soi Lamduan

ビブグルマンに名を連ねる人気店。カオソーイはチキンとポーク、ビーフの3種類で、それぞれ異なるスープがこだわり。

🏠 352/ 22 Charoen Rat Rd.
☎ 093-1357930 🕐 9:00〜16:00
㊡ 無休 🚗 ターペー門から車で10分
リバーサイド周辺 ▶ MAP別 P.19 E-1

menu
カオソーイ（チキン）
Khao Soi(Chicken)
55B
仕上げにココナッツミルクをかけて、よりまろやかな味わいに。

〔コレもオススメ〕
ポーク・サテ（10本）
Pork Satay 60B
ココナッツの甘いタレを絡めた豚肉を炭火でグリル。ピーナッツソースをつけて食べる。

▲ Where Is

チェンマイのローカルグルメ

旧市街は名店ぞろい！

人気レストランが軒を連ね、ビブグルマンに掲載された店も点在。ローカルな食堂でも簡単な英語は通じる。

市場やナイトマーケットは B級グルメの宝庫

JJマーケット（→P.126）やナイトマーケット（→P.112）は屋台がずらりと並び、リーズナブルに食べられる。

一度に味わうなら タイ北部料理の専門店へ

料理ごとに専門店があるが、滞在日数が少ないならタイ北部の名物料理を多数取りそろえた店がおすすめ。

SIGHTSEEING

EAT

BEAUTY

SHOPPING

TOWN

STAY

サイウア
▶ Sai Aua

豚肉をニンニクやこぶみかんの葉、レモングラス、ウコン、唐辛子などで味付け。香りがよく味に深みがある。

唐辛子＆ウコンで味付け

ハーブの香りが口いっぱいに広がる！

menu
サイウア
Sai Aua
100B
噛むと肉汁とともにハーブの香りが広がる。ビールと好相性。

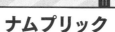
別名チェンマイ・ソーセージ

---

menu
オー・デップ・ムアン
Or Dep Muang
290B
チェンマイを代表するナムプリック2種類が味わえる前菜セット。

この野菜をディップ！

豚ひき肉＆トマトのディップ

カリカリに揚げた豚の皮

チキンカレー

ガイヤーン（タイ風ローストチキン）

ナスのディップ

ピリッとスパイシーなタイ風ディップ

ナムプリック
▶ Nam Phrik

青唐辛子のペーストを野菜につけて食べる料理。チェンマイではナスを入れたものと、ひき肉＆トマトの2種類が有名。

スパイスの効いたひき肉サラダ

たっぷりのスパイスが食欲をそそる！

生野菜と交互に食べる

ビブグルマン掲載のタイ北部料理店

フアン・ムアン・ジャイ
Huen Muan Jai

チェンマイ出身の店主が自宅をリノベーションしてオープン。タイ北部の名物料理を豊富に取りそろえ、連日行列ができる。

🏠 24 Ratchaphuek Alley ☎053-404-998 🕚 11:00〜15:00、17:00〜22:00 🈚無休 🚗 ターペー門から車で10分 カードOK 英語OK

旧市街周辺 ▶ MAP 別 P.18 A-1

ラープ・チェンマイ
▶ Lab Chiang Mai

イサーン地方の名物ラープを、ナンプラーの代わりにクミンやメースなどのスパイスで味付けしてアレンジ。

menu
ラープ・ムー・クア
Lab Moo Khua
100B
豚ミンチとモツをミックス。イサーン風と比べて辛さ控えめ。

コレもオススメ

カノムチーン・ナムニオ 60B
そうめんのような米麺、カノムチーンをスパイシーなスープで。

ノーヤット・サイトード 100B
味付けした豚ミンチが詰まった筍をカラッと揚げたひと品。

🍽 フアン・ムアン・ジャイは予約可能。電話もしくはSNSのメッセージ機能で連絡を。

とっておき北タイ料理店でランチ

おいしさも空間もピカイチな人気店を厳選！

味はもちろん、せっかくの旅行だから店の雰囲気にもこだわりたい！
アート作品の装飾や歴史ある旧家など、雰囲気のいい空間で食べるごはんは格別。

とっておきPOINT

**地元のマダムを
トリコにする
無添加料理**

店内に飾られたアートやクッションなどの装飾品は全て、チェンマイのアーティストによる作品

サクッ＆パリッ

玄米を使った北部風せんべい150B。絶妙な塩加減＆軽い食感がやみつきに

①もちっとした食感の黒胡麻豆腐揚げ250B
②サクッと揚がった衣の中はふんわり＆ホクホクなエビのすり身280B ③タイ北部の高級食材ツチグリと焼き豚のレッドカレー320B
④玄米40B ⑤チアンダーと呼ばれる北部でポピュラーな葉野菜と卵の炒め物200B

MEMO
予算 1人700B〜
予約
予約可（望ましい）
※HP、電話より

トッピング付き

ピーナッツやナタデココなどをトッピングして食べるココナッツ・アイスクリーム200B

チェンマイのマダム御用達

セーンカム・ターレス
SAENKHAM TERRACE

現代的な北タイ料理をテーマに1994年オープン。化学調味料は使わず、近郊で採れたオーガニック食材を厳選。市街からは少し離れているもののグルメな地元民で連日にぎわう。

🏠 199/163 T.Mae Hia A.Muang ☎ 053-838-990
🕐 11:00〜22:00 🈚無休 🚗ターペー門から車で20分
カードOK 英語OK チェンマイ西部 ▶MAP別P.16 B-3

提供する米はレストランの奥にある広大な田園で栽培している

SIGHTSEEING

EAT

BEAUTY

SHOPPING

TOWN

STAY

とっておきPOINT

**チェンマイいち
予約が取れない!?
トレンド店**

① 牛スネ肉のカオソーイ 360B。セットのダシ汁をスープに加えて好みの濃さに調整 ② 豚の挽き肉＆トマトのナムプリック 190B ③ トロトロに煮込んだ豚肉の、濃厚な北部風カレー 390B

パクチーサラダを添えたガイヤーン（鶏肉のロースト）260B

タイ北部の料理をモダンにアレンジ

キティ・パニット
KITI PANIT

モダンな盛り付けで若者や観光客から絶大な支持を得る。130年以上の歴史ある商店をリノベーションした、趣のある内装もムード満点。

🏠 19 Tha Phae Rd.
☎ 080-191-7996
🕐 11:00 〜 15:00、17:00 〜 22:00 🏖 無休 🚶 ターペー門から徒歩10分 カードOK 英語OK
ターペー門東部
▶ **MAP** 別 P.19 E-2

✉MEMO♪
予算 1人500B〜
予約
予約可（望ましい）
※メールまたは電話より

商店だった時代のアンティークが飾られた店内は、ギャラリーのよう

カラフル♪

とっておきPOINT

**料理もドリンクも
とびきり
フォトジェニック**

ライチとエディブルフラワーを飾ったバタフライビーティー55B

モチモチした食感のワキシーコーンを使ったピリ辛なサラダ80B

✉MEMO♪
予算 1人300B〜
予約
予約可（望ましい）
※LINEまたは電話より

緑に囲まれた、オープンエアの客席

①筍のスパイシーなディップ 250B ②黒米と玄米、バタフライビーとサフランで色付けした米を自由に組み合わせてオーダーできるおにぎり各20B〜

カラフルなおにぎりが人気のミシュラン常連店

ミーナー・ライス・ベイスト・キュイジーヌ
Meena Rice Based Cuisine

米農家出身のオーナーがオープンした、お米を味わうレストラン。カラフルなおにぎりがSNSで話題を呼び、連日行列ができる。

🏠 13/5 Moo 2, San Kamphaeng
☎ 095-693-9586
🕐 10:00〜20:00
🏖 無休
🚶 ターペー門から車で20分
カードOK 英語OK
チェンマイ東部 ▶ **MAP** 別 P.17 F-2

建物にはチェンマイの伝統建築に欠かせないチーク材を使用

とっておきPOINT

**チェンマイの
家庭の味を
体験できる！**

✉MEMO♪
予算
1人300B〜
予約
予約可（望ましい）
※SNSのDMまたは電話より

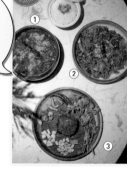

オーナーシェフが祖母のレシピを再現

チュム・ノーザーン・キッチン
CHUM Northern Kitchen

チェンマイで生まれ育ったオーナーシェフが2021年にオープン。ソーセージなども全て自家製で、素朴な家庭の味わいに癒される。

🏠 24 Tambon Si Phum ☎ 085-524-1424
🕐 10:30〜20:00 🏖 無休 🚶 ターペー門から車で5分 カードOK 英語OK
旧市街 ▶ **MAP** 別 P.18 B-2

雑穀の甘煮をトッピングしたココナッツ・アイスクリーム59B

①酸味が特徴的なポークリブのタイ北部風スープ79B ②春雨と野菜、豚肉のカレー炒め89B ③豚肉の発酵ソーセージ99B。ピーナッツやショウガ、青唐辛子などと一緒に食べる

こだわりコーヒー店からベーカリーカフェまで！
素敵カフェをハシゴ♪

menu
● リメンバー
REMEMBER …… 140B
チェリーシロップ＆ミルクの入ったグラスに抹茶を注いで完成。

menu
● ブラック・オレンジ
Black Orange ………… 75B
● ココナッツ・パイ
Coconut Pie ………… 115B
● バノフィ
Banofee ………… 79B

ブラック・オレンジはオレンジの酸味とコーヒーの苦味が好相性。

ここでしか飲めない
ユニークな
メニュー多数！

旧市街の歴史ある建物をリノベ。研究室のような内装がユニーク

リラックス度満点！
緑に囲まれた
隠れ家風カフェ

1ロッジのような店内は温かみがあり、居心地バツグン 2フードメニューはパスタやタイ料理がラインアップ

コレも
おすすめ！

1黒糖、レモン、梅で風味付したエスプレッソにソーダ水をプラス。ロスト・スター150B 2ケーキとアイス、ホイップクリームのスイーツプレート。マーズ165B

フォトジェニックなドリンクが人気
ゲートウェイ・コーヒー・ロースターズ
GATEWAY Coffee Roasters

ベーシックなものからカクテルのようなアレンジメニューまで幅広く提供。タイ北部産の豆にこだわり、店内で焙煎した豆は購入可能。スイーツも豊富に取り揃える。

♠ 50300 Chang Moi Rd. Soi 2 ☎ 099-372-3003
⊛ 9:00～17:30 ㊡ 無休 ㊥ ターペー門から徒歩5分
[カードOK] [英語OK] [ターペー門東部] ▶MAP別P.19 D-2

♪♫

フードメニュー
も充実！

絵本に登場しそうな隠れ家カフェ
ザ・バーン：イータリー・デザイン
The Barn: Eatery Design

植物に覆われた外観がSNSで話題に。コーヒーから紅茶、スムージーまで、40種類以上のドリンクを取り揃える。上品な甘さの自家製ケーキ＆タルトに定評あり。

♠ 14 Srivichai Soi 5 ☎ 065-451-5883
⊛ 9:00～23:00 ㊡ 無休 ㊥ ターペー門から車で13分
[英語OK] [旧市街周辺] ▶MAP別P.16 C-2

コーヒーの産地であるチェンマイはカフェ激戦区。近年は、おしゃれな店がますます増えている。味はもちろん、雰囲気も居心地も最高な人気カフェを厳選してご紹介！

why

チェンマイはコーヒー豆の産地！

コーヒー栽培に適した気温・湿度・雨量を持ち、東南アジアを代表する名産地。ドイ・サケット地方を中心に栽培が行われており、フローラルな香りのアラビカ種がメイン。

menu
- マネー・マナ
  Manee Mana …… 100B

オレンジビールがふわっと香る、カクテル風の冷たいエスプレッソ。

メニュー数ピカイチ！
ブランチに◎なベーカリーカフェ

menu
- クラウド・ナイン
  Cloud Nine ………… 75B
- チョコ・マッチャ
  Choco Matcha …… 80B
- エッグス・ロイヤル
  Eggs Royale ……… 320B
- スプリング・サラダ
  Spring Salad …… 120B

店主一押しは色が美しいバタフライピー・ティーのラテ、クラウド・ナイン。

アカ族のコーヒーを世界に広めた本格的な味わい！

店内で買える！

自家製ブレンドのドリップコーヒーは1袋から購入可能。各45B

1 注文は入口付近のカウンターで行なう 2 フラット・ホワイト70B、レモン・パウンドケーキ75B

日本にも支店がある人気ブランド

アカアマ プラシン店
AKHA AMA PHRASINGH

タイ最北の地・チェンマイの少数民族・アカ族の村出身のオーナーが、村で栽培した豆をアメリカで学んだ技術で焙煎。世界的な知名度を誇り、チェンマイで3店舗を展開。

🏠 175, 2 Rachadamnoen Rd. ☎ 088-267-8014
🕐 8:00〜17:30 🏖 無休 🚶 ターペー門から徒歩15分
カードOK 英語OK 旧市街 ▶MAP別P.18 B-2

コレもおすすめ！

1 毎朝キッチンで焼き上げるパンはテイクアウトも可能 2 ミントとライム、黒糖フレーバーのモーニング・モヒート85B

店主の祖父母の邸宅をリノベート。店内は2フロア、テラス席もある。

雰囲気も味もヨーロッパ！

ミッテ・ミッテカフェ＆ブランチ
Mitte Mitte Cafe & Brunch

ヨーロッパに住むオーナーが「真面目なブランチ」をコンセプトにオープン。◎。エッグ・ベネディクトやオープンサンド、パンケーキなどブランチの定番がズラリ。

🏠 64, 1 Sithiwongse Rd. ☎ 065-625-4952
🕐 8:00〜16:00 🏖 無休 🚶 ターペー門から徒歩8分
カードOK 英語OK ターペー門東部 ▶MAP別P.19 D-1

🐾 旧市街やターペー門東部にはおしゃれなカフェが続々と誕生しているので要チェック！

チェンマイ

SIGHTSEEING

EAT

BEAUTY

SHOPPING

TOWN

STAY

伝統工芸品が素敵！
タイ北部の少数民族

伝統工芸品に出合える少数民族の村に注目

　タイの総人口約6500万人のうち、約1.5%を占めるのが、山岳地帯に暮らす少数民族。北部の山岳地帯には、中国にルーツを持つと言われるカレン族やモン族、アカ族といった21の民族が暮らし、独自の文化を継承している。

　女性たちはカラフルな民族衣装を身にまとい、工芸品作りやお茶・野菜作りなどの農業が営まれる素朴な暮らしは、タイのなかでもこの地域だけの独特のもの。女性たちが作る刺繍は色鮮やかで細密な美しさがあり、バンコクやチェンマイなどの都市部でも人気だ。

　チェンマイやチェンライから少数民族の村を訪ねるツアーもあり、素朴な村の暮らしを垣間見ることができる。

少数民族の村に行くには…

☑ **ツアーに参加または車をチャーター！**
KK day→別冊 P.31

刺繍や銀細工で知られる民族

① ヤオ族

📍 **ノンウェンのヤオ族集落**
Yao Hilltribe Village (Nong Waen)

ライチやトウモロコシなどの栽培と手工芸品作りで暮らすヤオ族の村は、チェンライ県に25ある。頭に巻いた黒い布、赤いマフラー、刺繍のズボンが伝統的な民族衣装。

🚗 チェンマイから車で3時間30分
▶ MAP 別 P.2 B-1

> 農業や工芸品作りが盛ん

村の入口にはみやげ物の屋台が並ぶ

> コレが工芸品！

刺繍

少数民族のなかでも特に手先が器用と言われている

身近な動植物をモチーフにした、細かい刺繍や刺し子が特徴

チェンマイ

SIGHTSEEING

EAT

BEAUTY

SHOPPING

TOWN

STAY

カラフルな民族衣装が特徴

② モン族

📍 モン・ブリッジ周辺のモン族集落
Mu Ban Mon

ミャンマーとの国境近くにある湖の周辺の村。毎朝行われる托鉢や食品・生活道具が並ぶ市場など、のどかな風景が魅力。橋の周辺には水上家屋が並び、散策が楽しい。

🚗 チェンマイから車で12時間
（バンコクから車で5時間30分）
▶ MAP別P.2 A-2

コレが工芸品！
刺繍

刺繍やアップリケなど、色鮮やか＆華やかなデザインが素敵

❶ソンカーリア貯水湖 ❷1000世帯以上のモン族が暮らす

信心深い仏教徒が多い

山岳民族のなかで最もカラフルな民族衣装！

③ アカ族

📍 アカ族の村
Akha Hilltribe Village

農業や家畜の飼育などで自給自足の生活を営むアカ族の村。チェンマイやチェンライなど、タイ北部に推定6万5000人のアカ族が暮らしていると言われている。

🚗 チェンマイから車で3時間30分
▶ MAP別P.2 B-1

コレが工芸品！
藍染め＆刺繍

藍染めの木綿布や刺繍、銀細工・ビーズなどの装飾が特徴

❶村では米やコーヒーなどを栽培 ❷集落はのんびりとした雰囲気

自然豊かで質素な生活の工芸村

④ カレン族

📍 バーン・メーサポックヌア
Ban Mae Sa Pok Nuea

チェンマイ中心部から約45km離れた自給自足の村。銀細工作りが伝承されている。近くにはメーワン滝やサポック滝があり、観光客の受け入れも行っている。

🚗 チェンマイから車で1時間
▶ MAP別P.2 A-1

棚田に囲まれたのどかな村

コレが工芸品！
銀細工

純度の高いシルバーアクセサリーはひとつひとつ手作りされている

╱ チェンマイで買える！ ╲

少数民族の工芸品SHOP

チェンマイのショップでは、少数民族の布をデザインした洋服やバッグなどを扱う。市場はバラマキみやげにちょうどいい小物が豊富。

☑ パンジャン → P.124
☑ チャチャー・スローペース → P.124
☑ モン族市場 → P.125

👣 そのほかに真鍮の鋳造技術が伝わるバン・バアオ、陶製人形や太鼓を製造するアーントーン、唐傘作りのボーサーンなどの工芸村がある。

121

おしゃれな店が集まる買い物エリア！

ニマンヘミン通りの イチオシ SHOP

買い物好きなら、おしゃれなショップが集うニマンヘミン通りは必見！　衣類から雑貨、オーガニック食材など、選りすぐりのアイテムが手に入る。

WHAT IS

ニマンヘミン通りって？

チェンマイ随一のおしゃれストリート。約1kmにわたる表通りと、そこから派生する路地の両脇にアパレルショップやインテリア雑貨店、カフェ、ギャラリーなどが並ぶ。

ワン・ニマン
One Nimman

チャバー
Chabaa
＆
カノック・クラフツ
Kanok Crafts

♪ 人と差がつくアイテムが見つかる！

ローカルブランドの路面店

ユニークなデザインを探すなら

チャバー
Chabaa

タイ北部出身のデザイナーが手掛けるアパレルショップ。カラフルな刺繍入りアイテムをメインに、ユニークなデザインが並ぶ。衣類は全てハンドメイド。

🏠 14/32 Nimman Promenade, Nimmanhaemin Rd.
☎ 093-1357930 🕐10:00〜19:00 🈚無休
🚕 ターペー門から車で15分 カードOK 英語OK
ニマンヘミン通り周辺 ▶MAP別P.16 C-2

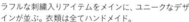

カラフルな刺繍アイテム

390B

人チオシ ITEM

モン族風の刺繍が施されたピアスはカラバリ多数

2590B

胸元に蝶の刺繍が入った、鮮やかなワンピ

1890B

イエローの刺繍が目を引くバルーンスリーブワンピ

1390B

ふわっとしたシルエットの切り替えトップス

オーガニック素材のみ使用

カノック・クラフツ
Kanok Crafts

"肌にも環境にも優しい服"をテーマに、オーガニックコットンやリネン、竹の繊維を使った生地などを厳選。繊細な刺繍も全て手縫いというこだわりぶり。

🏠 14/32 Nimman Promenade, Nimmanhaemin Rd.
🕐10:00〜19:00 🈚無休
🚕 ターペー門から車で15分 カードOK 英語OK
ニマンヘミン通り周辺 ▶MAP別P.16 C-2

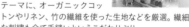

990B

人チオシ ITEM

↓竹の繊維を使った生地のトップス。花の刺繍入り

1290B

↑アジアらしい柄のシャツはワンピースとしても◯

2590B

カラフルな刺繍のストライプ入りワンピ

エシカルな上質素材

ローカルブランドが並ぶ

ワン・ニマン
One Nimman

チェンマイのローカルブランド＆カフェが軒を連ねるトレンドスポット。名産品を取り揃えるみやげ店やフードコートもある。レンガの時計塔が目印。

🏠 1 Nimmanhaemin Rd.
☎ 052-080-900 🕚 11:00〜21:00 ㊡無休 🚕 ターペー門から車で15分
ニマンヘミン通り周辺
▶ MAP別 P.16 C-2

チェンマイ発ティーブランド

1Fゾーン A

ラグジュアリーホテルが認める香り

モンスーン・ティー
MONSOON TEA

ラグジュアリーホテルも採用している、環境に優しい栽培法を用いたオーガニック茶葉を販売。チェンマイ市内に3店舗を展開。

☎ 097-918-9892 カードOK 英語OK

人チオ
[ITEM]

310B

一番人気はモンスーン・ブレンドティー。ドリンクも販売

雑貨から食材まで勢ぞろい

ショッピングモール

1Fゾーン C

オリジナル雑貨が大人気

ジンジャー・ファーム・キッチン
GINGER FARM Kitchen

おしゃれなテーブルウェア

ファーム・トゥ・テーブルをコンセプトに、地元の有機野菜を使った料理を提供するレストラン。店の一角でオリジナル雑貨やテーブルウェアを販売する。

☎ 052-080-928
🕙 10:00〜23:00 カードOK 英語OK

200B

テーブルクロスとナプキン、コースターの3点セット

各95B

レトロな風合いの動物が描かれたボウル＆コップ

各100B

モコモコのヒツジが刺繍された巾着ポーチ

食事もおすすめ！

➡ レストランは連日満席になる人気ぶり。タイ料理がメイン

まるで屋内のマーケット！

2F

ローカルショップがずらりと並ぶ「ワン・ニマン セレクト」も必見

ビルの2階にはローカルブランドの露店がずらり。オーガニックやハンドメイドの製品が並ぶ。

人チオ
[ITEM]

各80B

タイ仏教のお札を模した布。仏陀風の猫のイラストがかわいい

各350B

マンゴー＆もち米とアボカドの香りのオーガニックキャンドル

1Fゾーン A

チェンマイ産コーヒーやチョコを販売

スクーガ・エステート
SKUGGA ESTATE

国際コンテストで高評価を得たコーヒーブランド

チェンマイ郊外でコーヒー豆を栽培＆焙煎するブランドのカフェ。店内ではコーヒー・アワードで4位を受賞した豆やチョコレートを販売。

☎ 088-951-6697
🕙 10:00〜22:00 カードOK 英語OK

人チオ
[ITEM]

各145B

キャラメルでコーティングしたカカオブーブ

650B

150B

一番人気の豆「キーパー・オブ・アルマゲドン」

シングルオリジンのチョコレートは8種類ある

カフェ利用もおすすめ

125B

カクテルのようなアイス・チョコレートドリンク

145B

コーヒークリームのティラミス

シックな雰囲気の店内は、ティータイムにもってこい

👣 ワン・ニマンの斜め向かいには巨大なメーヤー・ライフスタイル・ショッピングセンターも。

ウェアから小物、インテリアまで！ 少数民族の
かわいい！ ハンドメイドITEM

カラフルな刺繍が美しく、世界中の人を魅了する少数民族の伝統工芸品。チェンマイ市街に数ある店の中でも、おしゃれなアイテムがそろうおすすめショップを紹介！

スタディ →P.120

ポーチ＆財布

各350B

好きな表情を選んで♪

各20B

150B

女の子の表情がキュートなミニポーチ。使うたび笑顔になりそう

鮮やかな刺繍のポーチは、ばらまきみやげにぴったりなプチプラ

B 細々とした小物を入れるのに万能な、刺繍入り半円型ポーチ

繊細な刺繍を施した長財布。カードも小銭もたっぷり入るサイズ

ポンポン付きで取り出しやすい

各120B

180B

C しっかりとした麻の生地。ファスナーのポンポンがかわいい

250B

A 魚形の巾着ポーチ。中に入っている小さい魚もミニポーチ！

ウェア＆アクセ

C フェルトのポンポンが付いたピアス。コーデのアクセントに♪

5900B

60B

シンプルコーデのポイントに！

B モン族の布をあしらったトップス。クロップド丈が今っぽい！

500B

150B〜

7500B

人と差がつく着こなしに♡

C バルーンスリーブに刺繍を施したトップスはほどよくシンプル

A カレン族のシルバーピアス。ハンドメイドらしい質感がおしゃれ

B 繊細な刺繍とビーズを施したベスト。1枚でも重ね着しても◎

ココで買え る！

伝統工芸品をモダンなデザインに昇華
A チャチャー・スローペース
Chachaa Slow Pace

カレン族のシルバーやヤオ族の刺繍など、少数民族による伝統工芸品を女性らしい目線でセレクト＆アレンジ。アクセサリーやバッグ、ポーチ類が豊富。

🏠 147 Loykroh Rd. ☎052-004-448
⏰ 11:00〜19:00 ㊡ 無休
🚶 ターペー門から車で8分　カードOK　英語OK
リバーサイド周辺 ▶MAP別P.19 E-2

ヴィンテージライクな風合いがおしゃれ
B パンジャン
PUNJUM

ヴィンテージのテキスタイルを取り入れたアイテムが充実。インテリアはクッションカバーからソファなどの大型のものまで。おみやげにちょうどいいポーチも。

🏠 263 Chang Moi Rd. ☎095-641-6341
⏰ 9:00〜17:00 ㊡ 無休
🚶 ターペー門から徒歩4分　カードOK　英語OK
ターペー門東部 ▶MAP別P.19 D-2

バッグ

1900B

Ⓑ 飾り玉があしらわれたカゴは、置くだけでお部屋が華やかに！

280B

Ⓒ 持つだけでグンとシャレ感が増すこと必至なトートバッグ

各80B

つけるだけで気分が上がる

Ⓒ バッグやポーチに彩りをプラス。キーチェーンとしても使える

950B

Ⓐ ヤオ族が刺繍を施したショルダーバッグ。モコモコとした触り心地

リゾートでも大活躍！

1500B

Ⓐ 涼しげなショルダーバッグ。なんと素材はブドウの木のツル！

99B

Ⓑ 小さく折り畳めるトートバッグは、サブバッグやエコバッグに

インテリア雑貨

750B

1800B

Ⓑ クッションカバー。置くだけで、部屋がぐっと華やぎそう！

置き物として使うのもアリ

1900B

Ⓑ タイで定番の三角クッション。床でくつろぐ派におすすめ

布だから洗える♪

各150B

Ⓐ ヤモリやゾウなどタイらしいモチーフの刺繍入りコースター

リーズナブルな小物を探すなら
Ⓒ モン族市場
Hmong Market

モン族のカラフルな刺繍を用いた小物や衣類がリーズナブルな価格で手に入る。トタンに囲まれた市場には小さな店が15ほど並び、周辺にも店舗が点在。

🏠 23-25 Kuang Men Rd.
🕐 7:00～17:00　🈺 無休
🚶 ターペー門から徒歩10分　英語OK
リバーサイド周辺　▶MAP別P.19 E-2

ココもおすすめ！

タイ北部で最大規模！
ワローロット市場
Warorot Market

地下1階から地上3階の巨大な建物で、食材から衣類、伝統工芸品までを販売。モン族市場から徒歩5分の位置にあり、セットで訪れたい。

🏠 Chang Moi Rd.
🕐 4:00～18:00　🈺 無休
🚶 ターペー門から徒歩13分
リバーサイド周辺
▶MAP別P.19 E-2

🔆 モン族市場では値引き交渉が可能。まとめ買いする際は聞いてみよう。

屋台がずらりと並ぶ週末のイベントが大人気！
"JJマーケット"で宝さがし♪

チェンマイのおしゃれ女子に絶大な人気を誇るマーケットがこちら。
雑貨から衣服、食べ物まで、素材にこだわった上質なラインアップに感動！

木々に囲まれた気持ちいい
空間でショッピング♪

敷地内は緑が多
く、一歩足を踏み入
れるだけでリフレッ
シュできる

サスティナビリティがコンセプト
ジンジャイ・マーケット
Jing Jai Market

オーガニックと地産地消をテーマに、
オーガニックコットンやハンドメイ
ドの衣服や小物、有機野菜などを販
売。露店が並ぶのは週末のみだが、
常設店舗は平日も営業している。

🏠 46 Atsadathon Rd.
🕗 8:00～21:00（露店は週末のみ、
6:30～15:00に出店）🈺 無休
🚗 ターペー門から車で10分 英語OK
旧市街周辺 ▶MAP別P.17 D-1

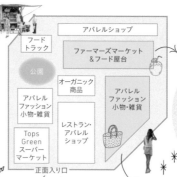

フードトラック｜アパレルショップ
ファーマーズマーケット＆フード屋台
公園｜オーガニック商品
アパレルファッション小物・雑貨｜アパレルファッション小物・雑貨
レストラン・アパレルショップ
Tops Green スーパーマーケット
正面入り口

ローカルフードの屋台がずらり！
チェンマイの名物料理から定
番タイフードまで、B級グルメ
が勢ぞろい。作りたてを提供。

How To
マーケットのめぐり方

● 午前中がベスト
人気商品は午後には売り切れて
しまうため、できるだけ早めに！

● 値段交渉OK！
商品の価格は店主の言い値。複
数点買うと交渉が成立しやすい。

● ほとんどの店が現金払い
一部の常設店を除き、カードを使
える店はほとんどないので注意。

コレが目印！

休憩スペースも豊富

食べ物の屋台やフードトラック
エリアには、ベンチが多数並ぶ

おしゃれ＆エシカルなアイテムがたくさん♪
ローカルブランドのアイ
テムはどれも抜群におし
ゃれ。上質な生地は着心
地もバッチリ。

チェンマイ

SIGHTSEEING

EAT

BEAUTY

SHOPPING

TOWN

STAY

JJマーケットでしたい**3**つのこと

Must Do 1
素材もデザインも◎！ハイクオリティな洋服をゲット

衣服の多くがハンドメイドの一点もの。デザインも豊富で欲しいものだらけ！

マネキンごと買いたい！

590B

990B

カッティングがおしゃれなオーガニックコットンのワンピース

シックな色合いのワンピースはオールシーズン活躍

2290B

子供服もかわいい！

490B

ガーゼ生地と花柄コットンの異素材をMIXしたワンピース

890B

鮮やかな刺繍が♡

Orma

990B

2

1. 刺繍入りアイテム専門店。手縫いでこの値段は破格！ 2. トップスは黒やネイビーなどカラバリも豊富

Must Do 2
ワンランク上の小物をまとめ買い！

プチプラ雑貨の露店もずらり。おみやげ探しにももってこい！

各150B

くすみカラーがおしゃれ！

竹素材のミニポーチ。コスメやピルケースに

お部屋やバッグを彩ってくれる毛糸の飾り玉

79B

テーブルウェアも

190B

各500B〜

花や象のチャーム天然石が付いた、華奢なシルバーブレスレット

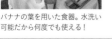

バナナの葉を用いた食器。水洗い可能だから何度でも使える！

各120B

刺繍のヘアクリップは、コーディネートのアクセントに♪

Must Do 3
ローカルフードを食べまくる！

フード屋台では食材にこだわったグルメを販売。混雑する昼前が狙い目！

カリカリの大根もち

50B

50B

カリッと揚がったフライドチキンをもち米と食べるのがタイ流

熱々の揚げたてを販売。緑のものはニラ入り

各20B〜

小分けのおかずを選んでMYプレートが完成！

風味豊かなカニ味噌

各20B

カニ味噌を甲羅に入れて網焼きに。香ばしい匂いがたまらない

常設店もおしゃれなアイテムが多いので、週末でなくてもぜひ訪れてみて！

ラグジュアリーなスパから伝統療法まで！

タイプ別おすすめスパ＆マッサージ

せっかくチェンマイを訪れたなら、タイ北部の伝統療法やマッサージを受けたい！
スパや寺院のマッサージ店など、ハイレベルな施術に定評のある店がこちら。

街スパ

タイ北部の伝統的な施術で新感覚の癒しを体感！

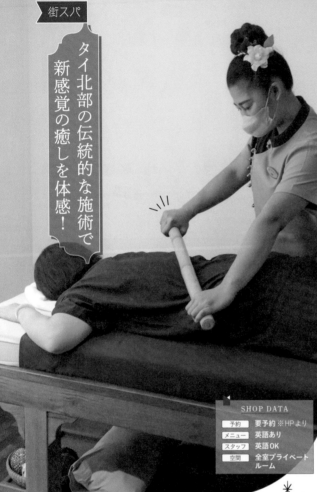

痛気持ちいい！

1

2

1.竹の丸みが筋肉の奥深くまで刺激し、コリを和らげるそう 2.施術はプライベートルームで。部屋ごとに異なる品種の竹材を使用

体験したのは

バンブー・マッサージ
Bamboo Massage
60分／1600B

ハーバルサウナも！

敷地内にはスチームサウナの施設も。スチームにはフレッシュハーブをたっぷり使用する

SHOP DATA

予約	要予約 ※HPより
メニュー	英語あり
スタッフ	英語OK
空間	全室プライベートルーム

オリジナルコスメ
＆雑貨も販売

ラーンナースタイルの施術が豊富

ファー・ランナー・スパ・エクスクルーシブ・アット・ニンマン
Fah Lanna Spa Exclusive at Nimman

チェンマイで3店舗を展開するスパチェーン。自然と調和する空間でラーンナー文化の伝統的なマッサージやトリートメントを提供。

🏠 4/1 Nimmanhaemin Rd. Soi 15
☎ 088-804-9984 🕐 12:00～21:00 (最終受付19:30) 🈳 無休 🚗 ターペー門から車で15分

カードOK 英語OK

ニマンヘミン通り周辺 ▶ MAP別 P.16 C-2

受付エリアではナチュラル素材のスパプロダクツやハーブティー、雑貨などを販売

チェンマイ

SIGHTSEEING

EAT

BEAUTY

SHOPPING

TOWN

STAY

一軒家スパ

体験したのは

アロマセラピー・
ホットオイル・マッサージ
Aromatherapy
Hot Oil Massage
60分／1600B

SHOP DATA

予約	要予約 ※HPより
メニュー	日本語あり
スタッフ	英語OK
空間	全室プライベート ヴィラ

美しい庭園に囲まれた
ヴィラで極上の体験を

施術はプライベートルームで。
メニューはベーシックなマッサ
ージからパッケージまで豊富

1

リゾートホテルのような空間
ザ・オアシス・スパ ランナー店
THE OASIS SPA Lanna

旧市街中心の広大な敷地は緑に溢れ、まるで
リゾートホテルのよう。一歩踏み入れた瞬間
からラグジュアリーなスパ体験がスタート。

🏠 4 Samlan Rd. ☎ 053-920-111
⏰ 10:00〜22:00 ㊡無休
🚗 ターペー門から車で5分
[カードOK] [英語OK]
[旧市街] ▶ MAP別P.18 B-2

1.施術後はフレッシュフルーツ＆
お茶のサービス 2.カウンセリ
ングを行うスペースも美しい

2

⋈⋈⋈⋈⋈⋈⋈⋈⋈⋈⋈⋈⋈⋈⋈⋈⋈⋈⋈⋈⋈⋈⋈⋈⋈⋈⋈⋈⋈⋈⋈⋈⋈⋈⋈

寺院
マッサージ

生活習慣は？

SHOP DATA

予約	不要 ※チネイザン のみ必須・電話より
メニュー	英語あり
スタッフ	英語OK
空間	共同ルーム

徹底的にデトックス！

伝統療法で体の中から

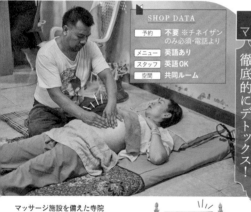

施術の前には丁寧なカウンセリングを

体験したのは

チネイザン
Chi Nei Tsang
120分／1800B

内臓をもみほぐし
て老廃物などを取
り除く気功療法

マッサージ施設を備えた寺院
ワット・パン・ウェーン
Wat Pan Whaen

寺院の一角にある建物でマッサー
ジを提供。チェンマイの伝統療法
トークセンやタイマッサージなど
を受けられ、地元の人で賑わう。

🏠 50 Pra Pok Klaar Rd. Soi 2
☎ 093-327-6259
⏰ 9:00〜18:00 ㊡無休
🚗 ターペー門から車で5分
[英語OK]
[旧市街] ▶ MAP別P.18 B-2

＼ コレもオススメ ／

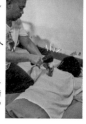

体中を木槌でたたくチ
ェンマイの伝統施術
「トークセン」。コリや
神経痛などに効果的

💆 チネイザンはかなりの痛みを感じる人も。施術後は疲労感もあるため、予定を詰めすぎないように。

上質なリゾートホテルからユニークなブティックホテルまで！

チェンマイの厳選ホテル6

チェンマイにはリゾートホテルからライフスタイルホテルまで多種多様な宿泊施設が。
移動もスムーズなので複数に滞在するのもアリ。立地や旅の目的、予算を比較して選ぼう。

01
田園に囲まれた
ウェルネスリゾート

**チェンマイの古きよき農村を
ラグジュアリーなリゾートに昇華**

ココがスペシャル！

**敷地内には滝や水牛も！
大自然での暮らしを体験**

サッカー場32個分もの敷地には、美しく管理された大自然が。鮮やかな南国植物と澄んだ空気に心身ともに癒される。

自然と融合する
ナチュラルな色調

★★★★★

おこもりステイに最適

フォーシーズンズ・
リゾート・チェンマイ
Four Seasons Resort Chiang Mai

市街から30分ほど北上した大自然に位置。広大な田園と2つの池に囲まれたのどかな環境に、ラーンナースタイルの客室がブレンド。ヨガや藍染などのアクティビティも豊富。

🏠 502 Moo 1, Maerim-Samoeng
☎ 053-298-181 🕐 1泊1室2万800B〜
🛏 98室 🚗 ターペー門から車で35分
[カードOK] [英語OK]
[チェンマイ北部] ▶ MAP別P.16 B-1

1 客室は全て広々としたテラスを完備 **2** スパではオープンエアの環境で受けられる施術も **3** 池のほとりに位置する施設で、ヨガのプライベートレッスンを開催 **4** 3つのレストランでは、地域で採れた新鮮な食材を提供

SIGHTSEEING
EAT
BEAUTY
SHOPPING
TOWN
STAY

How To

チェンマイのホテル事情
旧市街とその周辺にはゲストハウスから高級ホテルまで様々な宿泊施設が点在。リゾートホテルは離れた位置に。

ラーンナースタイルが人気
ラーンナー時代の伝統建築にインスパイアされたデザインはチェンマイならでは。タイムスリップ気分を味わえる。

観光には旧市街周辺が便利
アクセス面で◎な旧市街は夜遅くまで人足が絶えず、スパやナイトマーケットの散策で夜が遅くなっても安心。

02
川のほとりに佇む
ネイチャーリゾート

伝統的なタイのデザインをエレガントにアップデート

ココがスペシャル！
全部屋スイート！
75m以上の広々空間
ゆったりとくつろげる客室は3タイプあり、2つは屋外テラスとリバービュー、1つはプライベートプール付き！

★★★★★

洗練された空間にうっとり
ラヤ・ヘリテージ
RAYA HERITAGE

旧市街東部に流れるピン川上流のほとりに、ひっそりと佇むラグジュアリーホテル。ラーンナー建築にインスパイアされたモダンな施設を地元職人による家具や工芸品が彩る。

🏠 157 Moo 6, Tambol Donkaew
☎ 053-111-670 💰 1泊1室1万2600B〜
🛏 38室 🚗 ターペー門から車で25分
カードOK 英語OK
チェンマイ北部 ▶ MAP別 P.17 D-1

開放感あるロビー

1 ラーンチャ・ティーテラスではアフタヌーンティーを提供 **2** 中庭を有するロビーには美しいアートピースが点在 **3** 地元のマダム御用達のショップは上質なセレクションが魅力 **4** ピン川に面したプール

ラヤ・ヘリテージでは終日、旧市街への無料シャトルバスを利用できる。

03
100年の歴史を誇る
ヘリテージホテル

旧市街の徒歩圏内で リゾート気分を満喫

ココがスペシャル！
旧イギリス領事館で スペシャルなグルメ体験を
敷地の中心に佇む建物は、かつてのイギリス領事館。レストランとバーがあり、イギリス文化にちなんだメニューを提供。

★★★★★
街もリゾートも楽しめる
アナンタラ・チェンマイ・リゾート
ANANTARA CHIANG MAI RESORT

4フロアの客室棟が敷地を囲むように建てられており、全部屋に開放感バツグンのテラスを完備。広々としたプールやリバービューレストランなどでは、リゾート感も満喫できる。

🏠123-123/1 Charoen Prathet Rd.
☎053-253-333
💰1泊1室1万4280B〜 🛏110室
🚗ターペー門から車で5分 [カードOK] [英語OK]
[リバーサイド周辺] ▶MAP別P.19E-3

❶旧イギリス領事館 ❷ピン川を望むプールは開放感満点 ❸旧イギリス領事館内のレストラン「ザ・サービス1921」では本格的なステーキやスイーツが味わえる

04
寺院をモチーフにした
ブティックホテル

旧市街の中心で 静寂に包まれるステイ体験を

ココがスペシャル！
旧市街最大の敷地には 貴重なアンティークがずらり
アンティークのコレクターとして有名なオーナーが世界中から集めた貴重な品を多数展示。見応えたっぷり！

膨大なコレクション

★★★★★
タイムスリップ気分を味わえる
ラチャマンカ・ホテル
Rachamankha Hotel

タイ北部ランパーン県にある寺院を模した、重厚感ある建物が特徴。"自宅から離れた自宅"をコンセプトに、くつろぎの空間とアットホームなサービスを提供する。

🏠6 Rachamankha 9 Alley
☎053-904-111
💰1泊1室9446B〜 🛏25室
🚗ターペー門から車で5分
[カードOK] [英語OK]
[旧市街] ▶MAP別P.18 B-2

❶ヴィンテージ家具や工芸品で装飾された客室は、シンプルながら趣のある空間 ❷広々としたプールの奥にはスパ施設も ❸アンティークが並ぶギャラリールーム

チェンマイ

SIGHTSEEING

EAT

BEAUTY

SHOPPING

TOWN

STAY

05
全室デザインが異なる
カジュアルホテル

唯一無二のデザインに
ワクワクが止まらない！

★★★
地元のアーティストがデザイン

エムオー・ルームス
MO ROOMS

客室ごとに異なる動物がテーマ。ドット柄の壁や真っ白な客室など、唯一無二のデザインが楽しい。旧市街から徒歩圏内で観光に便利な立地。

🏠 263 1-2 Tha Phae Rd. ☎088-295-4450 🏨1泊1室1500B〜 🛏12室 🚶ターペー門から徒歩3分
[カードOK] [英語OK]
[ターペー門東部] ▶MAP別P.19 D-2

← 非日常感満点！

【ココがスペシャル！】
**ユニークすぎるホテル全館が
まるでアート作品！**
客室から複雑な形状の建物、館内の装飾品まで、全てがインパクト絶大。現代美術館にいるような感覚に。

❶1階には楕円形のプールが ❷猿がテーマの客室はバスケット風のベッドが特徴的 ❸天井を蔓が覆う客室のテーマは馬

06
ゾウと暮らすように泊まる
エコリゾート

多様なアクティビティも魅力！

ザ・チャイライ・オーキッド
The Chai Lai Orchid

熱帯雨林と田園に囲まれたリゾート内でゾウを飼育。ゾウとの対話レッスンやトレッキングツアーなど、リゾート主催のアクティビティも充実。

🏠 172 M 5 T. Mae Sapok A. Mae Wang ☎082-660-2213 🏨1泊1室2000B〜 🛏24室 🚶ターペー門から車で90分
[カードOK] [英語OK]
[チェンマイ西南部] ▶MAP別P.16 A-3

❶客室は全てプライベートバンガロー ❷ゾウと川遊びができるアクティビティも ❸リゾートは高台に位置し、オープンエアのレストランでは絶景が広がる

ゾウ好きにはたまらない！
サプライズの連続

素敵な写真が撮れる！

【ココがスペシャル！】
**ゾウが起こしに来てくれる！
レアなサービスが多数**
ゾウがバンガローに遊びに来てくれたり、モーニングコールをしてくれたり。スペシャルな思い出ができる。

🐾 ハイシーズンの冬季は数カ月前から満室になってしまうことも。早めに予約するのが賢明。

133

独自の文化・伝統が色濃く残る

タイ最北の地チェンライで
美しい寺院や
ゴールデン・トライアングルを訪れる

かつてタイ北部を統治していたランナー王朝最初の都があったチェンライは、チェンマイから片道約1時間30分。色をテーマにした美しい寺院や、ミャンマー、ラオスと国境を接するゴールデン・トライアングルなど、世界的に注目される観光スポットをバスツアーでめぐろう！

このツアーに参加する！

白の寺院+青の寺院+黒い家+
ゴールデン・トライアングルをめぐる
チェンライ日帰りツアー

所要 14時間30分※スケジュールは多少変更する可能性あり

料金 5561円※予約時のレートによって変動

含まれるもの
英語ガイド、昼食、送迎、保険

KK day →別冊P.31

7:00	チェンマイを出発
8:45	チェンライに到着、足湯
11:00	「白の寺院」ワット・ロンクン
12:00	食堂で昼食
13:15	「青の寺院」ワット・ロン・スアテン
14:30	「黒い家」バーン・ダム博物館
16:00	ゴールデン・トライアングル
18:00	ツアー終了
21:30	チェンマイに到着

🕖 7:00
チェンマイのホテルで
ピックアップ

宿泊ホテルへの送迎付きだから早朝の出発も安心。参加人数によって車種は異なる。

🕗 8:45
チェンライの天然温泉で
足湯タイム

バンコクと比べて涼しいチェンライでは温泉がポピュラー。地元の人々に混ざって、観光で疲れた足をほぐそう。

POINT
タイ北部は有名な温泉地！

源泉が多く、郊外に温泉施設が点在する。足湯が主流で、入浴する場合は着衣か貸切

🕚 11:00

タイを代表する観光名所
「白の寺院」ワット・ロンクンに到着

チェンライ出身のアーティストによる斬新なデザインが国内外で注目される、タイで最も美しいと言われる寺院のひとつ。

POINT
細部までこだわり抜かれたディテールをチェック！

地獄をイメージした無数の手や、他の寺院にはないユニークな装飾は見応えバツグン

Chiang Rai

チェンライはこう楽しむ！

1. 白と青の2大寺院は必見！
煌びやかな寺院が無数にあるタイで、特段美しいと言われており、現物のインパクトは想像以上。わざわざ足を運ぶ価値大アリだ。

2. 見どころを一気に回れるツアーがおすすめ
チェンライの観光スポットは距離が離れているためツアーでめぐるのが楽ちん。大人数で訪れるならばタクシーをチャーターするのも◎。

🕐 **12:00** 市内の食堂でランチ♪

昼食はビュッフェスタイル。タイ北部料理のナム・ブリックなどが日替わりで数種類並ぶ。

🕐 **13:15**
「青の寺院」
ワット・ロン・スアテンの
美しさに息をのむ！

外も中も真っ青というインパクトで白い寺院に次ぐ人気を誇る。本堂内の壁には仏教の神話が描かれており、神秘的な雰囲気が漂う。

POINT 白の寺院&黒い家との接点に注目！

デザインしたのは白の寺院のアーティストの弟子。本堂入り口のナーガ像は、黒い家の芸術家の工芸品をモチーフにしている

🕐 **14:30**

「黒い家」バーン・ダム・ミュージアムを散策

黒い外観から別名「黒い家」と呼ばれる博物館。タイ北部の建築様式を用いた25以上の建物が並び、地元のアーティストたちの作品を数多く展示する。

POINT ボートでのクルージング付き！

メコン川遊覧ボートに乗って、穏やかな川の流れに揺られながら国境の風景を堪能♪

POINT タイを代表するアーティストの作品

チェンライ出身のアチャーン・タワン・ダッチャニー氏が手がけた。視覚芸術の人間国宝と言われる

🕐 **16:00**

ミャンマー、ラオスと国境を接する
ゴールデン・トライアングルへ ♫ ♪

ラオスとの間を流れるメコン川と、ミャンマーとの間を流れるルアック川が合流し、3カ国が国境を接する三角地帯。ビューポイントからは、雄大な景色を望むことができる。

🚗 🕐 **18:00** ツアー終了

バスに乗ってチェンマイへ。交通状況によるが、宿泊ホテルに到着するのは21時半前後。

 ココもおすすめ！

オプションで立ち寄る場所を追加することも可能。中でも人気の2ポットがこちら！

カレン首長族の村
カレン首長族と呼ばれる民族の村を訪問。田園に囲まれたのどかな村の風景や、刺繍が美しいハンドメイド雑貨の買い物を楽しめる。

シンハー・パーク
シンハービールの会社が運営。東京ドーム約270個分もの広大な敷地で、フルーツ農園や花畑を散策したり、茶畑での茶摘み体験ができる。

斬新なデザインの2大寺院と大自然のコントラストがユニーク

Phuket

Phuket
プーケット

アンダマン海に浮かぶタイ最大の島

タイ本土とサラシン橋でつながり、陸路でもアクセスできる。島の面積の77%を山地が占め、うっそうと茂るジャングルやエメラルドグリーンの海などその景観の美しさで世界中の旅行者を魅了している。年間を通してマリンスポーツが楽しめるほか、歴史ある街並みや大型ショッピングセンターでのお買い物など、旅の楽しみは尽きない。

人口
約45万5千人

面積
543km²

サラシン橋

N

0　　3km

・マイカオ・ビーチ

北部 ○─

プーケット国際空港 ✈
Phuket International Airport

シリナットゥ国立公園・

・ナイトン・ビーチ

ラグーナ・ゴルフ・
パンタオ・ビーチ・

カーニバル・マジック
・
カマラ・ビーチ・　・プーケット・
　　　　　　　　　ファンタジー

タイガー・キングダム・

○ パトン・ビーチ

・カロン・ビーチ

ビッグ・ブッダ・
カタ・ビーチ・

○ 南部

ラワイ・ビーチ・
プロムテープ岬・

‹ パトン・ビーチ周辺 ›

Patong Beach

プーケット屈指の人気ビーチ

パトン・ビーチは海水浴やマリンスポーツを楽しむ旅行者で常ににぎわう。周辺は大型ショッピングセンターやレストラン・バーが集まり活気にあふれている。

バングラ通り
>>>P.140

パトン・ビーチ>>>P.140

‹ 南部 ›

Southern Phuket

ビーチやビューポイントが点在

落ち着いた雰囲気の穴場ビーチが点在する。リゾートホテルや小さな繁華街もあり、のんびりと滞在するのに最適なエリア。丘や岬などアップダウンのある地形で、海を見渡すビュースポットも多い。人気の観光スポットはプロムテープ岬（P.144）。

ヤヌイ・ビーチ>>>P.141

❮ 北部 ❯

Northern Phuket

空港からも近いリゾートエリア

島北部の西海岸には静かなビーチやラグジュアリーなリゾートホテルが点在している。特にバンタオ・ビーチがあるラグーナエリアは、ホテルやゴルフ場、ショッピングセンターなどが集まり、リゾートステイにぴったり。

❮ オールドタウン ❯

>>>P.146

Old Town

かつての繁栄を物語る旧市街

かつて錫の採掘と国際貿易で栄え、さまざまな異国文化が流入したプーケット。その中心街だったオールドタウンは中国や西洋の様式が融合したカラフルな建物が立ち並ぶ。ショップやブティックでにぎわっている。

プーケットタウン >>>P.146

トリーズ・アイスクリーム >>>P.156

❮ シャロン湾周辺 ❯

ワット・シャロン >>>P.145

Chalong Bay

見ごたえ十分の観光スポットが集まる

シャロン湾はかつてのどかな漁村だったエリア。プーケットの南沖に浮かぶ小島にアクセスする、船やボートの発着場所になっている。プーケットを代表する仏教寺院、ワット・シャロンや人気のシーフードレストランなどがある。

┃ プーケット島内の交通の基本 ┃

Grab ◎ タクシー △ チャーターカー ○

広大な島なので車移動が基本！

エリア間を移動するには車が必須。島に点在する観光スポットを効率よく回るなら、車を1日チャーターするのが便利。>>>P.201

配車アプリGrabを活用するのがおすすめ

交渉制のタクシーよりもGrabのほうが安く移動できる。ただしエリアによってはすぐに迎えが来ないので、使い分けを。>>>P.201

タイ本土

●バーンペー滝

●トンサイ滝

プーケット島

●ヒロインズ記念碑

ココナッツ島

●アンダマンダ・プーケット

オールドタウン

シャロン湾周辺

●プーケット水族館

ロン島

ヘー島

SIGHTSEEING
EAT
BEAUTY
SHOPPING
TOWN
STAY

プーケットNo.1の人気エリア

パトン・ビーチ周辺で遊ぶ！

プーケットで最も栄えているのが、西海岸に位置するパトン・ビーチ！
ビーチ周辺もホテルやお店が密集し、夜遅くまでにぎやか。

マリンスポーツも楽しい南国ビーチにダイブ！

透明度抜群！

パトン・ビーチで
できること **1**

パトン・ビーチで
できること **2**

予約なしでOK

アクティビティ
に挑戦！

バナナボートやジェットスキー
などマリンスポーツが多彩。パ
ラセーリングは1周1人1500B。

ビーチチェアで
のんびり過ごす

海水浴だけでなくサー
フィンスポットとして
も人気のパトン・ビー
チ。パラソル＆チェア
は100Bで借りられる。

屋台のイスは注文すれ
ば座ってOK。ココナ
ッツジュース100B

ビーチ周辺を
散策する

歩いてすぐのバングラ通りは
バーやクラブなどで活気づく
ナイトスポット。深夜まで旅行
者でにぎわう。

パトン・ビーチで
できること **3**

バングラ通り
Bangla Road

`パトン・ビーチ周辺`
▶MAP別P.21 A-5

アイスのお店も♪

バングラ通りの入口
はビーチの目の前

1つでも買える

1 2 3 4

1.ビーチの北端にはPATONG BEACHのサイン 2.フルーツの屋台も！ 3.ビーチ周辺は緑豊か 4.ビーチ沿いにのびるタウィウォン通り。タクシーやトゥクトゥクが待機している

プーケット

SIGHTSEEING

EAT

BEAUTY

SHOPPING

TOWN

STAY

まだまだある！
プーケットのおすすめ
BEACH

プーケットの西海岸には美景ビーチが多数。お気に入りを探して。

サーファーに人気！

AREA
南部

写真提供：タイ国政府観光庁

カタ・ビーチ
Kata Beach

約2kmの砂浜が続く。小さな岩場を境に北のカタ・ヤイと南のカタ・ノイに分かれており、南側にある山道を登るとビューポイントも。

プーケット南部 ▶MAP別 P.21 A-6

シュノーケルの穴場

AREA
南部

ヤヌイ・ビーチ
Yanui Beach

沖合に小島が浮かぶ穴場的なビーチ。カヤックで小島まで行ってシュノーケルをすれば、たくさんの熱帯魚が見られる。道具はレンタル可能。

プーケット南部 ▶MAP別 P.21 A-6

高級リゾートエリアにある

AREA
北部

写真提供：タイ国政府観光庁

バンタオ・ビーチ
Bang Thao Beach

高級リゾートが集まるリゾートエリアにあり、落ち着いた雰囲気が魅力。バナナボート1人800Bやジェットスキー30分1600Bもできる。

プーケット北部 ▶MAP別 P.20 A-3

パトン・ビーチでできること 4

ショッピングセンター
でお買い物

約20万㎡の敷地内に200以上の店舗がある巨大ショッピングモール。ビーチからは歩いて5分ほど。

ジャンセイロン
Jungceylon

パトン・ビーチ周辺
▶MAP別 P.21 A-5

パトン・ビーチでできること 5

カジュアルスパで
癒される

周辺にはカジュアルなスパ＆マッサージ店が多数。ビーチで一日遊んだあとはスパで体のケアを！

デ・フローラ・スパ
De Flora Spa → P.163

ヤヌイ・ビーチは近くのレストランでシャワーやトイレを借りられる。カヤックは1人1時間100B。

1日遊ぶならツアー参加が正解

島ツアーで遊びたおす！

海で1日遊べる！

ボートでアクセスする離島や自然いっぱいのジャングルなどで遊ぶなら、現地の旅行会社のツアーに参加するのが安心＆便利！

絶景！ コーラル島で マリンアクティビティ

写真スポットも！

プーケットの約10km南沖に浮かぶへー島（MAP別P.21B-6）は、その美しさからコーラル島と呼ばれる無人島。ボートで約15分でアクセスでき、さまざまなアクティビティを体験できる。

おすすめ ACTIVITY 1 パラセーリング

ビーチではアクティビティや海水浴を楽しめる

料金 800B／1回
スピードボートで引っ張っり、空中にふわりと浮かぶ。インストラクターと一緒なので安心。

空から絶景ビーチを見渡せる

おすすめ ACTIVITY 2 シュノーケル

フルーツのサービスも！

料金 無料（ツアーに含まれる）
ボートでシュノーケリングポイントに移動する。ライフジャケットとマスクはレンタルできる。

おすすめ ACTIVITY 3 バナナボート

料金 800B／1回
グループで乗れるバナナボートで、ビーチの近くを1周。スピードボートで引っ張るのでかなりのスピード！ スリル満点。

振り落とされる可能性もアリ！

泳ぎが苦手な人はビーチでのんびりしても

TOUR DATA

コーラル島A
（日本語ガイド付き）

🕐 所要：8時間

●J&R TRAVEL >>> 別冊 P.31

料金 2200B

含まれるもの
ホテルからの送迎（一部エリアをのぞく）、昼食、マスク＆シュノーケル、ビーチチェア、ライフジャケット

おすすめ ACTIVITY 4 クリアパドルボート

船底から海中の魚が見えることも

SCHEDULE

8:00〜8:30
宿泊ホテルを出発
↓
9:15〜9:30
シャロン湾に到着
↓
9:30〜9:45
コーラル島に到着
↓
10:00
シュノーケルポイントへ
↓
12:00
昼食・フリータイム
↓
14:30
コーラル島を出発
↓
14:45
シャロン湾に到着
↓
15:45〜16:00
ホテルに到着

ランチもついてる！
お昼はビュッフェスタイルのタイ料理ランチ。デザートにはフルーツも。

料金 450B／30分
船体が透明なクリアボートに乗ると、まるで海の中に浮かんでいるような感覚に。パドルを漕いで、海上散歩を。

カフェやショップも！
ビーチにはカフェや、海で必要なものを販売するショップもある。

What Is

アクティビティツアーにあると便利なものは？

日焼け止め＆ラッシュガード
日焼け止めはもちろん、水着の上に着る長袖のラッシュガードやトレンカがあると安心。

ビーチサンダル
着脱しやすく濡れてもいいビーチサンダルがマスト。マリンシューズも便利。

ドライバッグ
水辺で遊ぶ際は、防水バッグにスマホや貴重品を入れておけば常に身につけておける。

シュノーケルセット
ツアー側で用意されているが、共用が気になる人は日本や現地で購入してもいいかも。

酔い止めの薬
海況にもよるが、小さいボートは揺れやすい。酔い止めの薬や飴の準備を！

カオラック国立公園でネイチャー体験

プーケットから車でアクセスできるタイ本土の自然スポット、カオラック・ラムルー国立公園（MAP別P.2 A-3）で自然と触れ合おう。

11～3月の乾季がおすすめ

おすすめ ネイチャー体験① ゾウと触れ合い

エレファントキャンプでゾウにバナナをあげたり、川でゾウの水浴びをお手伝いできる。水着着用で挑もう。

ゾウにバナナ100Bをあげられる。鼻で受け取るのがかわいい

一緒に川に入り、ブラシでゴシゴシ。気持ちよさそうな表情！

おすすめ ネイチャー体験② バンブーラフティング

国立公園内の美しい川をのんびりと竹の筏で下る。筏には水が入ってくるので、水着で乗るのがおすすめ。

おすすめ ネイチャー体験③ 洞窟寺院

洞窟の中に涅槃仏が祀られているワット・スワンナクーハー。洞窟の入場料は20B。周辺には野生のサルが！

地元のコーヒーを竹のカップで！

筏は船頭が漕ぐ。カメラマンによる撮影もあり、写真購入は200B

TOUR DATA

カオラック自然体験ツアー

🕐 所要：11時間

●プーケットハッピーツアー
>>>別冊P.31

料金 1800B

含まれるもの
送迎、ランチ、ガイド、保険

SCHEDULE

6:30
ホテルにお迎え

9:00
ワット・スワンナクーハーを見学

10:00
エレファントキャンプでゾウと水遊び

11:00
滝でフリータイム

12:00
昼食

13:45
海ガメ保護センター

14:30
バンブーラフティング

18:00
ホテルに到着

おすすめ ネイチャー体験④ 海ガメ保護センター

センターでは絶滅危惧種である海ガメの卵を保護し、孵化後6カ月間育ててから海に還す活動を行っている。

海ガメは大きさごとに水槽が分かれている。赤ちゃんもいる！

ランチもついてる！

自然豊かなオープンエアレストランで、タイ料理のセットメニューを。

最後にデザート♡

ラフティングの後はココナッツプリンでひと休み。

🚩カオラック国立公園はタイ本土にある。プーケットタウンからは車で1時間30分～2時間かかる。

143

プーケット

SIGHTSEEING

EAT

BEAUTY

SHOPPING

TOWN

STAY

一度は行きたい定番名所がココ

人気観光スポットを制覇！

SPOT 1 プーケット最南端のビューポイントへGO!

CHECK プラフマー神の祠がある

1

2
CHECK サンセットも必見！
写真提供：タイ国政府観光庁

3
CHECK 岬の先端まで歩いて行ける

特に景色がきれいなのは11～5月

プロムテープ岬
Laem Phromthep

アンダマン海に突き出した岬から、大海原を一望にできる絶景スポット。プーケットNo.1の夕日の名所としても知られている。

🏠 Rawai, Mueang Phuket District
🕐 見学自由 🚗 オールドタウンから車で35分
プーケット南部
▶MAP別P.21 A-6

1.プラ・プロム（プラフマー神）の祠には、参拝者のお供え物のゾウの置物がずらり！2.サンセットは必見 3.周囲には灯台もあり、散策が楽しい

SPOT 2 丘の上にそびえる高さ45mの大仏さまは必見

写真提供：タイ国政府観光庁
CHECK 海を見渡す公園になっている

公園は海を見下ろすビュースポットでもある

CHECK 1万個以上の大理石でできている！

寄付によって建立された大仏さま

ビッグ・ブッダ
Big Buddha

正式名は「プラ・プッタ・ミンモンコン・エークナーキーリー大仏」。穏やかな表情で、マラという悪魔を鎮圧した姿勢を表している。

🏠 Mount Nagakerd, Karon Sub-district 🕐 8:00～19:00
🈺 無休 🈯 無料
🚗 オールドタウンから車で25分
プーケット南部
▶MAP別P.21 A-5

近くで見ると、四角い大理石の石片でできていることが分かる

境内には野生のサルも

SPOT 3 工場見学や体験が楽しいラム酒醸造所を訪ねる

CHECK カクテルのワークショップも

ミクソロジストがレクチャーしてくれる！

1.レストランではラム酒に合う料理を提供。チキンタコス299B 2.ガイド付き蒸留所見学ではモヒートの試飲も

レストラン＆バーも併設

シャロンベイ・ラム醸造所
Chalong Bay Rum Distillery

100%タイ産のサトウキビを使い、本場フランスの製法でラム酒を造る醸造所。工場見学やワークショップやテイスティングなどが可能。

おみやげ用のラム酒も販売。1本580B～

CHECK ラム酒が買える！

🏠 14/2 Moo 2 Soi Palai 2, T. Chalong A. Muang ☎ 093-575-1119 🕐 11:00～22:00（見学ツアーは13時～・15時～・17時～・19時～※要予約、ワークショップは12時～・14時～・16時～※要予約）🈺 無休 🈯 見学ツアーは550B、ワークショップは890B～ 🚗 オールドタウンから車で15分
英語OK カードOK シャロン湾周辺 ▶MAP別P.21 B-5

タイ最大の島・プーケットには、ビュースポットや見学施設など魅力的な観光スポットが多数。島内に点在する見どころをめぐるなら、車を1日チャーターするのがおすすめ！

HOWTO

新たなスポットもチェック！

島内では大型のエンターテインメント施設がオープンし話題をさらっている。P.14のニュースをチェックして。

©タイ国政府観光庁

カーニバル・マジック
→P.14▶

アンダマンダ・プーケット
→P.14▶

SPOT ④ プーケットで最も信仰を集める 仏教寺院をお参り！

プーケット最大のパワースポット

ワット・シャロン
Wat Chalong

正式名は「ワット・チャイタララーム」。1876年に錫の採掘者が反乱を起こした際、地元の村人たちを救った高僧らの像が安置されている。

🏠 70 Moo 6 Chaofa Rd. Chalong
🕐 8:00〜17:00
休 無休 料 参拝自由
🚗 オールドタウンから車で15分
シャロン湾周辺
▶MAP別P.21 A-5

高さ60mの塔、チェディに登ってみよう

CHECK 参拝してみる

地元の人々から絶大な信仰を集めている

CHECK ビュースポットも

CHECK これが本堂！

19世紀の初めに建てられたタイ式仏教寺院

SPOT ④ トラとふれあえる＆記念写真を撮れる！

CHECK 色々なトラがお出迎え！

1. 料金は触れ合うトラの大きさにより異なる。チーターもいる 2. 赤ちゃんトラにも会えるかも！

大人も子どもも夢中になる！

タイガー・キングダム
Tiger Kingdom

色々な種類のトラと触れ合える。トラと記念撮影ができ、専属カメラマンに撮影してもらえるオプションも。レストランやショップも併設。

🏠 118/88 Moo 7 Kathu ☎ 076-323-311
🕐 9:00〜18:00 休 無休
料 900B〜（トラにより異なる）🚗 オールドタウンから車で15分 英語OK カードOK
プーケット中央部 ▶MAP別P.21 A-4

SPOT ⑤ オールドタウンを見下ろす のどかな ビューポイント

CHECK 街の向こうに海も！

夜景もおすすめ！

カオ・ラン・ビューポイント
Khao Rang View Point

オールドタウンの北西にある小高い丘。プーケットの市街地と、その向こうに広がる海を見渡すことができる。地元の人々がピクニックに訪れる憩いの場でもある。

🏠 Wichit, Muang Phuket
🕐 見学自由 🚗 オールドタウンから車で10分
オールドタウン周辺
▶MAP別P.21 B-5

1. 一帯は自然豊かな公園になっている。展望台は白亜の東屋が目印 2. 市街地を間近に望む

CHECK 森の中のカフェへ

3. レストランやカフェ、売店もある。森の中にあるトゥンカ・カフェがおすすめ 4. 野生のサルも

🐾カオ・ラン・ビューポイントにあるトゥンカ・カフェは、テラス席から夜景を見下ろせるデートスポット！

プーケット

SIGHTSEEING

EAT

BEAUTY

SHOPPING

TOWN

STAY

カラフルな街並みがかわいい！
オールドタウンをおさんぽ

START

PHUKET

タラン通り
1.Thalang Road

タイの伝統衣装で
カラフルな街をおさんぽ

\น่ารัก/
かわいい♪

ロマニー通り
2.Rommani Road

ディブック通り
3.Dibuk Road

おさんぽが
楽しい♪

1.タラン通り 2.6.タイの伝統衣装を着て記念写真（Ⓐ）3.4.5.ロマニー通りには人気のアイスクリームショップ も 7.仏教寺院のワット・モンコン・ニミット 8.9.10. フォトジェニックな建物が目を引くディブック通り

おすすめROUTE

1. **タラン通り** Thalang Road
└ ハロー・プーケット・スタジオ Ⓐ
　↓🚶 1分
2. **ロマニー通り** Rommani Road
　↓🚶 すぐ
3. **ディブック通り** Dibuk Road
　↓🚶 すぐ
4. **ヤワラート通り** Yaowarad Road
　& クラビ通り Krabi Road
└ タイファ博物館 Ⓑ
　↓🚶 3分
5. **パンガー通り** Phangnga Road
└ センタム神社 Ⓒ
└ カフェ・メム Ⓓ
　↓🚶 3分
6. **プーケット通り** Phuket Road
└ プーケット博物館 Ⓔ

タイ人女子に変身!?
ハロー・プーケット・スタジオ Ⓐ
Hello Phuket Studio

タイの伝統衣装を全身トータルでレンタルできる。カメラマンによる撮影も追加可能。ヘアメイク付きで1500B。

🏠 117 Thalang Rd. 2F
☎093-213-4975 🕙10:30〜18:00 🈂火曜
💰650B〜（衣装のみ）
🚶タイファ博物館から
徒歩5分 カードOK 英語OK
オールドタウン ▶MAP 別P.23 D-2

中国人学校だった建物を利用
タイファ博物館 Ⓑ
Phuket Thaihua Museum

1934年に建てられた白亜の建物内では、プーケットに移住した中国人たちの歴史や文化を紹介。英語も併記されている。

🏠 28 krabi Rd.
☎076-211-224
🕙9:00〜17:00
🈂月曜 💰200B
🚶プーケット博物館
から徒歩10分
オールドタウン ▶MAP 別P.22 A-2

プーケット

SIGHTSEEING

EAT

BEAUTY

SHOPPING

TOWN

STAY

16〜18世紀、錫の採掘や国際貿易で発展したプーケット。
古くから島の経済の中心だったオールドタウン(旧市街)には
カラフルなシノ・ポルトギース様式の建物が点在している。

When Is

いつ行くのがおすすめ?

昼間はシノ・ポルトギース様式の建物をリノベーションしたカフェやショップでにぎわうが、建物がライトアップされる夜もおすすめ!

おいしいもの探しや
ショッピングも楽しい

4. Yaowarad Road

5. Phangnga Road

อร่อย
おいしい♡

GOAL

博物館は
時計台が目印

6. Phuket Road

11.12. ファッションのお店が多数 13.14.16.18. 食堂やカフェがあるヤワラート通り 15.17. タイファ博物館(B) 19. カシコン銀行(MAP 別P.22 C-3)でフォトジェニックなポストを発見! 20. セーンタム神社(C) 21. カフェに寄り道(D) 22. プーケット博物館(E)

学業成就にご利益あり!
セーンタム神社 C
Sang Tham Shrine

1891年に建てられた中国様式の神社は美しい建築が見どころ。タイのBLドラマのロケ地としても話題になった。

🏠 Phangnga Rd.
⏰ 参拝自由
🚶 タイファ博物館から徒歩3分
オールドタウン
▶ MAP 別P.22 B-2

プーケットで最も古いホテル内にある
カフェ・メム D
Café Mem

ノスタルジックなカフェ。アン・アン130Bやザ・ビーチ130Bなど、カクテルのようなコーヒーを楽しんで。

🏠 19 Phangnga Rd.
ザ・メモリー・アット・オン・オン・ホテル内
☎ 093-574-1161 ⏰ 7:00〜18:00 無休
🚶 タイファ博物館から徒歩5分 [英語OK]
オールドタウン ▶ MAP 別P.22 C-2

時計台のある黄色い建物が目印
プーケット博物館 E
Museum Phuket

歴史、ファッション、食など中国系移民・ブラナカンの文化を紹介するミュージアム。美しい建物も見どころ。

🏠 Phuket Rd.
☎ 094-807-7873
⏰ 9:00〜16:30
休 月曜 無料
🚶 タイファ博物館から徒歩10分
オールドタウン ▶ MAP 別P.23 E-2,3

14の写真の食堂はヤワラート通りにある「鑫發」。ビーフボールヌードルなどを日替わりで提供する。　147

代々王朝が築かれた
タイの歴史を
スタディ

タイ族の起源から
現王朝までをおさらい！

現在では東南アジア有数の近代国家へと発展したタイ。その民族の起源は紀元前3600年頃の先史時代と言われている。13世紀のスコータイ王朝の成立をきっかけに、代々続く王朝のもとで仏教や独自の言語などの文化が定着し、現在のチャクリー王朝までその歴史を紡いできた。タイ北部のスコータイやバンコク郊外にあるアユタヤには、王朝文化を現在に伝える遺跡の数々が残されている。

世界有数のリゾート地として人気のプーケットも、国際貿易で流入した異国の文化が融合し、美しい街の景観で世界中の人々を魅了している。

8世紀にわたる王朝の歴史を紐解けば、旅をより一層楽しめること間違いなし！

プーケットのオールドタウン>>>P.146

先史時代から古代国家の成立まで

タイ東北部のイサーン地方がタイ族の起源と言われ、バーンチェン遺跡では紀元前〜紀元後3世紀頃の農耕文明を示す陶器などの出土品が見つかっている。9〜13世紀にはカンボジアのクメール王朝がタイ東北部を支配した。

写真提供:タイ国政府観光庁

13〜15世紀
「幸福の夜明け」を意味するタイ族初の王朝
スコータイ王朝
Sukhothai

13世紀初頭にタイ族がクメール勢を滅ぼし王朝を築く。その後チェンマイのラーンナー王朝を支配下に置くなど勢力を広げ、仏教寺院の建設やタイ文字の考案で文化の礎を築いた。

写真提供:タイ国政府観光庁
❶かつての首都スコータイに伝わるサンカローク焼 ❷旧市街の歴史公園には寺院が残る

AREA → スコータイ →MAP別P.2 B-1
チェンライ →P.134　チェンマイ →P.105

14〜18世紀
欧州と東アジアを結ぶ国際貿易港として発展
アユタヤ王朝
Phra Nakorn Si Ayutthaya

1351年、タイ中央部でアユタヤ王朝が成立。物資の交易で繁栄し隣国スコータイを併合。17世紀には国際交易により、シャム国（当時のタイの呼称）の首都として隆盛を極めた。

❶世界遺産にもなっているアユタヤ遺跡 ❷チャオプラヤー川流域にあり水運に恵まれた

AREA → アユタヤ →P.94

その頃
プーケットは…

16〜18世紀

錫の採掘と国際貿易で発展！

16〜18世紀のプーケットは国際貿易の拠点となり、ポルトガルやオランダ、福建省からやってきた商人でにぎわった。1980年代からは美しい海と自然を求めて外国人に人気の旅行地となり、国際的なリゾート地に発展した。

シノ・ポルトギース建築

オールドタウンは中国とポルトガルの建築様式が融合した建物が特徴。現在は、当時の面影を残して改装したカフェやブティックに。

タイファ博物館
内部の階段の手すりはアールデコ様式

ショップハウス
上階は住居。
2階建ての建物が多い

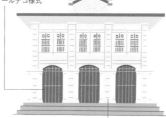

11〜16世紀頃の
ロマネスク様式の柱

1階は店舗。奥には
風通しのいい中庭がある

18世紀

わずか15年の王朝
⇨ トンブリー王朝
Thonburi

1767年、タークシン王がビルマの侵攻を受けたアユタヤを奪還し、トンブリー(現在のバンコクのチャオプラヤー川西岸)に住居を構えて王に即位した。ビルマやカンボジアとの戦争が絶えない15年だった。

トンブリー地区にあるワット・アルン。本堂にはタークシン王の遺灰が納められている

AREA バンコク チャオプラヤー川西岸 ▶ MAP別 P.3 D-2

タイの仏暦って？

東南アジアなど仏教が浸透している国で用いられている。釈迦が入滅した年を元年とする。

西暦2024年は
仏暦2567年！

18世紀〜現在

近代国家へと変貌を遂げる
チャクリー王朝
（ラタナコーシン王朝）
Chakri Rattanakosin

1782年、タークシン王の王位を剥奪して内乱を鎮めたチャオプラヤー・チャクリーが、ラタナコーシン島(現在のバンコク旧市街)に新しい都を建設、ラマ1世として即位した。1932年に立憲君主制に移行。

AREA バンコク旧市街 → P.80

❶王宮の護国寺、ワット・プラオ ❷現在も王室の重要な祭典などが行われる王宮 >>>P.26

●主な出来事

西暦(仏暦)	
1782(2325)年	ラマ1世即位、王都をバンコクへ移す
1826(2369)年	イギリスとバーネイ条約締結
1832(2375)年	アメリカと通商条約締結
1872(2415)年	英語学校の開校
1887(2430)年	陸軍士官学校の開校
1906(2449)年	海軍士官学校の開校
1932(2475)年	絶対王政から民主主義体制へ移行
1939(2482)年	呼び方をサイアム(シャム)国からタイ国に改める

SIGHTSEEING

EAT

BEAUTY

SHOPPING

TOWN

STAY

 ワット・プラケオは1782年、ラマ1世がチャクリー王朝を開いたときに護国寺として建てたもの。　149

タイ南部ならではのローカルフード

プーケットの名物料理食べ比べ！

麺と具材を混ぜて味わう プーケット風焼きそば

自家製の卵麺は、柔らかめ＆太めがポイント！

3代続く人気店！

混ぜて味わう

紫タマネギ 無料

豚の皮の唐揚げ 12B

名物
ミー・トンポー（ホッケンミー）
Mee Ton Poe
70B

店の看板料理。醤油ベースのタレが効いた麺と、半熟卵を絡めて味わう。

こちらもおすすめ！

ミー・ナム・トンポー
Mee Nam Ton Poe

汁ありホッケンミー。エビの出汁が効いた優しい味わい。

70B

ミー・トムヤム
Mee Tom-Yum

70B

トムヤムクン風味のピリ辛ホッケンミー。半熟卵入り。

Hokkien Mee ホッケンミー

中国・福建省から伝わった麺料理。太麺と共に豚肉やシーフードを炒めた汁なし麺で、日本でいう焼きそば。

名物ポイント

1 華僑が広めた労働者の食べ物

2 エビの出汁が効いている

3 代々続く伝統の味！

ホッケンミーを食べるならココ！
ミー・トンポー
Mee Ton Poe

1946年にプーケットに移住した初代オーナーが開いた店で、プーケットにホッケンミーを広めた先駆け的な店。3代続く人気店で、ホッケンミー以外のメニューも多彩。

🏠 214, 7-8 Phuket Rd.
☎ 087-474-9923 🕐 9:00～18:30
🈺 無休 🚶 タイファ博物館から徒歩15分 英語OK
オールドタウン周辺 ▶ MAP別P.21 B-5

混ぜて味わう

もやし 無料

'O Tao' オータオ

タロイモや魚介類を卵・小麦粉と共に炒めたもの。プーケット以外では珍しい、タイのなかでもレアな料理。

できたてアツアツ

名物
オータオ
O Tao
50B

タロイモ、小粒のカキを炒めてナンプラーやニンニク、チリソースで味付け。

小腹が空いたときに◎な タイ風のもんじゃ焼き

名物ポイント

1 プーケット以外では食べられない!?

2 庶民のおやつのB級グルメ

3 ローカルな屋台風のお店で提供

オーダーが入ってから作るできたてオータオ
オータオ・バーン・ニアオ
O Tao Bang Niao

オータオ専門のローカル食堂。タロイモ＆カキ入りがスタンダードで、シーフードや卵のせなど6種類がある。英語はあまり通じないので、注文はメニューを指さしで。

🏠 362 Phuket Rd. ☎ 091-515-4949
🕐 14:00～23:00 🈺 無休 🚶 タイファ博物館から車で10分 英語OK
オールドタウン周辺 ▶ MAP別P.21 B-5

オールドタウンやその周辺には、プーケットならではの名物料理を提供する老舗が多い。シーフード料理ならシャロン湾など海沿いエリアに足をのばして。

プーケット
SIGHTSEEING
EAT
BEAUTY
SHOPPING
TOWN
STAY

What is
タイの南部料理の特徴とは？

プーケットはタイ・中国・イスラム圏の文化がミックスした独特の料理が特徴。一般的にタイ南部料理は辛いものが多いが、中国系の料理は辛さ控えめで食べやすい。

Roti
ロティ

イスラム教徒の多いプーケットならではのグルメ。鉄板で小麦粉の生地を焼いたもので、食事系とスイーツ系がある。

朝食として庶民に愛されるロティ×カレーの黄金コンビ

名物ポイント

1 おやつにもなるタイ風クレープ

2 朝ごはんとして食べるのが地元流

3 オープンしてすぐに満席に！

名物
ロティ＆目玉焼き
2 Plain Roti with 1 Fried Egg
30B
炭火でパリッと焼き上げたロティの上に目玉焼きをオン！

名物
チキン・マッサマン・カレー
Chicken Massaman Curry
50B
柔らかくなるまで煮込んだ骨付きチキン入り。辛くないカレー。

1日
300個以上
作ります

ミシュランガイドでも紹介される名店
ロティ・ティウナム
Roti Taew Nam

70年以上の歴史を持つ、老舗のロティ専門店。ロティのおいしさの秘密はパーム油を使って炭火で焼き上げること。ロティはスイーツ系も含め5種、カレーは6種類ある。

🏠 6 Thep Krasattri Rd.
☎ 076-210-061 ⏰ 7:00～12:00 🗓
無休 🚶 タイファ博物館から徒歩6分
英語OK
オールドタウン ▶MAP別 P.23 E-2

こちらもおすすめ！

バナナ＋
エッグ・ロティ
Banana+Egg Roti 35B
卵入りのロティにバナナを挟んで焼く。練乳をつけていただく。

ビーフ・カレー
Beef Curry 60B
サラサラタイプのビーフカレー。ロティをつけて食べると◎。

Kaeng Som
ゲーン・ソム

タイ南部の郷土料理で、ゲーン（カレー）・ソム（酸っぱい）の名の通り、辛味と酸味が融合したスープ。

暑い国でこそ食べたくなる酸っぱい＆辛いスープ！

こちらもおすすめ！

プラームック・トート・ナム・ダム
Plamuek Tod Nam Dam 150B
イカのイカ墨炒め。新鮮なイカが入ったときだけの裏メニュー。

ヤム・トゥアプー・クン
Thai Winged Bean Salad 100B
エビと四角豆を使った辛い炒めもの。カシューナッツの食感がいい。

名物ポイント

1 酸っぱさがクセになる南部料理

2 カレーというよりスープ

3 鮮やかなオレンジ色が特徴

シーフードがおいしいローカルレストラン
アジャン・レストラン
Ajan Restaurant

その日仕入れた新鮮な魚介を使う店。メニュー表にある以外にも、日替わりメニューが多彩。オープンエアの広い店内でいただく。

🏠 Chao Fah Tawan Tok Rd. ☎ 082-815-2858
⏰ 17:00～22:00 🗓 月曜 🚗 オールドタウンから車で15分 シャロン湾周辺 ▶MAP別 P.21 A-5

名物
ゲーン・ソム
Sour Soup with Shrimp and Mix Veggies
150B
大ぶりのエビがたっぷり入ったゲーン・ソム。エビまたは白身魚を選べる。

BESTなディナーはココで！

ローカルな南タイ料理に絶品シーフードも

南タイ料理 空間もステキな

BESTなメニュー

ナム・プリック・カピ
Thai Paste with Dried Shrimp and Garlic
490B

生野菜やゆで野菜を、発酵させたエビのペーストにディップして味わう。

1. 広い店内はオープン後すぐに満席になる
2. レトロなインテリアが素敵

タイルがかわいく、絵になる空間も魅力

プーケットの郷土料理を試すなら
ワン・チャン
One Chun

タイ料理に中国系移民がもたらした食文化が融合した、プーケットならではの料理を味わえる店。人気店なので、早めの時間に行くのが吉。

🏠 48/1 Thep Krasattri Rd.
☎ 076-355-909
🕙 10:00〜22:00（LO21:20）
📅 無休 🚶 タイファ博物館から徒歩8分
英語OK
オールドタウン ▶MAP別 P.23 E-1

コレも一緒に！

ムーホン・プーケット
Traditional Phuket Style Steamed Pork Berry

コクと甘みのある豚の角煮。辛さはゼロで、ご飯とよく合う。

● 265B

BESTなメニュー

ゲーン・プアン
Fresh Crab Meat with Yellow Curry and Coconut Milk Served with Noodle
390B

塩味の効いたカニのカレーを米粉麺と共に。タイ料理のなかでも辛い。

予約 可（当日のみ、電話またはFacebookで） 予算 1人500B〜 ドレスコード カジュアル

ローカルシーフード リーズナブル＆新鮮さが売り！

BESTなメニュー

蒸しガニ
Steamed Crab
500B/500g

新鮮なカニを丸ごと蒸したシンプルな料理。ピリ辛のタレにつけて食べる。

1. 夕暮れ時が美しい 2. いかだ上にいけすがあり、新鮮な魚介類が多数 3. いけすから選ぶこともできる

600B/500g

コレも一緒に！

タイガープローンのフライ
Deep Fried Tiger Prawn with Cilli & Solt

カリカリに揚げたエビに、唐辛子のソースをかけた料理。

行き方はこう！

1. 車でレムヒン船着場へ
タクシーでレムヒン船着場（Laem Hin Pier）へ

2. 乗り場を確認
入口の案内所で店名を伝え乗り場を教えてもらう

3. 桟橋へ移動し乗船
店名を伝えボートに乗る。地元民と相乗りになる

4. ボートでお店へ
所要約5分。帰りもボートを呼んでもらう

ロケーションがユニークな魚介料理店
クルーウィット・ラフト
Kruvit Raft

プーケット沖のココナッツ島付近の海上に浮かぶいかだ上のレストラン。360度オーシャンビューの開放的なロケーションが魅力。

BESTなメニュー

アサリのレモングラス蒸し
Boiled Clam with Lemon Grass
180B

レモングラスの香りが爽やかな蒸し料理。アサリのダシが出たスープも残さず味わって。

🏠 プーケット東海岸、レムヒン桟橋とココナッツ島の間 ☎ 086-687-0892 🕙 10:00〜22:00 📅 無休 オールドタウンからレムヒン船着場まで車で25分、ロングテールボートで5分 英語OK
プーケット東部 ▶MAP別 P.21 B-4

予約 可（電話またはFacebookで） 予算 1人500B〜 ドレスコード カジュアル

プーケットのディナーは、郷土料理にシーフード、ホテルレストランと選択肢が多彩。シーンや予算で選べるレストランをジャンル別にご紹介！

オープンキッチンの目の前のカウンター席がおすすめ

ミシュラン星付き
プーケットで唯一！

BESTなコース

PRU エクスペリエンス
The PRU Experience
6900B

メニューは月替わりのコースのみ。デザート含む10品を楽しめる。

1. バナナのキャラメリゼと和素材のジェラート 2. 熟成鴨肉のロースト 3. ドリアンのスモークとタイ近海産キャビア

創作料理を楽しんで！

シェフのジミー・オーフォスト氏

プーケット初のミシュラン1つ星

プル
PRU

最上級リゾート、トリサラのシグネチャーレストラン。Farm to Tableをコンセプトとした唯一無二のミシュランの味を体験できる。

🏠 60/1 Moo6, Srisoonthorn Rd.（トリサラ内）☎ 076-683-344 ⊕ 12:00〜15:00（金・土曜のみ）、18:00〜22:30 休 日・月曜 ⊗ オールドタウンから車で45分 英語OK カードOK
プーケット北部 ▶MAP別P.20 A-3

予約 可（電話または公式サイトで）
予算 1人7400B〜
ドレスコード スマートカジュアル
そのほかのコース オボラクト・ベジタリアン6400B

サロンでは食前酒や食後のデザートを提供

ドリンクはコレ！
ペアリング（アルコールフリー）2500B
コースに合わせたワインのペアリングを楽しめる。ノンアルコールのペアリングもあり。

ホテルレストラン
オーシャンビューも魅力の

BESTなメニュー

シー（魚介のコース）
Sea
2700B〜

メインを4種から選べる8品のコース。デザートも2種から選択。

ドリンクはコレ！

300B
ナム・ジャイ
Nam Jai

食前酒はタイのフルーツやハーブを使ったカクテルを。

1. タイガープローンやムール貝など魚介尽くし 2. メインのプーケットロブスター 3. ブラックココナッツプディング 4. 生野菜をカニのペーストにディップ

アンダマン海を望むテラス席が特等席

店内はエレガントな雰囲気。予約がおすすめ

オーシャンビューのホテルレストラン

シーフード・アット・トリサラ
Seafood at Trisara

タイ南部の家庭料理からインスピレーションを得た独創的なタイ料理を楽しめる。シグネチャーの魚介のコースと、肉料理のコースの2種類から選べる。

🏠 60/1 Moo6, Srisoonthorn Rd.（トリサラ内）☎ 076-683-320（予約）⊕ 18:00〜22:30 休 無休 ⊗ オールドタウンから車で45分 英語OK カードOK
プーケット北部 ▶MAP別P.20 A-3

予約 可（電話または公式サイトで）　予算 1人3500B〜
ドレスコード スマートカジュアル
そのほかのコース ランド（Land）2000B〜

EAT
03

味もロケーションも最高！

最旬カフェをチェックする♡

プーケットには、わざわざ訪れたい素敵なカフェが多数！
本格的な料理やリゾート感満点な空間で癒されよう。

CAFE 1

POSTしたくなる！蓮池がキレイな
絶景カフェに注目

動画も撮れる！

蓮池でのドローン撮影が大人気。
料金は1人500B、2人なら800B

写真撮影が楽しいカフェ
マー・ドゥ・ブア・カフェ
Ma Doo Bua Cafe

蓮池に面したフォトジェニックなカ
フェ。別料金でドローン撮影が可
能で、定員に達し次第締め切られる
ので早めの時間に訪れるのが吉。

🏠 310/51 Moo 1, Tambon Thepkr
asattri, Bandon-Cherngtalay Tha
lang District ☎ 063-197-9244
🕘 9:00〜20:00 🈲 無休
💰 ドローン撮影500B〜 🚗 オールド
タウンから車で30分 英語OK
カードOK
プーケット北部 ▶MAP別P.20 A-3

オオオニバスの葉が浮かぶ。雨が
少ない12〜2月がベストシーズン

ソファー席やテーブル席が選べる。
予約は不可

蓮池を眺めながら
ティータイム！

♡これをオーダー♡

145B
285B

フォイトーン・アイスラテ（左）
Foi Thong Iced Latte

ザ・ペタル（右）
The Petal

タイの伝統菓子を使ったラテや、
蓮の花をモチーフにしたドリンク
は見た目もかわいい。

250B

マンゴーチーズケーキ
Mango Cheesecake

濃厚なマンゴー入りチーズケーキ。
アイスクリームとともに味わって。

プーケット

SIGHTSEEING

EAT

BEAUTY

SHOPPING

TOWN

STAY

パンはテイク
アウトもOK

CAFE 2

海ビューな**ベーカリーカフェ**は
スイーツ系もドリンクもハズレなし!

1. ボリューム満点のシナモンロール80 Bがシグネチャー 2. ローストパンプキンサラダ210 B

オーシャンビューも魅力

カネル・ベーカリー&コー
Cannelle Bakery & co

本格的なパンが自慢のベーカリーカフェ。店名にもあるカネル (仏語でシナモン) を使ったパンがおすすめ。食事メニューが多彩。

🏠 228/4-5 Khok Tanod Rd., Karon
☎ 063-015-5562
🕐 7:00～21:00
㊡ 無休 🚗 オールドタウンから車で25分
英語OK カードOK
プーケット南部
▶MAP別P.21 A-6

♡これをオーダー♡

カネル・ラテ
Cannelle Latte
シナモンたっぷりで香りを楽しめるアイスラテ。ホットは130 B。

クロワッサン・ベネディクト
Croissant Benedict
エッグベネディト2個をサクサクのクロワッサンでサンド。

140B

160B

円形のモダン建築が美しい。コワーキングスペースを併設している

CAFE 3

オールドタウンの
美建築カフェが
かわいすぎる!

古い写真を飾ったノスタルジックな店内

真っ白な漆喰のアーチが美しい。テラス席もある

♡これをオーダー♡

50B

コピ・チャーム
Kopi Charm
エスプレッソとタイティーを混ぜたプーケットならではのラテ。

築100年の白亜の建物が素敵!

タイファ・カフェ
Thai Hua Cafe

華僑の人々が設立した学校建築を利用したリノベーションカフェ。タイ産のコーヒーや月餅などの中華スイーツを提供している。

🏠 23 Dibuk Rd. ☎ 076-212-454 🕐 9:30～18:00 ㊡ 無休 🚶 タイファ博物館から徒歩5分 英語OK
オールドタウン ▶MAP別P.22 C-1

ココでしか食べられない!?
ローカルスイーツに注目！

ローカルアイス

ビ・コ・モイ
Bi Co Moi
150B
バタフライピーとココ
ナッツのアイスを、黒
米のぜんざいと共に。

↓コレもおすすめ↓

オーエウ・オリジナル
O-Aew Original
120B
オーエウのゼリーと小
豆、フローラルシロッ
プのシャーベット。

パイナップルジ
ャムが入った月
餅をトッピング

プーケット伝統
のおまんじゅう
をアイスにした
シー・タオ・ソイ

テイクアウト
も OK！

インテリアがか
わいい店内や店
先の席で

**トリーズ・シグネチャー・
サンデー**
Torry's Signature Sundae
195B
好きなフレーバーのア
イスを選べるミニサイ
ズのサンデー。

ホイップクリー
ムと一緒に食べ
るとさらに◎

素材はすべてオーガニック！
トリーズ・アイスクリーム
Torry's Ice Cream

オーナーが考案した、ブーケットの
伝統スイーツを取り入れたオリジナ
ルのアイスクリームが評判。南国フ
ルーツのフレーバーも多彩。

🏠 16 Soi Rommani ☎ 076-510-888
🕙 10:00～18:00 🈚 無休 🚩 タイフ
ァ博物館から徒歩5分 英語OK
オールドタウン ▶ MAP別 P.22 D-2

思わず写真を
撮りたくなる！

中華スイーツ

**キャラメル・カスタード・
プリン**
Caramel Custard Pudding
100B
ミニサイズがうれしい、
シンプルなカスタード
プリン。

黒ゴマの中身は小豆、
白ゴマの中身は大豆

ゴマ団子
Sesame Ball
20B
併設のテイクアウ
トスタンドで作る
ヴィーガンゴマ団
子。揚げたて！

ほろ苦いキャラ
メルソースがポ
イント。トップに
は金箔が！

レトロかわいい
外観。テイクア
ウトスタンドも

↓コレもおすすめ↓

かき氷
（愛玉子・小豆・スイカ＆バナナ）
Shaved Ice with Aiyu Jelly, Japanese
Red Bean, Watermelon & Banana
90B
かき氷の上にフルーツやゼリー、小
豆をのせたビックサイズのかき氷。

タイ×中国のデザートを提供
ティアン・ティアン・プーケット・デザート・カフェ
Tian Tian Phuket Dessert Cafe

愛玉子（オーギョーチー）やタイティー、トロ
ピカルフルーツをトッピングできるかき氷が
看板メニュー。スイーツはすべて自家製。

🏠 2/4 Phangnga Rd. ☎ 098-856-6656
🕙 12:00～22:00 🈚 無休 🚩 タイファ
博物館から徒歩3分 英語OK
オールドタウン ▶ MAP別 P.22 B-3

数え切れないほどのスイーツカフェがあるオールドタウン。
プーケット名物のオーエウやMIX文化を象徴する
中華スイーツなど、ここでしか味わえない逸品を！

オーエウ

> 本場のオーエウを食べに来て♪

かき氷にたっぷりのゼリー（オーエウ）をON

ローズの香りのシロップをかけていただく

店の奥にはカラフルなテラス席も

丸くカットしたスイカも好きなだけのせて！

LOCAL SWEETS

オーエウ
（スイカ＆ローズエッセンス）
Oh Aew Watermelon & Rose Essense
79B

スイカのかき氷にオーエウとレモンシャーベットをトッピング。

オーエウの人気カフェがココ

カフェイン
Cafe'in

オーセンティックな製法で作る本来のオーエウを楽しめる店。カラフルなフルーツシロップを使ったかき氷でいただく。

🏠 24 Krabi Rd. ☎ 086-389-1192 🕙 10:00～19:00 🗓 無休 🚶 タイファ博物館から徒歩1分 英語OK
オールドタウン ▶ MAP 別 P.22 B-2

▼コレもおすすめ

オーエウ（ハニーレモン）
Oh Aew Honey Lemon
79B
ハニー＆レモンのかき氷とオーエウでさっぱりと味わえる。

中国風の飾りが目印。店内も中国風

LOCAL SWEETS

タイティー・ビンス
Thai Tea Bingsu
235B
タイならではの紅茶、タイティーのシロップをかけたかき氷。

甘さを追加したいときはコンデンスミルクを

かき氷

ほのかな甘みの黒糖ゼリーをトッピングして

生クリーム＆つぶつぶのあられがのっている

店名の通りプーケット通りとラサダー通りの角にある

朝から営業のパンケーキカフェ

パンケーキ・コーナー
Pancake Corner

口のなかでとろけるスフレパンケーキが評判で、プーケットに4店舗を展開する。甘くない食事系メニューもあり、朝食カフェとしても◎。

🏠 51/2 Phuket Rd. ☎ 099-365-6796 🕙 9:00～22:00 🗓 無休 🚶 タイファ博物館から徒歩10分 カードOK 英語OK
オールドタウン ▶ MAP 別 P.23 E-3

▼コレもおすすめ

スフレ・パンケーキ
（オン・ザ・ビーチ）
Souffle Pancake
On The Beach
285B
ふわふわ生地を、キャラメリゼしたクレームブリュレのソースで。

ロイヤル・ヌテラ・パンケーキ
Royal Nutella Pancake
280B
ヘーゼルナッツクリーム、いちご、バナナ、アイスクリームと共に。

🌴 パンケーキ・コーナーのスフレパンケーキはオーダーから焼き上がるまで25分ほどかかる。

コスメもアパレルも南国っぽい！

人気SHOPでかわいいもの探し

プーケットで自分みやげに買いたいのは、地元ブランドのアイテムや現地で
身に着けたいリゾート風なアイテムたち！ 人気店をハシゴして。

Lemongrass House

150B

プーケット発のオーガニックコスメ

マッサージオイル（フランジパニ）
ホホバオイルにエッセンシャルオイルをブレンド。全身に使える。

85B

ソープバー
ミントや蓮、ジャスミンなど香りを楽しむ石けん。おみやげにも。

各150B

280B

ボディスクラブ
ホホバオイルやアロエを配合。角質を取り除きつるつるの肌に。

シャンプー＆コンディショナー（レモングラス）
レモングラスのエッセンシャルオイルやアロエ、緑茶などを配合。

ホテルやスパで使われる地元ブランド
レモングラス・ハウス
Lemongrass House
タイ産のハーブや花を使ったエッセンシャルオイル、保湿効果の高いホホバオイルなどをぜいたくに使ったオーガニックコスメの専門店。プーケットに6店舗ある。

🏠 35 Yaowarad Rd. ☎ 081-271-2771 ⏰ 8:00〜20:00
㊡ 無休 🚶 タイファ博物館から徒歩2分
英語OK｜カードOK｜**オールドタウン** ▶MAP別P.22 B-2

BARÜ

1650B

ワンピース
網目のざっくりとしたメッシュのニットワンピはビーチで活躍。

1790B

セットアップ
ペアトップとパンツのセット。さらりとした生地が涼しげで◎。

1590B

ビーチで活躍するカジュアルアイテムがそろう

ワンピース
ブロックプリントがかわいいミニワンピ。チュニックとしても。

1550B

1850B

セットアップ
ショート丈のトップスとミニスカートがかわいいサマーニット。

ビキニ
上下セットで色柄豊富なビキニ。南国柄×ブラックが大人っぽい。

南国ファッションを全身コーディネート
バル
BARÜ
ビーチや海辺のレストランにでかけたくなるファッションアイテムはオーナーのセレクト。プリント柄のワンピースやセットアップは柄・カラーともにバリエーション豊富。

🏠 13/36 Moo 1 Rawai Phuket ☎ 076-530-579
⏰ 11:00〜20:00 ㊡ 無休 🚗 オールドタウンから車で25分
英語OK｜カードOK｜
プーケット南部 ▶MAP別P.21 A-6

How To

**お買い物途中の寄り道に
ぴったりのカフェへ**

カフェ併設のショップなら、休憩しながらゆっくり買い物ができる！エンドレス・サマーとパラダイはカフェも人気。

**エンドレス・
サマー**

カラフルなソファやクッションなど、インテリアがかわいい。ビーチメルバは250B。

パラダイ

チョコレート専門店ならではのチョコレートドリンク120B〜やソフトクリーム95Bを。

Endless Summer

PARADAI

アパレルからインテリアまで洗練されたセレクトが魅力

820B

◆ トートバッグ ◆

フラミンゴ柄のトートバッグ。バスタオルなども入る大サイズ。

750B

◆ バングル ◆

フランスで買い付けたバングルはリゾートファッションと好相性。

550B

◆ 刺繍ポーチ ◆

サテン生地のプラナカン風ポーチはレトロな花柄の刺繍がポイント。

360B

◆ ボックス ◆

カゴ編みボックスは5〜10cm程度の3サイズ。インテリアとしても。

4200B

◆ ビキニ ◆

セクシーで大人かわいい水着が豊富。一点ものがほとんど。

720B

**◆ ボンボン
9ボックスセット ◆**

南国素材を取り入れた、宝石のようなボンボンチョコレート。

250B

**◆ 70% ダーク
チョコレート ◆**

プーケット産のカカオを使用。オールドタウンのパッケージが◎。

タイ各地のカカオで作る見た目もキュートなチョコレート

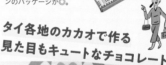

250B

250B

**75% ダーク
チョコレート**

タイ南部のナコーンシータマラート産のカカオを使ったビターな味。

グリーンのコロニアル建築が素敵

エンドレス・サマー
Endless Summer

ヘアメイクアーティストのフランス人オーナーのセレクトによる世界各地のアイテムを販売。ボヘミアン風と都会的なデザインをミックスしたボーホーシックがコンセプト。

🏠 175 Yaowarad Rd. ☎ 096-757-7541 🕙 10:00〜19:00 🈡 月曜 🚶 タイファ博物館から徒歩5分

英語OK カードOK オールドタウン ▶MAP別P.22 B-1

タイ産カカオのチョコレート

パラダイ
PARADAI

数々の国際的な賞を受賞したクラフトチョコレートが自慢。店内にはカカオの焙煎など製造を行うラボがある。バンコクに3店舗あり、プーケットで買えるのはここだけ。

🏠 36 Yaowarad Rd. ☎ なし 🕙 10:00〜20:00 🈡 無休 🚶 タイファ博物館から徒歩2分

英語OK カードOK オールドタウン ▶MAP別P.22 B-2

👣 パラダイのボンボン「プーケット・シグネチャー」はココナッツやパイン、もち米を使ったタイらしいフレーバー。　159

プーケット

SIGHTSEEING

EAT

BEAUTY

SHOPPING

TOWN

STAY

掘り出し物が見つかるかも♪

日曜の夜はサンデー・ナイト・マーケット

オールドタウン一帯で毎週日曜の夜に行われるのが、サンデー・ナイト・マーケット。
安ウマなタイ料理を食べ歩きしたり、おみやげの雑貨を探すのが楽しい！

カラフルな建物が
ライトアップ！

深夜までにぎわう
エキゾチックな街へ

テントの屋台

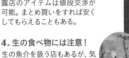

日曜の夜だけのお楽しみ
サンデー・ナイト・
マーケット
Sunday Night Market

オールドタウンのタラン通りを中心
に、小さな露店がずらりと並ぶ。そ
の場で調理するできたて屋台グルメ
やスイーツ、ハンドクラフトなどの
お店が多く、目移りしてしまうほど！

🏠 Thalang Rd.
🕐 16:00～22:00頃 🈡 月～土曜
🚶 タイファ博物館から徒歩1～5分
`オールドタウン`
▶ MAP 別 P.23 D-2

How To

1. マーケットは
　　16～22時頃まで
夕方から徐々に露店が増え
始め、日没後がもっともにぎや
か。時間は店により異なる。

2. 値段交渉に挑戦してみて
露店のアイテムは値段交渉が
可能。まとめ買いをすれば安く
してもらえることもある。

3. 身の回り品に気をつけて
原宿の竹下通り並みの混雑度。
バッグの口はきちんと閉めるな
ど、貴重品管理はしっかりと。

4. 生の食べ物には注意！
生の魚介を扱う店もあるが、気
温が高いので食あたりには注意
が必要。火を通したものが無難。

もう1つのナイトマーケット！

**水〜金曜は
インディーマーケットへ**

ショッピングセンターの敷地内で開かれる小さなナイトマーケット。バンド演奏などもあり若者に人気。

プーケット・インディー・マーケット
Phuket Indy Market

🏠 2/23 Dibuk Rd. ライムライト・アベニュー内 🕓 16:00〜22:30頃 🅧 土〜火曜 🚇 タイファ博物館から徒歩10分

`オールドタウン` ▶MAP別P.23 F-1

広場でワイワイ

1. カオニャオマムアン50B **2.** 米粉麺のクイジャップ・ナムコーン40B

マーケットの戦利品をお披露目

手作りアクセサリーがかわいすぎ！

プーケットのハンドクラフト

ピアス
貝殻を彫刻しペイントした手作りのピアス

各159B

159B

ピアス
固いココナッツの殻をカービング。デザイン豊富

200B

ブレスレット
リーズナブルさに驚くプーケット産パール

夜ごはんからデザートまでそろう！

フルーツ＆タイ料理

20B

アポン
ココナッツのクレープはタイのローカルスイーツ

🎵 **ソムタム**
酸っぱさ＆辛さがクセになるトウモロコシのソムタム

60B

30B

センヤイ
幅広の米粉麺センヤイを炒めた焼きそば風ヌードル

フルーツ
パイナップルやパパイヤなど旬のフルーツがたっぷり

30B

65B

オレンジジュース
甘みの強いタイのオレンジ100%ジュース

タラン通りは夕方から車は通行止めになり、道端に露店が出る

明日着られるアイテムをゲット！

ファッションアイテム

200B

250B

200B

キャミソール
タウンでも着られるニット素材。短め丈が◎

パンツ
サラッとした着心地のパンツ。色や柄が多彩

ショートパンツ
ビーチやアクティビティツアーで使えそう！

こんな体験も！

バティック（ろうけつ染め）の塗り絵150Bやアクセサリー作り99B〜など、体験モノの露店もあり、まるで縁日のよう！

露店を出しているお店は、プーケットに店舗を持っていることも。気になるお店をチェックしておこう。 161

SIGHTSEEING
EAT
BEAUTY
SHOPPING
TOWN
STAY

南国ならではの癒し体験♡

プーケットのスパはシーンで選ぶ

大自然の中やプライベートヴィラで行うぜいたくスパ、カジュアルな街なか
マッサージなど、プーケットのスパ&マッサージの選択肢は多彩！

scene-1

森

南国植物に囲まれたトリートメントルームは、身を置くだけで癒される。鳥のさえずりに耳を澄ませて。

プーケット中央部の人気店
ムックダー・スパ
Mookda Spa

オーガニックハーブ店のオーナーがオープン。タイの天然ハーブを用いたオリジナルプロダクトを使用する。オープンエアのサラが評判。

SHOP DATA

予約	要予約 ※HPより
メニュー	英語あり
スタッフ	英語OK

（日本語での事前問合せダイヤルあり）

空間	

ガーデン内のサラ、プライベートルーム

自然に包まれた
トロピカルスパへ！

マッサージ専用サラのほかに個室もある

♠75/18 Vichitsongkram Rd. ☎076-32
1-844（英語・タイ語）、098-894-9636（日本語）🕘9:00～22:00 ㊡無休 ●オールドタウンから車で15分 カードOK 英語OK
プーケット中央部 ▶MAP別P.21 A-4

おすすめ MENU
ムックダー・スペシャル・パッケージ
Mookda Special Package
2000B（1時間30分）
タイ古式マッサージのほか、ハーバルバームを使った肩や背中のマッサージも。

おすすめ MENU
シロダラ・パッケージ
Shirodara Package
4300B（3時間30分）
オイルを眉間に垂らすシロダーラ。マッサージやシャンプー、サウナなども付く。

自然に癒される

♪♫

△ **How To**

オールドタウンに
オンザビーチ…
こんなスパにも注目！

オールドタウンにはカジュアルなマッサージ店が多数。パトン・ビーチなど大きなビーチには、オープンエアのマッサージコーナーが。

かなり開放的！タイマッサージ1時間300B程度

オールドタウンに4店舗あるキムズ・マッサージ

バタフライピーのシャンプー480Bなどプロダクトは購入も可能

広いジャグジーも屋外にある

scene-2

街なか

アクセス便利な街なかのお店は、夕食後など遅い時間でも気軽に利用できるのが魅力。事前に予約を。

受付を行うレセプションはおしゃれな空間

黄色の外観が目印。左手にはネイルサロンも

インテリアもかわいいマッサージ店

SHOP DATA

予約	要予約 ※HPより
メニュー	英語あり
スタッフ	英語OK
空間	プライベートルームあり

1

2

おすすめ MENU
フェイス・コラーゲン・クリスタル・ゴールド・マスク
Face Collagen Crystal Gold Mask
1100B（1時間）
24金マスクで肌に栄養を与え、デトックスを促す。マッサージも。

リラックスしてね

1.施術をする部屋は個室がほとんど
2.トリートメントの前にフットバス
3.ハーバルボールを購入できる

3

おすすめ MENU
ホット・ストーン
Hot Stone
2200B（1時間30分）
温かいストーンで筋肉をほぐすことでリラックス効果を高める。

邸宅風の空間がかわいい
デ・フローラ・スパ
De Flora Spa

パトン・ビーチの近くにあり、気軽に利用できる。空きがあればウォークイン可能だが、人気につき予約をするのがベター。

🏠 216 Rash-u-tit 200 Pee Rd. ☎076-344-555 ⏰10:00〜24:00(LO23:00) 🈳無休 🚗オールドタウンから車で30分 カードOK 英語OK

パトン・ビーチ周辺 ▶MAP別P.21 A-5

自分だけの空間で癒やされるホテルスパへ！

緑に囲まれたヴィラ。定員2人

ホテル内のラグジュアリースパ
バンヤンツリー・スパ
Banyan Tree Spa

12室あるプライベートヴィラは全室シャワールーム付き。タイ産のハーブやスパイスを使った上質なトリートメントを受けられる。

🏠 33 Moo 4, Srisoonthorn Rd. バンヤンツリー・プーケット ☎076-372-400 ⏰10:00〜18:00 🈳無休 🚗オールドタウンから車で30分 カードOK 英語OK

プーケット北部 ▶MAP別P.20 A-3

おすすめ MENU
ロイヤル・バンヤン
Royal Banyan
1万500B（2時間30分）
セサミオイルに浸したハーバルボールで全身をマッサージする。

1

scene-3

ヴィラ

まるでホテルのお部屋のような、ぜいたくな空間を独り占めできるプライベートヴィラでお姫さま気分♡

SHOP DATA

予約	要予約 ※HPより
メニュー	英語あり
スタッフ	英語OK
空間	全室プライベートヴィラ

2

1.ヴィラではアロマオイルを使用 2.ウェルカムドリンクはオレンジ＆ジンジャー

🌴 バンヤンツリー・スパで使用するプロダクトは、スパの受付のほか別棟のショップでも購入できる。 163

プーケット

SIGHTSEEING

EAT

BEAUTY

SHOPPING

TOWN

STAY

ビーチリゾートから街なかホテルまで！

プーケットのBESTなホテルへ

オーシャンビューが自慢のラグジュアリーリゾートに
オールドタウン周辺のアクセス便利なタウン派ホテル、どちらを選ぶ!?

01 最高級ホテルに泊まりたい！

プーケットに数あるラグジュアリーホテルのなかでも、特別なロケーションとサービスを約束してくれる最上級のリゾートがこちら！

ウルトラ!! ラグジュアリー

渚蛍の目の前にプライベートビーチが広がる

世界中のセレブを魅了するハイエンドなヴィラに宿泊

ココがスペシャル！

ぜいたくすぎる海ビューヴィラ

全室オーシャンビューのヴィラは専用のインフィニティプールが備わる。135〜300㎡と文句なしの広さ。

1.創作地中海料理レストランのシエロではシーフードタワー4900Bなど魚介類をぜいたくに 2.フェンネルのサラダ600B

広さ230㎡のシグニチャー・オーシャンビュー・プールスイート

屋内外にリビングスペースがあり、プールサイドで朝食をとれる

★★★★★

南国植物に抱かれたヴィラ

トリサラ
Trisara

プーケット南西部の静かな入り江に建つ。アンダマン海を望むホテルヴィラ39棟、バトラー付きのレジデンスヴィラ22棟がある。多彩なダイニングも魅力。

🏠 60/1 Moo 6, Srisoonthorn Rd. ☎076-310-100 🏨オーシャンビュー・プール・ジュニアスイート1325$〜 Ⓜオールドタウンから車で45分 カードOK 英語OK
URL https://trisara.com/jp/
プーケット北部 ▶MAP別P.20 A-3

SPA

6室あるスパのトリートメントルームもオーシャンビュー。宿泊者以外も利用できる。

ACTIVITY

ヨガやムエタイのレッスンなどさまざまなプログラムがある。アクティビティも多彩。

BEACH

緑に囲まれたプライベートビーチ。すぐそばにパブリックプールも用意されている。

プーケットのホテル事情

海外ブランドのホテルから激安ホステルまで多彩。のんびり派はリゾート、街歩き派は街なかホテルで決まり。

やっぱり海沿いリゾート！

オーシャンビューを誇るラグジュアリーホテルは東海岸に多く、特にバンダオ・ビーチのラグーナエリアに密集。

街なかホテルもおすすめ

オールドタウンやパトン・ビーチ周辺にはカジュアルなホテルも。アクセスを重視するならこちらがおすすめ。

☆ プーケット

◯ SIGHTSEEING

🍴 EAT

✦ BEAUTY

🛒 SHOPPING

🚶 TOWN

🏨 STAY

熱帯雨林に囲まれた究極のネイチャーリゾート

ジャングル

＼ ジャングルのような森の中！

海を見下ろす丘の上に佇む

ココがスペシャル！

個性豊かなコテージ＆ヴィラ
古代の4つの生活様式にインスピレーションを得た4種類の客室には専用プールと屋外テラスがある。

パブリックスペースのラウンジからも眺望を楽しめる

鳥の巣をイメージしたバードネストプールヴィラ

遊牧民族をイメージしたテントプールヴィラは広さ140㎡

★★★★★
ホリスティックな隠れ家リゾート

キーマラ
Keemala

カマラ・ビーチの近くにありながら、森の中でリトリートできる秘境リゾート。38室あるヴィラやスパ、ダイニングなどでぜいたくなおこもり滞在が叶う。

🏠 10/88 Moo 6, Nakasud Rd.
☎ 076-358-777 💰 1泊1室1万7748B〜 🚗 Bオールドタウンから車で30分 カードOK 英語OK
URL www.keemala.com/ja/
カマラ・ビーチ周辺
▶ MAP別P.21 A-4

SPA

サウナやアロマバスが備わるスパルームで海藻を使ったトリートメントを。

POOL

涼やかな滝が流れるパブリックプールは野趣あふれる雰囲気。プールバーもあり。

DINNG

オープンエアのレストランでディナーを。施設内で育てるハーブをふんだんに使用。

🌿 キーマラには3泊からのスペシャル・リトリート・パッケージがあり、スパやエクササイズでリフレッシュできる。

02
アクセス便利な
おしゃれホテル！

オールドタウンやビーチなど観光に便利な立地にあり、デザイン性の高い空間も魅力。おこもり派にもアクティブ派にももってこい！

デザイン
ホテル

プラナカン文化を取り入れた
スタイリッシュなデザインホテル

スタイリッシュなパブリックプール

ココがスペシャル！

オーナーこだわりのインテリア
中国にルーツを持つオーナーが、18世紀の邸宅をイメージしてデザインした。

1.プラナカンの調度品が飾られている 2.ノスタルジックななかに、ヨーロッパのエッセンスが融合している

くつろげる
ラウンジ

大理石の階段などぜいたくなインテリア

ROOM

★★★★
2022年にオープンした話題の宿

ホテル・バーディグリス
Hotel Verdigris

12室ある客室のうち2室はひとり旅にぴったりのシングルルーム。近隣の人気店に料理を注文できるユニークな朝食付き。コンシェルジュも常駐する。

🏠 154 Yaowarat Rd. ☎ 076-530-629 ㊙1泊1室6500B～ ⊗ タイファ博物館から徒歩7分

カードOK 英語OK
URL https://hotelverdigris.com/
オールドタウン周辺 ▶MAP別P.21 B-5

3.オーダーメイドの家具が美しい客室 4.地元アーティストの絵画が飾られている 5.プール付きやバスタブ付きなど個性豊か

老舗ホテル

プーケットで最も歴史のある優雅なホテル

館内の調度品に注目して！

1. アンティークのインテリアが飾られたロビー 2. 吹き抜けの中庭が美しい

ココがスペシャル！

アンティーク調の館内の設え

中国とヨーロッパの文化が融合したノスタルジックな空間。ロビースペースも絵になる。

★★★

最盛期のプーケットをイメージ

ザ・メモリー・アット・オン・オン・ホテル

The Memory at On On Hotel

オールドタウンの中心にある、1927年創業の老舗ホテル。シノポルトギース建築の白亜の建物が美しく、レトロな調度品が設えられた客室も素敵。

ROOM

3. 客室ごとにインテリアが異なる 4. 錫採掘で栄えた当時の文化をイメージしたディスプレイ 5. スタッフの制服は伝統衣装

🏠19 Phangnga Rd. ☎076-363-700
🛏1泊1室2056B〜
🚌タイファ博物館から徒歩5分
カードOK 英語OK
URL www.thememoryhotel.com/
オールドタウン ▶MAP別P.22 C-2

おこもりリゾート

ビーチへのアクセス抜群なデザインホテルにステイ

ココがスペシャル！

おしゃれ＆多彩なグルメシーン

リクエストすれば、憧れのフローティングブレックファーストもできちゃう！

タイでもヌン活がはかどる！

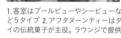

1. 客室はプールビューやシービューなど5タイプ 2. アフタヌーンティーはタイの伝統菓子が主役。ラウンジで提供

★★★★★

パトン・ビーチから徒歩5分！

マリーナ・ギャラリー・リゾート

Marina Gallery Resort

西洋と東洋の文化が調和したコロニアル様式がフォトジェニック。74室の客室に2つの屋外プール、フィットネスセンター、レストランなどで充実の滞在を。

🏠326/13 Phrabarami Rd. ☎076-540-9402
🛏1泊1室2140B〜
🚗オールドタウンから車で25分 カードOK 英語OK
URL www.marinagalleryresort.com/
パトン・ビーチ周辺 ▶MAP別P.21 A-4

RESTAURANT

3. 広さ20㎡のデラックスプールアクセスは、バルコニーから直接プールに入れる 4. 朝食ビュッフェはレストランで

マリーナ・ギャラリー・リゾートからパトン・ビーチはホテルのシャトルバスでアクセス！　167

プーケット

📷 SIGHTSEEING

🍴 EAT

✨ BEAUTY

🛍 SHOPPING

🚶 TOWN

🏨 STAY

観光もシュノーケルも！

プーケットから行ける離島
ピピ島でアイランドトリップ！

日帰りで♪

プーケット南西沖にあるピピ島は、プーケットから中型船で約2時間。
ピピ・ドン島を中心に、ピピ・レイ島、ユン島などの6つの島で
ピピ諸島と呼ばれており、今回のツアーではピピ・ドン島に上陸！

日本語で
ガイドします

おすすめ日帰りプラン

ピピ島トンサイ湾行き
中型船ツアー

[所要] 約9時間
[料金] 1700B（日本語ガイドは1組
2500Bで追加可能）
[含まれるもの]
往復の船のチケット、シュノーケル
用ボート、シュノーケルマスク、入島
料、国立公園使用料、ランチ、英語
ガイド、ライフジャケット、保険、ホ
テルからの往復送迎
・J&R TRAVEL→別冊 P.31

8:00	宿泊ホテルを出発
8:30	ラッサダー港で チェックイン＆出航
10:30	船上から観光
11:00	コーラルベイでシュノーケリング またはピピ・ドン島のビーチ でのんびり
12:15	ホテルでランチ
13:00	フリータイム
14:30	トンサイベイで チェックイン＆出航
16:30	ラッサダー港に到着
17:00	ホテルに到着

※出発＆到着時間はホテルの場所より
異なります。

※ツアー行程の時間はその日により
前後します。

⏰ 8:00
プーケットのホテルにお迎え

ホテルまでミニバスが迎えに来てくれる。時
間は場所により異なる。

↗ 8:30
ラッサダー港から
クルーズスタート！

ピピ島行きの船が出る港に到
着。日本語ガイドを依頼した場
合はここでガイドさんと合流し、指定された船に乗り込む。

おやつ付き！

1. 中型船は揺れ
が少なく乗り物
酔いの心配なし
2. 港に着いたら
スタッフの案内
に従い乗船する

⏰ 10:30 絶景の島々を船上から眺める！

ピピ諸島のひとつ、
ピピ・レイ島を一周。映画『ザ・ビーチ』に
も登場したビーチ、
マヤベイなどを船
上から見学できる。

潮風が気持ちいい

POINT
つばめの巣が
とれる洞窟がある

船上から鍾乳洞の
入口を眺められる。
ツバメの巣がとれ
ることで有名！

11〜4月のハイシーズンの
み上陸できるピピ・レイ島

ボートに乗り換え

ボートでシュノーケル
マスクを借りられる

⏰ 11:00
ボートに乗り換え
シュノーケル！

ピピ・ドン島のトンサイ
ベイに到着したら、シュ
ノーケリング用ボートに
乗り換える。コーラルベ
イでシュノーケルを。

POINT
ビーチで
のんびりしてもOK

泳ぎが苦手な人は、
ピピ・ドン島のビー
チでのんびり過ご
すのもいい

Koh Phi Phi

ライフジャケットもレンタル
可能。フィンはプラス100B

海水浴もできる

サンゴ礁に囲まれた
絶景ビーチにダイブ！

1.ビーチ沿いの遊歩道は緑豊か 2.トンサイベイにはボートがたくさん！ 3.トンサイベイから歩いてすぐのロダラム・ビーチでのんびり過ごせる

🕐 12:15 ♪♪

老舗ホテルでランチ

ランチは歩いてすぐの「ピピ・ホテル」のオープンエアレストランで。屋外にあるシャワーも借りられる。

タイ料理やパスタなどの西洋料理も

島ネコもいる♪

POINT
ツアーの参加者とグループで
お昼ごはんはツアーのほかの参加者とシェア。会話も楽しんで！

🕐 13:00 フリータイム！島内を散策する

昼食後は自由時間。ホテルの裏手にあるロダラム・ビーチで泳いだり、旅行者でにぎわう街なかを散策しよう。

POINT
サンベッドをレンタル可能
サンベッドは100Bで借りられる。カヤックなどアクティビティも

1.ピピ・ホテル周辺の通りはおみやげの屋台やレストランが集まる 2.ロダラム・ビーチ 3.屋台のココナッツアイス50B

🕐 12:00
ピピ・ドン島に到着！

シュノーケリングの後はピピ・ドン島に上陸。にぎやかなトンサイベイ周辺を歩いて、ホテルのレストランへ。

1.トンサイベイ周辺には多くの旅行者が集まる 2.セブンイレブンなどコンビニもある

食べ歩き♪

🕐 14:30
ピピ島を出発！

トンサイベイに集合して乗船。船内でホテルまでのバスの番号を渡される。

🕐 16:30
ラッサダー港に到着

指定されたミニバスに乗り、宿泊ホテルまで送ってもらう。

⚓ How To
スピードボートで行くツアーもある

中型船なら2時間のところ、小型のスピードボートなら所要1時間。中型船より揺れるので船酔いの可能性あり。

Short Trip_from PHUKET 169

Samui

Koh Samui
サムイ

ココナッツの木に覆われた
大人のリゾート・アイランド

「ココナッツ・アイランド」の異名を
持つ、タイで三番目に大きな島。
環境に配慮した開発が条例によっ
て定められており、手付かずの自
然が残る。北部、東部、西部に渡
って白砂のビーチが数多く点在す
るほか、寺院やビューポイントな
どの観光スポットも多数。周辺海
域にはタオ島やパンガン島など美
しい島々が浮かび、アイランドホ
ッピングも楽しめる。

人口
約5万8千人
面積
228.7㎢

N
0　　　　2km

バン・ボー・ビーチ •
　　　　　　　　　　　　メナム・ビーチ •
　• ナトン・ビーチ
ナトン桟橋 •
　　　　　　　　　サムイ高原
　• リパ・ノイ・ビーチ

ナム・アンの滝周辺
ナム・アンの滝 •
• タリン・ンガム・ビーチ
　　　　　　　　　　　　フワ・タノン・ビーチ •
トン・カート・ビーチ •
　• ソル岬

マットサム島
タン島

≪ ナム・アンの滝周辺 ≫
Na Muang Falls
滝や農園が点在する深い森に覆われた山地

島の中央部に広がる山地にはナム・アンやターンサデット
などの滝が流れ、トレッキングやジャングル・サファリツ
アーの定番スポット。また、島の東部を見渡せる景観が
魅力のカフェやレストランが山の斜面に点在する。

ジャイアント・サミット・サムイ
>>>P.185

ナム・アンの滝
>>>P.179

｜　サムイの交通の基本　｜

タクシー ◎　　チャーターカー ◎
Grab ◯　　レンタルバイク ◯

**主な手段はタクシー。
効率よく移動しよう**

ビーチやショッピングセンタ
ーなどにタクシー乗り場があ
り、料金が明示してあるが、実
質交渉制。チャウエン・ビーチ
からボブット・ビーチまで300
〜500Bが目安。
詳しくは>>>P.201へ

**Grabは車のみ。
レンタルバイクが便利**

ビーチ周辺エリア内での移動
は小回りのきくバイクが便利
だが、国際免許が必要。バイ
クのレンタル料は1日250B〜
ほど。
詳しくは>>>P.201へ

チューン・モン・ビーチ

ビッグ・ブッダ・ビーチ・

ボプット・ビーチ

サムイ国際空港 ✈
Samui International Airport

チャウエン・ビーチ

ザ・ジャングル・クラブ・

ラマイ・ビーチ

・ヒン・タ&ヒン・ヤイ

・フワ・タノン・ビーチ

・サムイ水族館&タイガー動物園

サムイ

SIGHTSEEING

EAT

BEAUTY

SHOPPING

TOWN

STAY

◈ ボプット・ビーチ ◈

Bophut Beach

おしゃれな店が続々と増える注目エリア

かつては素朴なバンガローが並ぶ漁村が、リゾートホテルの開業を機に急速に発展。おしゃれなホテルやレストランが次々と誕生し、ビーチ通り一帯が「フィッシャーマンズ・ヴィレッジ」と呼ばれる観光名所に。金曜の夜はナイトマーケットも開催。

ボプット・ビーチ
>>>P.174

◈ チューン・モン・ビーチ ◈

Choeng Mon Beach

こじんまりとした閑静なビーチ

800mほどの規模ながら島で最も美しいビーチと言われ、海の透明度の高さはピカイチ！ リゾートホテルやバンガローの数も多い。飲食店はあるが大音量で音楽を流すバーなどはなく、落ち着いたムードで、リゾートステイをのんびりと満喫できる。

キンプトン キタレー サムイ
>>>P.191

◈ チャウエン・ビーチ ◈

Chaweng Beach

店も宿も圧倒的な多さを誇る人気No.1エリア

約7kmにわたる穏やかなビーチに沿って、リゾートホテルやバンガローなど様々なタイプの宿泊施設が無数に並ぶ。ビーチと並行するチャウエン・ビーチ通りにはレストランやバー、みやげ店が軒を連ね、早朝から深夜まで人通りが絶えない。

チャウエン・ビーチ>>>P.175

◈ ラマイ・ビーチ ◈

Lamai Beach

チャウエン・ビーチに次ぐ人気No.2エリア

約3.5kmのビーチ沿いからタウンエリアにもホテルが並び、透明度の高いビーチは早朝から大にぎわい。島が観光地化する以前から栄えていたため、現在も地元民が多く住むエリア。カジュアルな食堂や露店が並び、ローカルな雰囲気も楽しめる。

ザ オイスター バーX
>>>P.183

エリアの雰囲気は場所によっても異なり、ビーチの両端などは中央と比べて静かな傾向にある。

サムイの ビーチ BEST4

世界中の人を魅了する真っ青な海とサラサラの砂浜！

全長約7kmにもおよぶビーチからコンパクトなビーチまで点在するサムイ。
それぞれ海の透明度や砂の細かさ、人の数も異なるため、いろんなビーチを訪れてみよう。

人気のカフェ&レストランが集結！

1 ボプット・ビーチ
Bophut Beach

砂浜の美しさ
売店の充実度 / リラックス度
利便性 / アクティビティ

ビーチ沿いにリゾートホテルや古い建物をおしゃれに改装したレストラン&バー、ショップなどが立ち並び、1日中楽しめる。金曜の夜はナイトマーケットが開催され、大いににぎわう。

ボプット・ビーチ ▶MAP別 P.25 F-3

ビーチから徒歩3分！
ボプット・ビーチのおすすめカフェ

全長約3kmのビーチは散歩にもってこい

アクティビティはこの看板が目印！

夜のムードも◎

135B
高さ30cm以上！巨大スムージー
135B
片手に持ってビーチを散策♪
139B

1.チョコがたっぷり入った大きなクッキー 2.ミックス・ベリー&ヨーグルトのスムージー。サッパリしていてビーチのお供にぴったり♪ 3.チョコ&バニラのミックスソフト 4.イートインも可能

アメリカンなホームメイド・スイーツ店

グッドシングス・カフェ
GOODTHINGS Cafe

ボプット・ビーチ沿いで大人気のスイーツ店。ビーチで食べたいソフトクリームやスムージーのほか、自家製ケーキも種類豊富。

🏠 49 Moo 1, Fisherman's Village Bophut
☎ 053-920-111 🕐 12:00〜22:30 ㊡ 無休
Ⓧ ボプット・ビーチから徒歩3分 英語OK
ボプット・ビーチ ▶MAP別 P.25 F-3

80B

1.パラセーリングやバナナボートを提供する露店 2.ビーチでフルーツや焼きトウモロコシを販売 3.ココ・タムズ（P.182）ではビーチ席も選べる

△ How To

サムイ

SIGHTSEEING

EAT

BEAUTY

SHOPPING

TOWN

STAY

サムイ島の ビーチの楽しみ方

1. ベストシーズンは 2〜9月！
乾季のため過ごしやすい。雨季は10〜1月だがプーケットと比べて雨量が少なく、海も荒れにくいと言われている。

2. ビーチ間の移動は タクシーで
ビーチ間は距離があるため徒歩移動は困難。人が少ないビーチはタクシー不在の場合が多いが、Grabを活用すればOK。

3. ビーチチェア＆トイレは 海沿いで借りよう
ビーチ沿いのレストランがビーチチェアを管理しており、ドリンクやフードを注文すると使えるシステムが主流。トイレも借りられる。

サムイ島で最大！アクティビティも大充実

② チャウエン・ビーチ
Chaweng Beach

白い砂浜が約7km続く一番ポピュラーなビーチ。宿泊施設や飲食店の数は島内で最も多く、朝から多くの人でにぎわう。マリンアクティビティも充実しており、アクティブに過ごしたい人に◎。

チャウエン・ビーチ ▶MAP別P.25 E-1

砂浜の美しさ／リラックス度／アクティビティ／利便性／売店の充実度

オープンエアーの マッサージも！

マリンスポーツに チャレンジ♪

HASAKE
Op Sea Sport Club

80B

1. 波音と潮風を感じながらマッサージを受けられる 2. ビーチチェアは海沿いの飲食店で注文すると自由に使える 3. カヤックのレンタルは1時間300B

ほどよいコンパクトさが魅力！

③ ラマイ・ビーチ
Lamai Beach

海の透明度ピカイチ♪

④ チューン・モン・ビーチ
Choeng Mon Beach

写真提供：タイ国政府観光庁

周辺は閑静なリゾートが多く欧米人に人気

チャウエンの南側に位置する約2kmのビーチで、海の透明度もよく砂浜も美しい。徒歩圏内に毎晩開催されるナイトマーケットや多くのみやげ店がある。

ラマイ・ビーチ
▶MAP別P.25 F-2

砂浜の美しさ／リラックス度／アクティビティ／利便性／売店の充実度

写真提供：タイ国政府観光庁

島の北東部分に突き出た半島の東海岸にある、入り江と岬に囲まれた閑静なビーチ。サラサラの砂と透明度の高い海で人気上昇中。

砂浜の美しさ／リラックス度／アクティビティ／利便性／売店の充実度

アクティビティなどは少なく、のんびり過ごせる

チューン・モン・ビーチ ▶MAP別P.24 C-1

🐾 紹介した4つのほかには、メナム・ビーチやビッグ・ブッダ・ビーチもポピュラー。

近海の小島めぐりにシュノーケリングも♪

ボートツアーで美しい海を満喫！

**チャウエン・ビーチのホテルで
ピックアップ**

ピックアップ時間はホテルのエリアによって異なり、予約時に確定。

9:30

**船に乗って、
いざ出発！**

参加者がそろったら乗船。船に乗る際に足が海に浸かるため、ショート丈のボトムがおすすめ。

9:00

**トン・クルット・ピア
でチェックイン**

海沿いのレストランがチェックイン・ポイント。入り口に係の人がいるので名前を伝えよう。

point!

ライフジャケット＆
水は自由に取ってOK！

ペットボトルの水はクーラーボックスに入っておりセルフサービス

このツアーで行く！

**「ピンクのイルカウォッチング
とタン島＆マットサム島
スピードボートツアー」**

▶ TOUR DATA ◀

所要	8時間
金額	2250B

含まれるもの

英語ガイド、昼食、ホテル送迎、
ライフジャケット、シュノーケル、飲み水

ほうぼう屋 サムイ店 →別冊P.31

8:00	ホテルを出発
⇩	
9:00	トン・クルット・ピアに到着
⇩	
9:30	出航
⇩	
10:15	ドルフィンウォッチング
⇩	
11:30	ビーチでランチ
⇩	
12:45	タン島沖でシュノーケリング
⇩	
14:00	マットサム島でブタと触れ合う
⇩	
15:00	ツアー終了
⇩	
16:00	ホテルに到着

10:15

**イルカウォッチングの
ポイントに到着**

ピンクイルカが生息するエリアに到着。出現するとガイドさんが指を差して教えてくれる。

point!

イルカとの
遭遇率は90％！
一帯には約50頭が生息。かなりの確率で見られるそう！

近距離で
見られることも！

ピンクイルカを発見!!

11:00

**クルージングを
楽しみながら
ナンカム・ビーチへ**

お次はタイ本島のビーチへ。手つかずの自然と真っ青な海＆空を眺めながらリフレッシュ♪

ピンクイルカが生息していたり、ブタと遊べる小島があったりと、
多彩な魅力を誇るサムイ周辺の海。それらを全て体験できる
ボートツアーは、大人も子どもも楽しめる大充実の内容!

ツアーの探し方＆予約方法

オンラインで検索すると日本語で予約できる
サイトが多数ある。現地では、主要ビーチに
点在するツアー会社で聞いてみよう。

🕐 **11:30**

ビーチ沿いのレストランでランチタイム!

ランチはナンカム・ビーチで。日替わり料理を
数種類とフルーツのビュッフェを楽しめる。

ビュッフェ
スタイル

point!

気持ちいいテラス席で♪
店内とテラスで自由に
席を選べる。テラス席
はオーシャンビュー

料理は辛さ控え
め。水以外の飲
み物は別料金
でオーダー可能

🕐 **12:45**

タン島周辺の海で
シュノーケリングを
エンジョイ

サンゴ礁が美しいシュ
ノーケリングスポット
へ。海の中ではガイド
さんが誘導してくれる。

船上から魚が見える
抜群の透明度!

point!

シュノーケルは無料
でレンタル可能!
器材の状態は良好。海
中に落として紛失しな
いように気をつけよう

🕐 **14:00**

ブタのいるビーチで有名な マットサム島 に到着

レストランが飼育する
ブタと遊べる人気のビー
チ。愛らしい小ブタ
もたくさん♡ 穏やかな
性格で触れることも可能。

point!

レストランでは
ブタ用のエサを販売
エサを求めて駆け寄っ
てくるため、より触れ合
いを楽しめる!

子ブタも♡

🕐 **15:00**

ツアー終了!

チェックイン・ポイント
に戻り、ガイドさんと
記念撮影♪ 送迎ワゴ
ンで宿泊ホテルへ。

🕐 **16:00**

ホテルに到着

紹介したツアーは月、水、金、日曜のみ開催。ドルフィンウォッチングを除いたツアーは毎日開催している。　177

サムイ

SIGHTSEEING

EAT

BEAUTY

SHOPPING

TOWN

STAY

豊かな自然も観光スポットも1日で満喫！

大人気ジャングル・サファリツアーに

アーミージープで
GO！

ドライバーの
ジョニーさん

座席は荷台部分。山の中では、車上の席に座ってスリル満点なジャングルクルーズが楽しめる！

TOUR DATA

アーミージープで行く！
ジャングル サファリ ツアー

🕐 所要:**7時間**

料金 1950B

含まれるもの 英語ガイド、昼食・飲料水、保険、マジック・ガーデン入園料、ホテル送迎

・ほうぼう屋 サムイ島店
→別冊 P.31

SCHEDULE

10:00		
	宿泊ホテルを出発	
10:30	**SPOT 1**	
	ワット・プライレーム	
11:15	**SPOT 2**	
	ヒン・タ&ヒン・ヤイ	
12:00	**SPOT 3**	
	グアン・ユー寺院	
12:30	**SPOT 4**	
	ワット・クナラム	
13:00	**SPOT 5**	
	ナム・アンの滝	
14:00		
	ランチ	
15:00	**SPOT 6**	
	マジック・ガーデン	
15:45	**SPOT 7**	
	プラー・ブッダ・ディパンカラ	
16:30		
	ツアー終了	
17:00		
	宿泊ホテルに到着	

SPOT 1

POINT 1
18本の腕を持つ
観音様は必見！
最大の見どころは巨大な千手観音像も。隣には大きな布袋像も

ワット・プライレームに到着

まずは池に浮かぶ寺院に到着。15分間の自由散策後にドライバーからツアーの説明を受ける。

POINT 2
古くから伝わる
伝説が由来
その昔、海で亡くなった老夫婦が岩になったという伝説があるそう

SPOT 2
海が美しい ヒン・タ&ヒン・ヤイへ

タイ語でおじいさん岩&おばあさん岩を意味し、男性器と女性器に似た岩を指す。

SPOT 3
インパクト絶大な 関羽像を撮影

中国後漢末期の武将・関羽の名を冠したグアン・ユー中国寺院。大きさも表情も迫力満点！

SPOT 4
ミイラ化した僧侶を祀る ワット・クナラム

ミイラ化されることを志願し、座って瞑想したまま亡くなった僧侶が安置されている。

道中のおやつ

POINT 3
瞑想したまま
亡くなった僧侶
ミイラ僧はタイ全土で20体しか確認されておらず、とても珍しい

サムイ

SIGHTSEEING

EAT

BEAUTY

SHOPPING

TOWN

STAY

参加

サムイ島の観光スポット7つを7時間で網羅！アーミージープの車上に乗ってジャングルを爆走するスリル感も醍醐味のひとつ。

How To

観光名所を効率よくめぐるなら断然ツアー

タイの離島で3番目に面積が広いサムイ島。タクシーやチャーターカーで島内をめぐると費用がかさむため、少人数の旅ならツアーがお得。

SPOT 5
ナム・アンの滝でスイミング♪

サムイ島中央の山を流れるナム・アンの滝。周辺は天然のウォーターパークとなっている。

高台のレストランでランチタイム

POINT!
泳ぐのは自由！タオルを忘れずに
滝の水は海水と比べてやや冷たいが、暑い日には気持ちいい！

さらに山を登り見晴らしのいいレストランへ。カレーや野菜炒めなど5品を参加者でシェア。

SPOT 6
神秘的なマジック・ガーデンを散策

POINT!
隣の塔を登ると仏像が撮れる！
塔の屋上にはビューポイントがあり、仏像の全身を撮影できる

熱帯雨林に石像がズラーっと並ぶ神秘的な光景が話題を呼び、人気スポットに。

SPOT 7
山頂に仏像がそびえ立つプラー・ブッダ・ディパンカラへ

POINT!
周辺は南国フルーツの農園
オーナーは農家。ドリアンやパッションフルーツがたわわに実る

標高約650mからの眺めは格別！晴天の日には周辺の離島までくっきり見えるとか。

参加者みんなで記念撮影！

3
滝でひと休み♪
下山する前に緑に囲まれた休憩所でひと休み。周辺には滝もあり、自由に散策できる。

2
いざ、滑走！
出発点から飛び降りると、ジャングルの中を猛スピードで滑走！スリル満点♪

1
ハーネスを装着＆レクチャー
ワイヤーロープと繋げるハーネスを装着。安全に楽しむための注意点を丁寧にレクチャー。

これも人気！
ジップライン アドベンチャーツアー
[所要] 4時間 [料金] 1800B
[含まれるもの] ホテル送迎、ドリンク、スナック、英語ガイド

・ほうぼう屋 サムイ島店→別冊 P.31

SCHEDULE

9:00 宿泊ホテルを出発
↓
9:45 スタート地点までトレッキング
↓
10:00 ケーブルライド開始
↓
13:00 宿泊ホテルに到着

日帰りもOK！
サムイから行く離島めぐり

ツアーで行ける！
サムイ周辺の個性的な島々

タイで3番目に大きな島、サムイ。沖合には手つかずの自然が残る美しい島々が浮かび、サムイを起点にボートでアクセスすることができる。

島を楽しむなら、ダイビングやビーチシュノーケリング、カヤッキング、ハイキングなど、大自然を満喫できるアクティビティがおすすめだ。

最も人気のタオ島は、タイ有数のダイビングスポットで世界中のダイバーの聖地。海の美しさはタイ屈指と名高い。そのほかの島々も、満月の夜に世界中の人々が集まるパンガン島や国立公園のアーントーン諸島、ブタが暮らすマットサム島などそれぞれに個性があり、アイランド・ホッピングが楽しい。

✓ 島めぐりなら
ツアーを活用！

サムイ周辺の離島へ行くなら、ツアーに参加するのが最も楽な手段。色々なツアーがあるので、シュノーケルやダイビングなど目的で選んでみて！
→P.176、別冊P.31

写真提供：
タイ国政府観光庁

ダイビングならココ！
① ナン・ユアン島
Koh Nang Yuan

タオ島の西500m沖合に浮かぶ、サンゴ礁の小さな島。3つの小島を白砂の細いビーチがつないでいる。島の周辺は有名なダイビングポイントになっていて、ビーチシュノーケリングも楽しい。宿泊できるホテルもある。

→P.194

写真提供：
タイ国政府観光庁

国立公園の島々を一望！
② ウアタラップ島
Koh Wua Ta Lab

アーントーン諸島は大小50の島々から成る国立海洋公園。そのひとつであるウータラップ島には、登山口から約500m登ったところにバー・チャンジャラス展望デッキがあり、島々の絶景を見渡すことができる。

写真提供：
タイ国政府観光庁

ジンベエザメに合えるかも！
③ タオ島
Koh Tao

サムイ島から約60km北にあるタオ島は、タイ有数のダイビングスポット。さらに約10km北西には、ジンベエザメに遭遇できるポイント、チュンポンピナクルが。島内には高級リゾートやバンガローがある。

→P.194

写真提供：
タイ国政府観光庁

フルムーンパーティーで有名
④ パンガン島（パガン島）
Koh Phangan

サムイ群島の中で2番目に大きな島。入り江で囲まれたビーチが点在する。毎月満月の夜に開催されるフルムーン・パーティーには、毎回約2〜4万もの人が世界中から集まる。

子ブタもいるよ！

ブタと触れ合える!?
⑤ マットサム島＆タン島
Koh Mat Sum & Koh Tean

マットサム島とタン島は、サムイから気軽に行けるアイランドツアーで人気。マットサム島はブタと触れ合える島として有名で、タン島は絶好のシュノーケリングスポット。

→P.176

① ナンユアン島
koh Nang Yuan

③ タオ島
koh Tao

ボートで約20分

高速船で約2時間

④ パンガン島
koh Phangan

ツアーならサムイ島から直接行ける！

② ウアタラップ島
koh Wua Ta Lap

高速船で約45分

アーントーン諸島
Ang Thong

高速船で約30分

サムイ島
koh Samui

タン島
koh Tean

ボートで約15分

マットサム島
koh Mat Sum

ボートで約15分

⑤

サムイ

SIGHTSEEING

EAT

BEAUTY

SHOPPING

TOWN

STAY

通称「ブタ島」のマットサム島にはカフェもあり、ブタ用のエサも販売している。 181

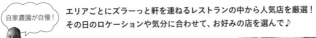

EAT
01
ロケーション・食べたいもの・ムードでチョイス！
ハズレなしの人気レストランを狙う

エリアごとにズラーっと軒を連ねるレストランの中から人気店を厳選！
その日のロケーションや気分に合わせて、お好みの店を選んで♪

自家農園が自慢！

オーナーの
ターさん

コレも
おすすめ

ポプット・
ビーチから
車で8分

フォトジェニック なオーガニックレストラン

60B

450B

290B

1 花で色付けした麺とカレー、ハーブのセット **2** トーチジンジャーのジュース **3** ハスの花びらでピーナッツやライム、ソースを包んで食べる前菜

┨MEMOﾟ
予算 1人500B〜
予約 電話、SNSの
DMより

ファーム・トゥ・テーブルがコンセプト
ザ・ネイチャー・リムイ
The Nature Samui

エディブルフラワーを用いた料理やスイーツを提供。野菜やハーブは全て店の奥に広がる庭園で栽培している。完全予約制の料理教室も人気。

🏠 4169, Tambon Mae Nam
☎ 081-564-8489 🕚 11:00〜17:30
🈂 水曜 🚗 ポプット・ビーチから車で8分 英語OK
ポプット・ビーチ周辺 ▶MAP 別P.24 C-1

客席の奥には広大な畑とハス池があり、景観も素晴らしい。乾季にはハスが美しく開花

店の一番人気は、バタフライピーティーで炊いたご飯を野菜やハーブと混ぜて食べるカオ・ヤム150B（手前）

ポプット・
ビーチ沿い

ムードも景観も満点 なビーチサイドレストラン

┨MEMOﾟ
予算 1人1000B〜
予約 電話、SNSのDMより

MUST EAT

590B

580B

190B

本格的な食事は建物内で提供。ビーチ席では軽食とドリンクのみ

1 ニンニク＆唐辛子が効いたシーフードパスタ **2** グリル・ポークチョップ。フライドポテト付き **3** ミックスフルーツのノンアルコールカクテル

サムイ島で最もにぎわうレストラン
ココ・タムズ
COCO TAM'S

オーシャンビューを楽しめる2階建てレストラン。豊富なメニューはグリルやパスタなどイタリアンがメイン。連日満席のため予約必須！

🏠 62/1 moo 1, Bohput
☎ 091-915-5664
🕐 13:00〜翌1:00
🈂 無休
🚗 ポプット・ビーチ沿い
カードOK 英語OK
ポプット・ビーチ
▶MAP 別P.25 F-3

ファイヤーショーも見られる！

毎晩ファイヤーショーを開催。約30分間で19時15分と21時にスタート

サムイ

SIGHTSEEING

EAT

BEAUTY

SHOPPING

TOWN

STAY

チャウエン・ビーチから
車で12分

スター＆セレブが多数通う
タイ南部料理店

味に自信あり！

オーナー夫妻

コレもおすすめ

グルメなタイの芸能人
お墨付きの南部料理

サトー・キッチン
SATOR KITCHEN

島でスパを営む夫婦が
コロナ禍にスタッフの
食堂としてオープンし
たところ人気が爆発。シーフード料理を
メインに豊富なメニューを取りそろえる。

300B

小ぶりのイカの炒め物。とろみのある甘いタレにレモングラスが香る

500B

カニ身をぜいたくに使ったプーパッポンカリー。野菜もたっぷり！

店主のイチオシはタイ南部でポピュラーなシマガツオの素揚げ（手前）

🏠 25/236 Tawirat Phakdi Rd.
☎ 098-799-8007　🕙 10:00〜22:00
㊡ 無休　🚗 チャウエン・ビーチから車で12分
カードOK　英語OK
チャウエン・ビーチ周辺　▶ MAP 別 P.24 C-1

ラマイ・ビーチから
徒歩5分

新鮮なシーフード をたっぷり堪能♪

カウンター席とテーブル席から選べる。混み合うハイシーズンは予約必須

395B
345B

おすすめ
コレも

1 グリルしたエビやムール貝を飾ったブラッディ
マリー 2 ココナッツの衣のエビフライ

世界各国の生牡蠣を味わえる

ザ・オイスター・バー・X
The Oyster Bar X

生牡蠣を筆頭に、カニやロブスターなど鮮度にこだわったシーフード料理に定評アリ。ワインやカクテルなどアルコールも豊富で、毎晩グルメな大人たちでにぎわう。

🏠 84/34 M.3, Had Lamai Rd.
☎ 089-660-1772　🕙 18:00〜23:00（金・土曜は17:00〜）㊡ 無休
🚶 ラマイ・ビーチから徒歩5分
カードOK　英語OK
ラマイ・ビーチ　▶ MAP 別 P.25 F-2

産地を選べる生牡蠣は6ピース1060B〜。タイ産があることも！

ポブット・
ビーチ沿い

オープンエアのホテルレストランで味わう　南米料理

エビの七輪グリル850
Bヤマグロのたたき520
Bなど見た目も美しい
料理の数々が魅力

ホテルの中庭にあるオープンエアの客席はオーシャンビュー

380B
400B

おすすめ
コレも

1 アボカドとマンゴー、トマトのサラダ 2 客席で作ってくれるパイナップルのマルガリータ

スタッフのパフォーマンスが楽しい

ギルティ・サムイ
GUILTY SAMUI

アジアのエッセンスを効かせた南米料理の店。味はもちろん華やかな盛り付けや、客席で料理やカクテルを作ってくれるサービスも魅力。

🏠 84/34 M.3, Had Lamai Rd. アナンタラ・ボプット・リゾート＆スパ内
☎ 089-660-1772　🕙 12:00〜23:00（月曜は〜17:00）
㊡ 無休　🚶 ボプット・ビーチ沿い
カードOK　英語OK
ボプット・ビーチ　▶ MAP 別 P.25 E-3

ビーチ沿いの店は観光客向けで少々、値が張る。ローカルな食堂はビーチから離れた街なかに点在。

写真映え満点な人気店がずらり！

オーシャンビューの
ランチスポットに行く

せっかく離島に来たら食事中も美しい海の景観を楽しみたい♪ビーチとはひと味違う高台からの景色と、おいしいごはんを楽しめる人気店がこちら！

ヴィーガンカフェ
@ラマイ・ビーチ

ラマイ・ビーチを見渡す崖の上のカフェ

広々とした店内はテーブル席のほかソファ席も

PHOTO SPOT!

インディアン・スピリット
Indian Spirit
200B

ヴィーガン・カプレーゼ
Vegan Caprese
260B

グルテンフリー・ブレッド
Gluten Free Bread
40B

海に近いテーブルが景観、撮影ともにベストスポット。料理もドリンクも盛り付けが美しく、バッチリ写真映え！

パンプキン・パイ
Pumpkin Pie
120B

コレもおすすめ

砂糖の代わりにデーツを使用。ヘルシーなのに濃厚で食べ応え満点

ヨガスタジオを併設するライフスタイルカフェ

ヴィカサ・ライフ・カフェ
Vikasa Life Cafe

ヨガ・ウェルネス・ヘルシーフードがコンセプト。ドイツで料理教室を営むシェフが考案する本格ヴィーガン料理を提供する。一部メニューは肉や魚を追加できる。

ヴィカサ・シグネチャー・ブリトー
Vikasa Signature Burrito
320B

人気No.1の具沢山なブリトー。エビやチキンを加えることも可能

←海に面したカウンター席には充電用コンセントを完備

🏠 211 Bontji Moo 4
☎ 077-422-232 🕐 9:00〜22:00
㊡ 無休 🚗 ラマイ・ビーチから車で10分
カードOK 英語OK
ラマイ・ビーチ ▶ MAP 別 P.25 F-1

スチームド・シーフードカレー・サーブド・イン・ココナッツ
Steamed Seafood Curry Served in Coconut
380B

スパイシー・ミンスド・ポーク・サラダ
Spicy Minced Pork Salad
250B

バニラ・ミルク・シェイク
Vanilla Milk Shake
250B
ドリンクのみのオーダーも可能。アイスのトッピングがうれしい♪

メニューはタイ料理がメイン。ココナッツを器にしたカレーは、たっぷりのシーフード入り！

カフェ利用もOK！

PHOTO SPOT!

海に面したカウンター席は、左手にボプット・ビーチ、右手にラマイ・ビーチが広がる

タイ料理レストラン
@ナム・アンの滝周辺

山頂のカウンター席でとびきりの絶景に息をのむ

山頂から島の東部を一望
ジャイアント・サミット・サムイ
Giant Summit Samui

中心部の山中にひっそりと佇むレストラン。定番から南部料理まで、多彩なタイの味わいを楽しめる。空がピンク色に染まる夕暮れ時も美しい。

🏠 Na Mueang
☎ 097-965-9490 🕐 10:00〜19:00
🈂 無休 🚗 ラマイ・ビーチから車で20分 カードOK 英語OK
ナム・アンの滝周辺 ▶ MAP別 P.24 B-2

PHOTO SPOT!

一番人気のフォトスポットはハンモック風チェアー。寝転ぶことも可能

オーシャンビューを楽しむならテラス席へ

レストラン&バー
@島北東部

景観もムードも満点なテラス席でまったり♪

マンゴー・シェイク
Mango Shake
180B

シグネチャー・ビーフ・バーガー
Signature Beef Burger
520B

ジューシーなパティのハンバーガーは、山盛りのポテトがセット

竹を用いた壁と、モダンなインテリアの組み合わせがユニーク

店全体がフォトジェニック
ザ・コクーン
The Cocoon

鳥の巣をテーマに竹で覆った外観や180度のオーシャンビューなど、写真映えポイントが多数。夜はバーとして営業し、不定期でイベントも開催する。

🏠 33/67 Village No.4 ☎ 093-586-1777 🕐 9:00〜22:00
🈂 無休 🚗 チャウエン・ビーチから車で10分 カードOK 英語OK
チャウエン・ビーチ周辺
▶ MAP別 P.24 C-1

🥥 チャウエン・ビーチからのアクセスが便利なザ・ジャングル・クラブ・レストランも人気！

185

とっておきのアイテムが見つかる！
サムイで買い物するならココ！

ジュエリー

(ITEM & PRICE)
- シェルピアス
  - 2800B
- 天然石のネックレス
  - 各2000B

シェルや天然石を用いた華やかなデザインがずらり

華奢なネックレスは10以上のカラバリが。ピアスは夜光貝を使用

リゾートウェア&小物

ナチュラル素材にこだわる大人気ローカルブランド

(ITEM & PRICE)
- パナマハット…… 1600B
- チューブトップ
  - 1350B
- ロンパース …… 1900B
- ネックレス …… 1200B

キャミロンパースはリネン100%。海に映えるイエローの絶妙なくすみ具合がおしゃれ！

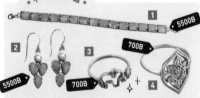

イチオシ商品

1 5500B
2 5500B
3 700B
3 700B
4

1 スクエアカットの夜光貝が連なったシルバーブレスレット 2 角度や光で色が変化するオパールにパールを1粒添えたピアス 3 ゾウの親子を型取ったシルバーリング 4 伝統的な織物などに用いられる柄をモチーフにしたシルバーリング。繊細なディテールが目を引く

ここでしか買えないオリジナルデザイン
ネイチャー・ジュエリー
Nature Jewelry

商品のほとんどがハンドメイドの一点もの。カジュアルからゴージャスまで、様々なデザインが所狭しと並ぶ。オーダーメイドも可能。

🏠 200, 9 Chaweng Beach Rd.
☎ 077-422-594
🕚 11:00〜23:00 ㊡ 無休
🚶 チャウエン・ビーチから徒歩5分
[カードOK] [英語OK]
[チャウエン・ビーチ]
▶MAP 別 P.25 D-2

イチオシ商品

1 3200B
2 1800B
3 2900B

1 海風にふわりと揺れる、ソフトな生地のAラインワンピース 2 日本製の上質なわら紙を使用したパナマハット。折り畳めるので旅行に便利 3 丸型のレザーをチェーンで連ねたトートバッグ。カラバリ複数

ボヘミアン・シックがコンセプト
クジャミ・コー・サムイ
Qujami Koh Samui

サムイ島在住の日本人女性が旅先で得たアイデアをもとにデザイン。リネンなど肌にやさしい素材を用いた上質な衣類や小物を販売する。プーケットにも支店が。

🏠 209 Chaweng Beach Rd. Central Samui 1F
☎ 077-963-830 🕚 11:00〜20:00 ㊡ 無休 🚶 チャウエン・ビーチから徒歩5分
[カードOK] [英語OK]
[チャウエン・ビーチ]
▶MAP 別 P.25 D-2

サムイ

SIGHTSEEING

EAT

BEAUTY

SHOPPING

TOWN

STAY

海に映えるリゾートウェアから、おみやげにぴったりなナチュラルコスメまで。各国の観光客を魅了する人気ショップで旅の思い出をゲットしよう。

How To

サムイのショッピング事情

ショップが集結しているのはチャウエン・ビーチ周辺。ショッピングモール「セントラル・サムイ」を中心にローカルブランドからセレクトショップ、露店までが数多く軒を連ねる。

ナチュラルコスメ&食品

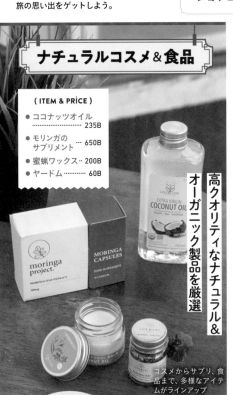

(ITEM & PRICE)
- ● ココナッツオイル … 235B
- ● モリンガの
  サプリメント … 650B
- ● 蜜蝋ワックス … 200B
- ● ヤードム … 60B

高クオリティなナチュラル&オーガニック製品を厳選

コスメからサプリ、食品まで、多様なアイテムがラインアップ

★イチオシ商品

390B / 590B / 各210B

1 2 3

1 サムイ島の香りをイメージしたルーム・ディフューザー。バンコク、チェンマイ版もある 2 大豆油とココナッツオイル配合のアロマキャンドル 3 ココナッツシュガーを使用したチョコレート

"体にも環境にもやさしい"がテーマ

サムイ・ヘルスショップ・バイ・ランプー
Samui Health Shop by Lamphu

タイ全土から集められたローカルブランドのアイテムを販売。品質はもちろん、パッケージも環境に配慮した素材を厳選する徹底ぶり。

🏠 130/39 M.4, Maret
☎ 096-634-8752
🕐 10:00〜20:00 　㊡ 無休
🚗 ラマイ・ビーチから車で5分
カードOK　英語OK
ラマイ・ビーチ
▶MAP別 P.25 F-1

サムイ島の買い物スポット

ショッピングモール

サムイ島で最大規模!

セントラル・サムイ
Central Samui

人気ブランドからローカルブランドまで150以上のショップが並ぶ。オープンエアのフードコートやスーパー、ドラッグストア、マッサージ店もある。

🏠 209 Chaweng Beach Rd. 　☎ 077-962-777
🕐 11:00〜21:00 　㊡ 無休
チャウエン・ビーチ ▶MAP別 P.25 D-2

ショッピングエリア

おしゃれなショップが点在

フィッシャーマンズ・ヴィレッジ
Fisherman's Village

ボプット・ビーチの海岸通り一帯を指す。リゾートウェアやジュエリーの店が数多く点在し、金曜の夜にはナイトマーケットも開催。

🏠 Thanon Bo Phut 周辺 　🕐 17:00〜24:00頃
㊡ 無休　ボプット・ビーチ ▶MAP別 P.25 F-3

ナイトマーケット

買い物がてら食べ歩きも楽しめる

ラマイ・サンデー・ナイトマーケット
Lamai Sunday Night Market

ラマイ・ビーチ沿いのメインストリートで日曜の夕方に開催。タイらしい雑貨や衣類、キャンドル、革製品など多様な露店がずらりと並ぶ。

🏠 Had Lamai 4 周辺 　🕐 15:00〜24:00頃
㊡ 無休　ラマイ・ビーチ ▶MAP別 P.25 F-1

BEAUTY
01

ネイチャー×ラグジュアリーが離島ならでは！

サムイで極上スパ体験を

リゾートアイランドらしく、雄大な自然を望むスパが充実しているサムイ。
最高のロケーション＆トリートメントを受けられる人気施設で肌も体調もリカバー！

森林ビュー

大自然のエネルギーに包まれるジャングルの中の老舗スパ

おすすめMENU

スチーム＆ドリーム
Steam & Dream
240分／5500B

ハーバル・スチームサウナ＆プール＆セルフ・スクラブ90分＋マッサージ150分（タイマッサージやオイルマッサージなど4種類から選べる）

マッサージは高台にある、開放的な東屋で行われる

時の流れを忘れてリラックス

タマリンド・スプリングス・フォレスト・スパ
TAMARIND SPRINGS FOREST SPA

岩のプールや洞窟のサウナなどで、自然と一体化するような体験ができるデイスパ。スマホ禁止の施設内で心身ともにデトックス。

🏠 265/1 Thong Takian, Moo 4
☎ 08-5926-4626 ⏰9:00 ～ 18:00
休 無休 ▶ラマイ・ビーチから車で5分 [カードOK] [英語OK]
[ラマイ・ビーチ] ▶MAP別P.25 F-1

1. 岩の間にあるサウナ室。ハーブ香るスチームが心地よい 2.3. サウナ後は岩のプールや休憩スペースでのんびり。自家製ボディスクラブが使い放題

広大な敷地を散策しているだけでリフレッシュ！

トリートメント後は、施設内のカフェで軽食のサービスがある

施術の前後はヒーリング効果のあるシンギングボウルを。マッサージ中は加減などをこまめに確認してくれる

サムイ

SIGHTSEEING

EAT

BEAUTY

SHOPPING

TOWN

STAY

オーシャンビュー

スパに定評のあるリゾートでハイクオリティな施術に感動

おすすめ MENU
サムイ・リチュアル
Samui Ritual
150分／6900B

ココナッツ・スクラブ＋ココナッツ・ボディラップ＋ココナッツオイル・マッサージ

サムイ島限定トリートメントも
シックス・センシズ・サムイ
SIX SENSES SAMUI

心と体のウェルネスをテーマに独自のメニューを考案。海が広がるプライベート・ヴィラで、熟練セラピストの高い技術に酔いしれる。

マストバイなスパプロダクツ

⌂ 9/10 Moo 5, Baan Plai Laem ☎07-724-5678 🕚11:00〜21:00 ⊛無休 🚗チューン・モン・ビーチから車で10分
カードOK 英語OK
チューン・モン・ビーチ
▶MAP別P.24 C-1

土・火・風・水のエレメンツをテーマにしたアロマオイル各990B

森林ビュー

コスパ抜群のパッケージで体の隅々までツルピカに

ロビーの一角ではオリジナルコスメやハーブティーなどを販売。ナチュラル素材のフェイスソープは各150B

フレンドリーなセラピストさん

フェイシャルが含まれたパッケージも。天然由来のコスメを使用

コスパのよさで人気の自然派スパ
エランダ・ハーバル・スパ
Eranda Herbal Spa

緑に囲まれたプライベートヴィラにジャグジー＆サウナを完備。比較的リーズナブルにぜいたくなスパ体験ができるコスパのよさが人気。

⌂ 9/37 Moo 2 Chaweng North Rd. ☎098-329-1445 🕚9:00〜20:00 ⊛無休 🚗チャウエン・ビーチから車で9分
カードOK 英語OK
チャウエン・ビーチ ▶MAP別P.25 D-1

おすすめ MENU
オリエンタル・オプション・パッケージ
Oriental Option Package
155分／3400B

ハーバル・スチームサウナ＆ジャグジー30分＋ボディスクラブ35分＋シグネチャー・マッサージ90分

ハイシーズンはかなり混雑。特に複数人で同時に施術を受けたい場合は、できる限り早めに予約を入れたい。　189

サムイのおすすめ

オーシャンビュー＆おしゃれなホテルを厳選！

リゾートホテル5

サムイに泊まるなら
やっぱり南国気分が
高まるリゾート！
旅のパートナーや目的、
予算などを考慮して
好みのホテルを選ぼう。

心身ともに癒される
ウェルネスリゾート

贅沢なプライベート空間で体の奥からメディテート

ココがスペシャル！

全室ヴィラだから
プライベート感満点！

たっぷり間隔を持って建てられたヴィラは、木で囲まれプライバシーも◎。心地よい静寂に包まれてリラックスできる。

★★★★★

感覚が研ぎ澄まされる癒しのステイ

シックス・センシズ・サムイ

SIX SENSES SAMUI

オーセンティック・パーソナル・サスティナブルがテーマ。メディテーションや農業体験など、ウェルネスに特化したアクティビティが充実。

🏠 9/10 Moo 5, Baan Plai Laem
☎ 07-724-5678 🛏 1泊1室1万5088B〜
🛏 66室 🚗 チューン・モン・ビーチから車で10分 [カードOK] [英語OK]
[チューン・モン・ビーチ周辺22] ▶MAP別P.24 C-1

1 270度のオーシャンビューが広がるレストラン 2 自然と調和するナチュラルな色調の客室 3 4 メディテーションやヨガなどのアクティビティを毎日、日替わりで開催 5 全長35mのインフィニティプールは島で最大級！

夕暮れ時も美しい！

サムイ

SIGHTSEEING

EAT

BEAUTY

SHOPPING

TOWN

STAY

What Is

サムイのホテル事情

ホテルは各ビーチ沿いに集結。チャウエンやラマイなど人気かつ広大なビーチほど、バラエティに富んだ宿泊施設がそろっている。

リゾートホテルが人気！

屋外プールやオーシャンビューを備えたリゾートが主流で、様々なランクから選べる。シーズンによるが日本よりもリーズナブル。

観光も楽しみたいなら主要ビーチ近辺がおすすめ

徒歩で楽しめる観光スポットが多いのはチャウエン、ボプット、ラマイの3つ。ツアーの無料送迎範囲内でもある。

洗練されたデザインの
ライフスタイルホテル

ココがスペシャル！
館内も客室も隅々までおしゃれ！
タイの伝統的な柄やモチーフを、モダン＆シックにアップデート。洗練されたムードが大人の上質なバカンスを演出。

トロピカルとシックが融合した
唯一無二のデザインが光る

138の客室全てが異なるデザイン。アートやインテリアなどの装飾もおしゃれ■オーシャンビューの「ビーチハウス・スタイル・レストラン」■「ロビー・バー」のレトロな雰囲気に心ときめく■おもちゃや遊具をそろえる子供のプレイルームも

↘センスを刺激される↙

★★★★★
幅広い客室タイプから選べる

キンプトン・キタレー・サムイ
Kimpton Kitalay Samui

プール直結の下層階やオーシャンビューの上層階、ビーチフロントのヴィラなど、8タイプの客室が多様な旅のスタイルに寄り添う。

🏠10/79 Moo 5, Bophut ☎077-951-999
🕐1泊1室9460B〜 🛏138室 📍チューン・モン・ビーチ沿い
カードOK 英語OK
チューン・モン・ビーチ ▶MAP 別 P.24 C-1

南国らしい装飾が
かわいい
ブティックホテル

エレガントな南国ムードにときめきが止まらない！

＼女子旅にピッタリ！／

ココがスペシャル！
各国のエッセンスを詰め込んだ
唯一無二のデザイン！
各国を旅してきたオーナーが世界中
のデザインをちりばめたそう。ほどよ
く華やかで上品な雰囲気が素敵！

★★★★
女性ファン多数！

カルマ・リゾート
Karma Resort

"スタイル＆くつろぎ"をコンセプト
に、各国の多様なデザインを融合。
独自の世界観で、非日常なリゾート
ステイを演出する。

🏠 182/3, Moo 1, Tambon Bophut
☎ 077-427-111 ㊅ 1泊1室5000B〜
🛏 26室 ⊗ ボプット・ビーチ沿い
[カードOK] [英語OK]
[ボプット・ビーチ] ▶MAP別P.25E-3

■リゾートはボプット・ビーチ沿いに位
置。ビーチには宿泊客専用のチェア＆
パラソルを完備 ■■豊富なメニュー
から選べる朝食はオーシャンビューの
テラスにて ■ビーチに面するプール ■
オープンエアのシャワールーム

サムイ

SIGHTSEEING

EAT

BEAUTY

SHOPPING

TOWN

STAY

海岸沿いの高台に立つ
ヒルトップリゾート

崖の上のリゾート

絶景に息をのむ

■共用エリアの広々とした
インフィニティプール ■各
国の料理を提供するレスト
ランはテラス席も ■南国植
物が生い茂る高台に位置

ココがスペシャル！
プールもレストランも
施設全体で絶景を楽しめる
魅力は何と言ってもオーシャンビュ
ー。インフィニティプールやレストラ
ンなど施設内は絶景ポイントが多数！

★★★★★

プール付きヴィラが人気
シラヴァディ・プール・スパ・リゾート, コー・サムイ
SILAVADEE POOL SPA RESORT, KOH SAMUI

80の客室全てにジャグジーor
プールを設置。中でも人気の
高いオーシャンビューのプー
ルヴィラは、自分だけのインフ
ィニティプールが楽しめる。

⌂ 208/66, Moo 4, Maret ☎077-960-
555 ⓑ1泊1室1万200B～ ⓧ80室
ⓧラマイ・ビーチから車で8分
[カードOK] [英語OK]
[ラマイ・ビーチ] ▶ MAP別 P.25 F-1

← 緑も豊か！

食事や観光に
便利な立地が◎
ビーチフロントホテル

立地もコスパも抜群な

大規模リゾート

ココがスペシャル！
屋外プールが2つも！
コスパのよさが人気
ビーチフロントの立地や2つ
の広々としたプールなど大満
足の充実度ながら、比較的リ
ーズナブルな価格で泊まれる。

■ビーチまで徒歩1分
という抜群のロケーショ
ン ■客室は幅広い価
格帯から選べる ■ビー
チフロントのレストラ
ン。朝食もこちらで

★★★★

カップルにも家族にも◎
チャウエン・リージェント・
ビーチリゾート
Chaweng Regent Beach Resort

チャウエン・ビーチの中心という便利
な立地にある大型リゾートホテル。ビ
ーチにも街にもアクセスがよく、アク
ティブに過ごしたい人におすすめ。

⌂ 155/4 Chaweng Beach ☎ 077-300-
500 ⓑ1泊1室4384B～ ⓧ145室 ⓧチャ
ウエン・ビーチ沿い [カードOK] [英語OK]
[チャウエン・ビーチ] ▶ MAP別 P.25 D-2

ビーチによって雰囲気が全く異なるため、複数エリアに泊まるのもおすすめ。

世界中のダイバーを魅了する タオ島＆ナン・ユアン島で エメラルドグリーンの海をエンジョイ

サムイから約1時間半！

サムイの周辺に点在する小島の中でも、特に美しいと言われるのがタオ島＆ナン・ユアン島。タオ島と白い砂浜でつながっているナン・ユアン島の周辺は、透明度が高くダイバーに大人気。楽園という言葉がぴったりハマる、エメラルドグリーンのビーチ＆水中の景観は一見の価値大！

おすすめ 日帰りプラン

このツアーに 参加する！

ナン・ユアン島＆タオ島
シュノーケリングツアー

所要 10時間30分
料金 2600B
含まれるもの
ホテル送迎、シュノーケリング器材、保険、昼食、ソフトドリンク
ほうぼう屋 サムイ店
→別冊 P.31

6:30〜7:00
宿泊ホテルを出発
↓
8:00
サムイを出発
↓
9:30
ナン・ユアン島に到着
↓
11:30
ナン・ユアン島にて昼食
↓
12:30
タオ島で自由時間
↓
14:30
タオ島を出発
↓
16:30
サムイに帰着
↓
17:30
宿泊ホテルに到着

感動的な透明度！

エメラルドグリーンの部分はサンゴ礁の浅瀬。泳がずともサンゴが見える

エメラルドグリーンの海と白い砂浜はまさに楽園！

🕗 8:00

大型高速船に 乗って出発！

タオ島までの距離は65km。水上をスピーディに走り抜け、景観を楽しんでいる間に到着！

揺れの強弱は波の状況によって変わる。酔い止めを持っておくと安心

🕘 9:30

ナン・ユアン島で シュノーケリング

ナン・ユアン島に到着したら早速シュノーケリング！ ガイドさんからシュノーケルセットを受け取り、エメラルドグリーンの海に飛び込もう。

遠浅で足がつく深さでも十分楽しめるため、泳ぐのが苦手な人もOK！日中は日差しがかなり強いので、万全な日焼け対策もマスト。

POINT

浅瀬にも魚がたくさん！

カラフルな熱帯魚は近づいても逃げず、しっかり観察できて一緒に写真も撮れる！

Koh Nang Yuan & K

タオ島＆ナン・ユアン島はこう楽しむ！

1. 船酔いする人は大型船を選ぼう
スピードボートのツアーもあるが、波が高いとかなり揺れる。子どもや高齢者、船酔いしやすい人は特に、大型船がベター。

2. タオ島に泊まるのもおすすめ！
ダイビングのメッカ・タオ島には宿泊施設がたくさん。いろんなビーチをめぐったり、トレッキングをしたり、じっくり満喫するのもアリ。

🚶 11:30 島のレストランで
ランチタイム

ランチはナン・ユアン島で。好きなものを好きなだけ食べられるビュッフェスタイルがうれしい。

1. カレーや野菜炒め、フライドチキンなどポピュラーな料理が並ぶ 2. ビーチ沿いの席が◎

🕧 12:30
タオ島を自由に散策♪

食事後はタオ島で、たっぷり2時間のフリータイム。シュノーケリングするのもよし、ダイバーでにぎわう島内を散策するのもよし♪

当日の状況により、午前中にタオ島に行くこともある。また、希望によってはナン・ユアン島のみに滞在することも可能だ。

POINT

ビューポイントから
ナン・ユアン島を撮影

ナン・ユアン島と白い砂浜を見渡せる高台もビーチから徒歩圏内。とにかくフォトジェニック！

🕑 14:30
ツアー終了！
船に乗って**サムイ**へ

波が穏やかな日は、船でウトウト。サムイに到着したら、送迎車で宿泊ホテルへ！

Tao

5ステップで
あわてず出国・あわてず帰国

タイへの旅が決まったら、まずは入国条件をチェックしよう。
基本的にビザや入国時の書類提出は必要ないので、準備は簡単。
事前の準備が整ったら、現地の空港での流れを予習しよう。

入国▶ビザも入国書類も必要なし！

日本 ⇒ タイ

空港に着いたら入国審査＆荷物の受け取り。
案内表示に従って行けばOK。

 STEP1

到着

「Arrival（到着）」の案内表示に従って「Immigration（入国審査）」へ。外国人用の「Foreign Passport」の列に並ぶ。国内線に乗り継ぐ場合は、「Transit（乗り継ぎ）」の案内に従い「Passport Control」で入国審査を受けてから国内線の出発ゲートへ。

STEP2

入国審査

パスポートを提示し、指紋のスキャン＆顔写真を撮影する。目的や滞在先、日数について質問されたり、帰国用の航空券の提示を求められることもある。

 STEP3

荷物受け取り

機内に預けた荷物をピックアップする。飛行機の便名が表示されたターンテーブルで自分の荷物が出てくるのを待つ。

 STEP4

税関審査

下記の免税範囲を超えるものがある場合は税関カウンターで申告する。ない場合は緑色の看板の「Nothing to declare」の出口から到着ロビーに出る。

直行便はバンコクのみ

日本からの直行便があるのは2024年1月現在、バンコクのスワンナプーム国際空港のみ。成田国際空港、羽田空港、関西国際空港、中部国際空港（名古屋）、福岡空港、新千歳空港（北海道）の合計6空港から運航している。所要約6時間。

荷物が出てこない場合は？

荷物を預ける際に発行される預け荷物引換証（クレームタグ）をカウンターで提示し探してもらう。乗り継ぎの際の荷物の入れ替えが間に合わないなどで、空港に到着していないことがまれにある。宿泊ホテルの所在地や名前を伝えてホテルに配送してもらおう。

タイの入国条件

ビザ

観光目的での30日以内の滞在なら、ビザ（査証）の取得は不要（復路または他国へ出国する航空券を所持していることが条件）。観光以外の場合は目的に応じたビザが必要になる。

パスポートの残存有効期限

入国日を含めて残存期間が6カ月以上あればOK。6カ月以下の場合はパスポートの更新を。

タイ入国時に申告が必要なもの

通貨	45万タイバーツ以上、または1万5000米ドル相当額以上の外貨（タイバーツと外貨の合計額が45万タイバーツ相当額を超える場合も含む）、またはトラベラーズ・チェックなどは税関申告が必要。
タバコ	紙巻タバコ200本（1カートン）、または葉巻など250g。
酒類	酒類1本（1ℓ以下）。
そのほか	スチールカメラ、ビデオカメラ各1台。フィルムはスチール用5本、ビデオ用3本。

「たびレジ」も活用！

旅先の最新の安全情報が日本語で届く、外務省の無料メール配信サービス。現地で大規模な事故や災害などが発生した場合、支援を受けることができる。　URL www.ezairyu.mofa.go.jp/

 持ち込みNG

タイへの持ち込み＆持ち出し禁止の品
- ✕電子タバコ ✕麻薬 ✕わいせつ物
- ✕一部の果物、野菜、植物
- ✕骨董品・美術品（許可が必要）
- ✕火器・弾薬（許可が必要）

液体物は機内持ち込みNG
液体物は100mℓ(g)以下の容器に入れて、容量1ℓ以下のジッパー付き透明プラスチック袋（縦横20cm以下のサイズが目安）に入れる。それ以外はスーツケースに入れて預け入れ荷物に。なお、出国後に購入した化粧品や酒などの液体は対象外になる。ただし、液体物の持ち込みが制限されている国で乗り継ぎをする場合、空港で没収されてしまうこともある。

出国▶時間に余裕を持って空港へ！

タイ ⇒ 日本

フライト時間の2時間前には
空港に到着しておくのが安心。

 STEP1　免税手続き

免税手続き可能な購入品がある場合は、「VAT REFUND」のカウンターへ。バンコクのスワンナプーム国際空港の場合、出発ロビー4階のWのカウンター近くにある。

 STEP2　チェックイン

航空会社のカウンターに並び、搭乗手続きをして荷物を預ける。航空券とクレームタグ（預け荷物引換証）を受け取る。

 STEP3　手荷物検査・税関

セキュリティチェック（手荷物検査）でパスポートと航空券を提示し、手荷物をX線に通す。液体物の持ち込みには制限がある。

 STEP4　出国審査

パスポートと航空券を審査官に提示し、指紋のスキャン＆顔写真を撮影する。パスポートに出国スタンプが押される。

STEP5　搭乗

航空券に記載されたゲートに行く。変更になることもあるので電光掲示板で確認しよう。ゲートが遠いこともあるので油断は禁物。

余ったタイバーツはどうする？

タイバーツから日本円への両替はレートが悪いので、空港内のレストランやショップで使い切るのが◎。

帰国時の主な免税範囲

酒類	1本760mℓのもの3本。
タバコ	紙巻きタバコのみの場合200本、葉巻たばこのみの場合50本、加熱式タバコ（電子タバコ）200本（例外あり）。
香水	2オンス（1オンスは約28mℓ）。オーデコロンやオードトワレを除く。
そのほか	海外での購入価格の合計額が20万円までのもの。20万円を超える場合、20万円以内が免税となり残りが課税対象になる。1つの物品が20万円以上の場合は超えた分に課税される。複数の物品がある場合、1品の値段が1万円以下であれば原則として免税される。

免税手続きには申請書類が必須！

下記の条件を満たす買い物をした場合、支払ったVAT（付加価値税）を払い戻してもらうことができる。バンコク（スワンナプーム・ドンムアン）、チェンマイ、プーケット、サムイなどの国際空港に払い戻しカウンターがある。

 STEP1　買い物の際に書類を作成

「VAT REFUND FOR TOURISTS」の表示のあるお店で商品を購入。パスポートを提示し、VAT払い戻し申請書に必要事項を記入する。申請書と税金請求書（TAX Invoice）を受け取る。

STEP2　空港で書類を提出

チェックイン前に「VAT REFUND」カウンターで申請書類、パスポートを提示する。申請する購入品が高額の場合、現物を確認されることがあるので、すぐに出せるようにしておこう。

STEP3　チェックイン後に払い戻し

VAT払い戻しカウンターで再び申請書類とパスポートを提示。その場で現金で払い戻される。クレジットカード口座への振込の場合は手数料がかかる。スワンナプーム国際空港の場合は出国後の出発フロアに払い戻しカウンターがある。

〈還付の条件〉

- 同日同一店舗で2000B以上購入した場合
- タイ人以外の観光客であること
- タイ滞在が年間180日未満であること
- 国際空港から空路でタイを出発すること
- 払い戻しの申請を購入日から60日以内に本人が行うこと

Visit Japan Webサービスを活用

検疫・入国審査・税関申告・免税購入など、日本への入国手続きをウェブで行うことができるデジタル庁のサービス。入国カードへの記入などの手間が省略できるのがメリット。
URL https://vjw-lp.digital.go.jp/ja/

預け入れ荷物の重量制限に注意

機内に預ける荷物は、航空会社によって定められた重量制限がある。例えばタイ航空ならクラスにより異なり、国内線・国際線によっても異なる。eチケットに記載の受託手荷物許容量を事前に確認しよう。

事前にオンラインチェックインを

空港に行く前にウェブ上でチェックインをしておけば、チェックインカウンターでの手続き時間が省けるのでおすすめ。チェックインが済んでいる場合は、預け荷物（Baggage Drop）のカウンターに並ぶ。

移動はスムーズに！タイ国内の交通あれこれ

まずは空港から市内への移動。Grabが最も安く、安心な交通手段なのでおすすめ（サムイはGrab利用不可）。タイ国内の移動は飛行機が一般的だが、エリアによっては列車やバスでも移動できる。

空港から市内へのアクセス

バンコク　バンコクの空港は2つ！

市内に近く、多くの国際線が発着するのがスワンナプーム国際空港。ドンムアン国際空港はLCCが就航している。スワンナプーム国際空港の場合、まずは到着フロア（2階）から1階のタクシー乗り場へ。
※下記はスワンナプーム国際空港の場合のアクセス。

Grab（グラブ）
所要時間 ▶ 30分〜1時間
料金 ▶ シーズンや時間帯により異なる

配車アプリのGrabは空港でのピックアップも可能。1階のタクシー乗り場があるフロアでピックアップしてもらうのが一般的。

メータータクシー
所要時間 ▶ 30分〜1時間
料金 ▶ 1台300〜400B程度（MRTスクンビット駅周辺まで）

1階の4〜7番出口を出たところに乗り場がある。自動発券機で配車表を発券し、表示されたレーンで指定のタクシーを待つ。メーター料金のほかに空港使用料50B、高速道路料金25B〜、荷物代20〜100B（66cm以上の場合）が加算される。

リムジンタクシー
所要時間 ▶ 30分〜1時間
料金 ▶ 1台1050B〜（MRTスクンビット駅周辺まで）

空港2階にある「AOT LIMOUSINE」のチケット売り場で行き先を告げて手配してもらう。定額・前払い制で、料金は目的地までの距離や車種により異なる。公式サイトから事前予約も可能。　URL www.aot-limousine.com/

電車
所要時間 ▶ 約30分　**料金** ▶ MRTスクンビット駅まで35B

空港からバンコク中心部にあるMRTペッブリー駅やBTSパヤタイ駅までを結ぶ「エアポート・レイル・リンク」。交通渋滞の心配がなく、料金も安い。乗り場は地下1階にある。

チェンマイ

チェンマイ国際空港は街の中心部の旧市街から2〜3kmとすぐ近く。ターミナルは1つのみで、到着ロビーを出るとすぐに両替所や空港タクシーのカウンターがある。いずれの移動手段も、ハイシーズンは値上がりすることがある。

Grab（グラブ）
所要時間 ▶ 約15分
料金 ▶ シーズンや時間帯により異なる

ピックアップ場所は国際線の出口に設定する。タクシー乗り場の周辺などでピックアップしてもらう。

空港タクシー
所要時間 ▶ 約15分　**料金** ▶ 1台150B（旧市街まで）

到着フロアにカウンターがある。1人150〜200Bの定額・先払い制。行き先のホテルをスタッフに伝え、支払いをすると伝票が発行される。タクシーが来ると乗り場に案内される。

空港シャトルバス
所要時間 ▶ 約30分　**料金** ▶ 1人40〜60B

乗り合いのマイクロバス。到着フロアのカウンターで目的地を伝え、案内を待つ。人数が集まったら出発する。

ツアーやホテルの送迎も活用

空港送迎付きのパッケージツアーなら、現地での手配の必要がないので便利。宿泊するホテルに予約時に送迎を依頼することもできる。ホテルの送迎は空港タクシーなどより割高だが、最も安全な手段。

プーケット

プーケット国際空港は島の北部にあり、オールドタウンまでは約35km。タイで2番目に利用客の多い空港と言われている。到着ロビーは1階にあり、タクシー乗り場なども同じフロアにある。

📱 Grab（グラブ）

所要時間 ▶ 約45分
料金 ▶ シーズンや時間帯により異なる

到着フロアの外にGrabのピックアップポイントがあるので、予約が済んだらそこで待つ。値段はタクシーとあまり変わらないが（ハイシーズンの場合）、カード決済できるというメリットがある。

🚕 タクシー

所要時間 ▶ 約45分
料金 ▶ 1台650B（オールドタウンまで）

到着フロアのカウンターで手配できる定額制タクシー。料金はエリアにより異なり、プーケット・タウンまで650B、パトンビーチまで800B。

🚌 ミニバス

所要時間 ▶ 約1時間20分
料金 ▶ 1人150B（オールドタウンまで）

乗り合いのマイクロバス。到着フロアのカウンターで目的地を伝え、案内を待つ。人数が集まったら出発する。料金が安いのがメリット。

都市間の交通

国内線でスムーズに移動

タイ航空やバンコクエアウェイズなど複数の航空会社が、タイ各地を結ぶ国内線を就航している。主なエリアの所要時間はP.4を参照。

鉄道や長距離バスも

値段の安さで選ぶなら鉄道やバスも有効。バンコクからチェンマイの鉄道は所要13～15時間、バスは10～11時間。バンコクからプーケットの鉄道はスラータニー駅まで所要12時間30分、路線バスに乗り換えて約4時間。バスなら所要時間14時間。バンコクからサムイへはスラータニー行きのバスで10時間、フェリーに乗り換えて約1時間30分でアクセスできる。

サムイ

サムイ国際空港に到着したら飛行機からオープンエアの車でアライバルホールにアクセス。荷物をピックアップしたら、ミーティングエリアに進む。ミーティングエリアに空港タクシーのカウンターなどがある。

🚕 空港タクシー

所要時間 ▶ 約15分
料金 ▶ 1台400B（チャウエン・ビーチまで）

ミーティングエリアのカウンターで手配できる。1台3人まで400Bで、4人以上は1人125Bになる。ハイシーズンは値上がりすることも。

🚌 ミニバス

所要時間 ▶ 約20分
料金 ▶ 1人150B程度～（エリアにより異なる）

人数が集まったら出発する乗り合いのミニバス。料金はシーズンによっても異なる。

最もおすすめの移動手段は配車アプリのGrab（グラブ）！

東南アジアでポピュラーな配車アプリ。出発地点と目的地を設定すると、事前に料金が確定し、近くのドライバーがピックアップしてくれる。料金交渉の手間がないので、トラブルが起こらないのが最大のメリット。クレジットカードでの決済が可能で、値段はメータータクシーよりもリーズナブル。

事前の準備

・アプリをDL（日本で）
まずはGrabアプリ（無料）をスマホにダウンロードし、利用登録する（電話番号によるSMS認証あり）。

・カードを登録（現地で）
使用するクレジットカードを登録する（日本では設定不可）。

ネット環境がマスト！

①Transport（配車）を選択
ほかにフードデリバリーや買い物代行のサービスがある。

②行き先を検索
「Where to？（目的地は？）」のボックスにローマ字で施設名や店名（または住所）を入力。主要な観光地はカタカナでも検索可能。出てきた候補をタップすると目的地の設定完了。

③ピックアップ場所を設定 ◁ 地図上でも選べる
現在地の施設名・ホテル名などを入力する。青いピンを地図上で移動させて設定することもできる。分かりやすい場所にすることがポイント。行き先と現在地を設定できたら「Choose This Pick-Up」をタップ。

④車の種類を選択 ◁ バンコクでは渋滞知らずのGrabBikeがおすすめ
一般車（GrabCar）やタクシー（GrabTaxi）などの種類があるが、指定しない（JustGrab）だと配車までの時間も短く値段も安いことが多い。

⑤予約を確定
「Book JustGrab」をタップすると予約完了。GPS機能で近くにいるドライバーが見つかったら予約が確定される。ドライバーの顔写真や車のナンバー、到着までの時間などが表示される。

⑥乗車＆降車
車のナンバーを確認して乗車。キャッシュレス決済を選択している場合は目的地に着いたらそのまま車を降りる。現金払いの場合は下りる時に料金を払う。

🚕 上記の都市の空港は発着時間に合わせて両替所を営業しているので、両替は到着してからでOK。

タイ各地で異なる
市内の交通手段をチェック

タイにはタクシーや電車のほかに、トゥクトゥクやソンテウなどの見慣れない交通手段がある。
使える手段やその料金は地域により異なるので、それぞれの特徴を把握して最適な方法を選ぼう。

バンコク

大都市バンコクは、市内を網羅する電車（BTSとMRT）があり便利。タクシーやバイクタクシーは旅行者には利用しづらく、渋滞に巻き込まれるというデメリットがある。

🚆 BTS・MRT

料金 ▶ 17B〜
おすすめ度 ★★★

BTSとMRTはバンコク市内一円を走る電車。旅行者にとって便利な路線は市内中心部を走るBTSのスクンビット線・シーロム線、旧市街やチャイナタウンを通るMRTのブルーラインなど。路線は現在も延伸し続けている。
〈別冊 P.15 バンコク路線図もチェック！〉

使い方

① **乗車券を購入**

駅構内にある券売機または窓口で乗車券を購入。券売機はコインしか使えないこともある。窓口は行き先の駅名をスタッフに伝えるだけでOK。

② **改札を通りホームへ**

乗車券（カードまたはトークン）をかざして改札内へ。行き先を確認して階段やエスカレーターでホームへ移動する。改札の内外にトイレはない。

③ **乗車＆下車**

時刻表はないので、電車が来るまでホームで待つ。利用者の多い路線は3〜5分間隔で走っている。電車を降りたら「EXIT（出口）」の表示に従い改札階へ。

④ **改札を出る**

1回券のカードまたはトークンは改札で回収される。回数券（プリペイドカード）の場合はカードをかざす。大きい駅は改札・出口が複数ある。

乗車券の種類

1回券…1回乗車ごとに発行される乗車券。BTSはカード、MRTはトークン（プラスチック製のコイン）。料金は距離により異なり、17〜72B。改札を出る際に回収される。
1日券…BTSのみが発行している1日乗り放題券。発売日または初回乗車当日のみ有効。150B。
回数券…チャージ式のプリペイドカード。BTSは初回発行手数料100B、最低チャージ金額100B。MRTは初回発行手数料30B、デポジット50B、初回チャージ金額100Bの合計180Bで発行できる。発行は駅の窓口や一部の券売機で可能。

📱 Grab（グラブ）

料金 ▶ 距離やシーズン、時間帯により異なる
おすすめ度 ★★★

配車アプリGrabはドライバーが多く、短時間でつかまえることができる。料金が安いのもメリット。渋滞を回避するならグラブバイクを選択しよう。バイクの際は、ヘルメットを貸してもらえる。

⇒コP.199

🚢 チャオプラヤー川の定期船

料金 ▶ 14B〜
おすすめ度 ★★

バンコク市内を流れるチャオプラヤー川はボートで移動できる。路線が複数あったり乗り場が変わったりと複雑なのが難点。旅行者に便利なのはチャオプラヤー・エクスプレス・ボート（料金14〜33B）とツーリスト・ボート（1回30B、1日150B）。川の対岸まで乗せてくれる渡し船もあり、片道4〜5B。

🚗 タクシー

料金 ▶ 初乗り（1km）35B
おすすめ度 ★

タクシー乗り場は少ないので、流しのタクシーをつかまえるのが一般的。メーターを使わない交渉制のタクシーもいるため、乗る前に要確認。英語が通じないドライバーもいるので、行き先を伝える場合はグーグルマップで表示するのがおすすめ。行き先によっては乗車拒否されることも。

🛺 トゥクトゥク・バイタク

料金 ▶ 交渉制
おすすめ度 ★★

トゥクトゥクは料金交渉制。流しをつかまえる。バイタクは駅前や主要観光地で待機していることが多い。バイタクは近距離なら20B〜程度が目安。

🚌 路線バス

料金 ▶ 8B〜
おすすめ度 ★★

地元の人が利用する路線バス。路線が複雑なので、グーグルマップで経路を調べよう。時刻表がなく何時に来るか分からないので、時間があるときにトライして。

気をつけること

▶ **バンコク中心部は渋滞必至**

特にスクンビット通り周辺は常に渋滞しているので、タクシー移動は時間がかかる。なかでも通勤時間の朝と夕方は渋滞がひどいので、その時間帯の利用は避けるのが無難。

チェンマイ

旧市街周辺に飲食店や観光地が集まるチェンマイ。街はコンパクトなので基本的には徒歩移動がおすすめだが、歩いて行けない距離ならGrabがベスト。

📱 Grab（グラブ）
料金▶距離やシーズン、時間帯により異なる
おすすめ度 ★★★

配車アプリのGrabは車またはバイクを選べる。最も料金が安くドライバーとの交渉が不要なのでおすすめ。シーズンや時間帯によってはドライバーが少なくつかまるまでに時間がかかる。　**>>>P.199**

🚐 ソンテウ
料金▶1人30B〜
おすすめ度 ★★

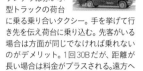

ソンテウは赤い小型トラックの荷台に乗る乗り合いタクシー。手を挙げて行き先を伝え荷台に乗り込む。先客がいる場合は方面が同じでなければ乗れないのがデメリット。1回30Bだが、距離が長い場合は料金がプラスされる。遠方へは貸し切りチャーターも可能（交渉制）。

🛺 トゥクトゥク
料金▶交渉制
おすすめ度 ★★

旧市街などの主要観光スポットで待機しているほか、流しのトゥクトゥクをつかまえる。決まった料金がなく交渉制なので、乗車前に行き先を伝えて交渉する。50〜200Bが目安。一般的に、ハイシーズンは高くなる。

🚗 タクシー
料金▶貸し切りチャーター500B〜
おすすめ度 ★

チェンマイ市内にメータータクシーはほとんど走っておらず、遠方に行きたい場合はタクシーの貸し切りチャーターが一般的。料金はタクシー会社により異なるが、旧市街からワット・ドイ・ステープまでの往復で800B程度が目安。旅行会社で予約することもできる。

プーケット

リゾートエリアのプーケットは、バンコクなどの都市部より各交通手段の料金が割高。広い島内をめぐるなら、車をチャーターするのが便利。貸し切りチャーターは1日3000B〜が目安。

📱 Grab（グラブ）
料金▶距離やシーズン、時間帯により異なる
おすすめ度 ★★★

タクシー・バイクともに利用でき、料金がタクシーより安いのが魅力。島の中心部であるオールドタウンやパトン・ビーチなどはドライバーが見つかりやすい。遠方に行くときは、ドライバーに交渉して往復利用するのもおすすめ。　**>>>P.199**

🛺 トゥクトゥク
料金▶700B（オールドタウン〜パトン・ビーチ）
おすすめ度 ★★

「TAXI」と書いてあっても、荷台に乗るタイプの小型トラックはトゥクトゥク。島内の主要ビーチで待機している。パトン・ビーチからオールドタウンは所要約30分、料金は交渉可能で、シーズンにより異なる。

🚐 ソンテウ
料金▶40B（オールドタウン〜パトン・ビーチ）
おすすめ度 ★★

オールドタウンにあるプーケット中央市場（MAP別P.22 A-3）とパトン・ビーチを結ぶ乗り合いバス（所要約45分・30分毎）。荷台のため乗り心地はイマイチで、タクシーよりも時間がかかるというデメリットが。

🚗 タクシー
料金▶交渉制
おすすめ度 ★

赤と黄色の車体が目印のメーター制タクシー。台数が少なく、ほとんどつかまえられないのが現状。また、メーターを使用するタクシーは少なく実質交渉制。

サムイ

サムイのタクシーはインフレ状態で、特にハイシーズンは料金が高くなる傾向がある。レンタルバイク（1日250B〜）という手段もあるが、国際運転免許が必要。Grabは他の都市よりドライバーが少ないためつかまりにくい可能性あり。

🚗 タクシー
料金▶500B（チャウエン・ビーチ〜ボプット・ビーチ）
おすすめ度 ★★

主要スポットに「TAXI」と書かれた乗り場があり、主要エリアまでの料金表が掲示されているが、高めに設定されているので交渉しよう。

🚐 ソンテウ
料金▶交渉制（1回50B程度〜）
おすすめ度 ★★

小型トラックの荷台に乗り込む乗り合いタクシー。乗り降り自由で、走っている車を手を挙げて止める。乗る前に行き先をドライバーに確認する。

📱 Grab（グラブ）
料金▶距離やシーズン、時間帯により異なる
おすすめ度 ★

グラブバイクはほとんどいないため、グラブタクシーを利用することになる。島内にドライバーが少ないので、ホーチミンなどのほかのエリアより割高。ただしタクシーよりは安く、交渉が不要というメリットがある。　**>>>P.199**

気をつけること

▶交渉のトラブルに注意
交渉制の乗り物は目的地を伝えると料金を提示されるが、初めは必ず高めに言われる。初めの金額から少なくとも3〜4割は値下げ可能なので、必ず乗車前に交渉しよう。乗車後の交渉はトラブルの元なので避けよう。

▶料金は変動する
交渉制の乗り物は利用者の多いハイシーズンや夜間に値上がりすることが多い。所要時間などから日本のタクシー料金などと比較して高すぎる場合は断るなど、自身が納得できる料金で利用しよう。

▶目的地を伝えるときは
目的地のホテル名や施設名が英語でのみだと、発音が違うので伝わらないことも多い。グーグルマップで表示したり、公式サイトの名称・住所を見せるなどして、正確にドライバーに伝えることが重要。

困った！ どうしたらいい？ の お役立ちアンサーまとめ

いろいろ準備をしていても、慣れない土地では不測の事態が起こるもの。
旅先で起こりがちなトラブルとその対処法を知っていれば、冷静に対処できるはず。
現地での通信手段や水、食べ物など、基本情報も要チェック。

病気やケガが心配…

海外旅行保険はマスト！

保険会社の公式サイトから申し込めるほか、日本の空港の窓口でも加入できる。クレジットカードに付帯している海外旅行保険もあるので、事前に補償内容を確認しよう。

保険加入済みなら

病院診療や事故など、加入している保険の種類により補償内容が異なる。手続きの手順も保険会社により異なるので、出発前に確認しておこう。

1．まずは保険会社に連絡
加入している保険会社のデスクに速やかに連絡し、指示を受ける。保険会社が提携している病院へ直接連絡して診療の予約をする場合もある。

2．病院に行く
病院の窓口で保険契約書を提示し診療を受ける。その際、受診料は保険会社に請求する旨を伝える。

3．保険会社が治療費を負担
後日保険会社から自宅に、保険金で受診料をまかなった旨の報告が届く。内容に間違いがないか確認を。

保険未加入なら

まずは診療可能な病院を探す。日本語で受診できる病院もある（下記）。ホテルのスタッフに相談し、近くの病院を紹介してもらうのも手。病院では保険未加入である旨を伝え、治療前におおよその治療費を確認するのがベター。

緊急連絡先リスト
- ツーリストポリス・コールセンター ☎1155（24時間）
- 警察 ☎191
- 在タイ日本国大使館（バンコク）
  ☎02-207-8500
- 在タイ日本国大使館 領事部（パスポートの紛失など）
  ☎02-207-8501
- バンコク・ホスピタル（日本語可）☎02-310-3000
- チェンマイ・ラム病院 ☎052-004-699
- バンコク・ホスピタル・プーケット
  ☎076-25-4425、076-36-1000
- バンコク・ホスピタル・サムイ ☎077-429-500

電話したい！

LINEやWhatsAppを活用

通話アプリならネット環境があれば通話無料。ただし通信が不安定だとつながらないこともあるので、自分のスマホや現地の固定電話からのかけ方も確認しておこう。国際通話はほとんどの場合、日本国内の通話料より高い。WhatsAppはタイで浸透しており、店の予約の際にも使える。

国際電話のかけ方

☎ **タイから日本にかける**

001など	+	81	+	相手の番号
国際電話識別番号		日本の国番号		市外局番は0をとって入力。携帯番号の場合も同じ

※スマホからかける場合は、0を長押しして「＋（国際電話識別番号）」の表示が出たら国番号を入力する。

> **気をつけること**
>
> ▶「データローミング」はオフに
> データローミングとは、契約している携帯電話会社の電波の届かない場所に行ったとき、現地の携帯電話会社の電波を利用できる仕組みのこと。データローミングをONのまま使用していると、ネットは使えるが高額なパケット料金を請求されることもあるので、必ずオフにしておこう。スマホの設定＞データ通信などのメニューで変更できる。

電源、電圧は？

そのまま使える場合が多い

●**電源（コンセント）** タイの電化製品のプラグはA、B3、Cタイプの3種類ある。日本のプラグはAタイプだが、タイのほとんどのコンセントは3種類の混合型のため、変換プラグがなくてもそのまま使用できる。
●**電圧** タイの電圧は220V、日本は100Vなのでそのまま使用するとショートし故障の原因になるが、近年の電化製品のほとんどは100〜240Vと海外でも使用できるようになっているので、変圧器は基本的に必要ない。念のため電化製品に記載されている対応電圧を確認して。

ネットにつなぎたい

盗難・紛失に遭った！

日本で準備を

地図検索に翻訳、お店の口コミチェックなど、海外旅行にネット環境はマスト！常にネットにつないでおくなら海外用のWi-Fiルーターまたは海外用のSIMカードを利用しよう。

手段1 Wi-Fiルーターをレンタル

ネットで予約し、出発前に空港で受け取り＆帰国時に空港で返却できる。料金は渡航国や期間により異なる。荷物が増えるのと、都度充電するという手間がある。

手段2 海外用SIMカードを利用

日本で海外用のSIMカードを購入し、現地でカードを入れ替えることで、データ通信が可能になる。SIMカードは現地の空港や電器店などでも購入できる。端末にSIMが組み込まれ、契約プランを変更するだけのeSIMもある。

手段3 現地の無料Wi-Fiを使用

ホテルやレストラン、空港、主要な観光地、ショッピングセンターなどで無料Wi-Fiを利用できる。ただしメールアドレスや電話番号を登録する手間がかかったり、時間制限がある場合もある。また、セキュリティの観点から個人情報を入力するような操作は控えるのが安心。

気をつけること

通信環境が不安定な場合に備えて、オフラインで使用できるものを確認しておこう。Googleマップや翻訳アプリなどをあらかじめダウンロードしておくと便利。

知っておきたい現地のルール

・水は絶対ミネラルウォーター
タイの水道水は飲用ではないので口にしないこと。ミネラルウォーターはコンビニや売店で買える。

・食あたりに注意
屋台の食べ物、生もの、氷などでお腹を壊すこともある。辛い食べ物に慣れていない場合も注意。

・王室への敬意を欠いた発言はNG
タイは王政。国王や王政に対する批判・中傷は外国人であっても罪になるので、発言には注意しよう。

・敬虔な仏教徒が多い
国民の95％以上が仏教徒と言われている。寺院では露出の多い服装や仏像に手を触れることはNG。

・喫煙は指定の場所で
電車やバスなどの公共交通機関、空調設備のある飲食店や施設は禁煙。ポイ捨ても罰金の対象になる。

・お酒を買えない時間がある
お酒の販売・提供は11～14時、17～24時に限定されており、スーパーや飲食店では時間外に販売・提供できないのが決まり。また、選挙の前日と当日は禁酒日で、バーでもアルコールは提供されない。

速やかに警察に届け出を

被害に遭ったらまずは警察に届け出て、保険金請求のための盗難・紛失証明書を発行してもらう。それぞれの対処方法は下記の通り。

パスポート

現地の日本国大使館または領事館でパスポートを新規発給するか、「帰国のための渡航書」を発給してもらう必要がある。その際、被害に遭った地域の警察で発行された「盗難・紛失証明書」が必要になる。

クレジットカード

速やかにクレジットカード会社の緊急連絡先に連絡し、無効手続きをとる。クレジットカード番号や有効期限を控えておくと手続きがスムーズ。

言葉が通じなかったら

あわてずアプリを駆使

タイは観光立国のため、観光業に携わる人は英語が話せる場合がほとんど。ホテルやレストランなど旅行者がよく利用する場所では片言の英語でも通用する。タイ語で伝えたい場合やタイ語を読みたい場合は下記のツールを使ってみて。また、挨拶などの簡単なタイ語を知っていると相手に好印象なので予習しておくのもあり（→別冊P.26）。

翻訳アプリ

無料の翻訳アプリをダウンロードしておくと便利。そのほかオンライン翻訳サイトを利用するという方法も。

Googleレンズ

スマホのカメラに映したものを検索できる。文字を翻訳することもできるので、タイ語のメニューを読むときなどに便利。カメラを起動し、Googleレンズのマークをタップ、翻訳を選択してシャッターボタンをタップするだけ。ただしiPhoneの一部の機種では利用できないものもある。

気をつけること

翻訳アプリはオフラインで使えるものもあるので入手しておくと便利。Googleレンズは英語・タイ語など頻繁に使う言語をダウンロードしておけばオフラインでも使える。

備えあれば憂いなし！

ハレ旅 Info

タイのお金事情を予習して よりスマート＆お得な旅に

慣れないうちは計算が難しい海外のお金。
事前にだいたいの物価を把握して、スムーズに買い物をしたいもの。
両替のコツやチップの文化についても要チェック。

通貨とレート 　【紙幣】

10B ≒ 約41円

タイの通貨はバーツ（B）。日本円や米ドルが使えるところはほとんどない。
（2024年1月現在）

1000B

500B　100B

50B　20B

【硬貨】
10B、5 B、2 B、I B、50サタン、25サタンの6種類あるが、サタンはほとんど流通していない。

---

rule 1 主な物価をチェック

高級レストランや高級ホテルの物価は日本とあまり変わらない。地元民向けの店は日本よりリーズナブル。

ミネラルウォーター
（コンビニ）
約10B（≒41円）

コーヒー
（屋台）
約20B（≒82円）

カオマンガイ
（屋台）
約50B（≒205円）

マッサージ
（カジュアル店、30分）
約150B（≒615円）

タクシー初乗り
（バンコク）
約35B（≒144円）

---

rule 2 両替は街なかがベター

最もレートがいいのは街なかの両替所。空港に到着したらまずは空港内の両替所で少額を両替して、あとは街なかで少しずつ両替しよう。

rule 3 クレジットカードが便利

ホテル、レストラン、ショッピングセンター、コンビニ、チェーンのカフェなどあらゆるところでクレジットカードが利用できる。現金を両替するときと比べて手数料が少ない、多額の現金を持ち歩かなくてよいというメリットがある。

rule 4 ATMでキャッシング

「Visa」や「Plus」の表示があるATMでは、日本で発行したクレジットカードで現金を引き出すことができる。機械の故障などのトラブルに対処できるよう、銀行内にあるATMを利用するのが安心。取引内容は「WITHDRAWAL（引き出し）」、次に「CREDIT（クレジット／キャッシング）」を選択する。引き出しには手数料がかかる。

---

rule 5 チップの文化がある

ホテルで重い荷物を運んでもらったときはホテルのランクにより20〜100B、レストランでは会計の10％程度、マッサージでは店のランクにより50〜200B程度。料金にサービス料が含まれている場合は不要。

気をつけること

▶日本での両替はレートが悪い
日本の空港にある両替所や銀行はレートが悪いので、現地に到着してから替えるのがおすすめ。手持ちのバーツがないと不安な人は、日本で少額両替しても。

▶現金のみの店も多い
ローカル食堂、屋台、個人のみやげ店、タクシーなどではクレジットカードが利用できないことがほとんど。

▶金額を確認すること
カード決済の際はカード端末に表示された金額を必ず確認すること。後日、利用明細を確認し、不正利用されていないかチェックして。

▶有料トイレもある
ビーチや市場のトイレは有料のところもある。1回10B程度。

▶少額紙幣・コインが便利
タクシーや屋台などはおつりがないことがあるので、1000Bなど大きな紙幣は使えない場合がある。100B以下の紙幣、コインは利用頻度が高い。

ハレ旅INDEX

🛕 バンコク

STAFF

編集制作・取材・執筆
若宮早希　中西彩乃 (lamar)
清水ゆかり

撮影　松井聡美　若宮早希

現地コーディネート　平原千波　小松辰也

写真提供　タイ国政府観光庁

写真協力　PIXTA

表紙デザイン　菅谷真理子＋髙橋朱里 (マルサンカク)

本文デザイン　今井千恵子　大田幸奈 (ロンディーネ)
三並あかね

表紙イラスト　大川久志　深川優

本文イラスト　深川優　ナカオテッペイ　岡本倫幸

マンガ　おたぐち

地図制作　s-map

組版・印刷　大日本印刷株式会社

企画・編集　白方美樹　永井優希 (朝日新聞出版)

ハレ旅　タイ
バンコク・チェンマイ・プーケット

2024年　2月28日　第1刷発行
2024年10月30日　第2刷発行

編　著　朝日新聞出版

発行者　片桐圭子

発行所　朝日新聞出版
　　　　〒104-8011　東京都中央区築地5-3-2
　　　　(お問い合わせ) infojitsuyo@asahi.com

印刷所　大日本印刷株式会社

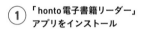

\ スマホやPCで！/
ハレ旅 タイ
電子版が無料！

購入者限定 FREE

① 「honto電子書籍リーダー」アプリをインストール

Android版 Playストア
iPhone/iPad版 AppStoreで
honto を検索

PCでの利用の場合はこちらから
https://honto.jp/ebook/dlinfo

右のQRコードからも
アクセスできます

② 無料会員登録

インストールしたアプリのログイン画
面から新規会員登録を行う

③ ブラウザからクーポンコード入力画面にアクセス

ブラウザを立ち上げ、下のURLを入
力。電子書籍引き換えコード入力画面
からクーポンコードを入力し、My本棚
に登録

クーポンコード入力画面URL
https://honto.jp/sky

クーポンコード asa5322294088089
※2026年12月31日まで有効

右のQRコードからも
クーポンコード入力画
面にアクセスできます

④ アプリから電子書籍をダウンロード＆閲覧

①でインストールしたアプリの「ライ
ブラリ」画面から目的の本をタップし
て電子書籍をダウンロードし、閲覧し
てください
※ダウンロードの際には、各通信会社の通信料が
かかります。ファイルサイズが大きいため、Wi-Fi
環境でのダウンロードを推奨します。
※一部、電子版に掲載されていないコンテンツが
あります。

ご不明な点、お問い合わせ先はこちら
honto お客様センター
✉ shp@honto.jp
☎ 0120-29-1815
IP電話からは ☎ 03-6386-1622
※お問い合わせに正確にお答えするため、通話を
録音させていただいております。予めご了承くだ
さい。